U0936619

·科学人文读本·

通透的思考

Insighting Thinking

方鸿辉　编

通透的思考

（代　　序）

（一）

王国维的《人间词话》开宗明义："词以境界为最上。有境界，则自成高格，自有名句。"

同理，选编科学人文读本，也应以精诣为上。笃求精诣，则自备高标眼光，自有名篇入籍，以飨读者。

遵循这种理念，两年前我们选编了科学人文读本——《蔚蓝的思维》和《清澈的理性》，期盼选本能为推动对知识的传承转化为对人的素养熏陶起一点作用。市场是严酷的，读者的眼光是挑剔的。我们的初衷能否实现，图书出版后，我们真有些惶然不知所措。

好在市场很快有了反应。这两本书上柜不到半年，首印的各5000册居然都售罄，立即重印。不少学校将其作为选修课读本。以后又相继被上海市2005年读书活动作为推荐书目，并荣获第14届上海市中小学优秀图书一等奖；2006年国家新闻出版署从全国686种图书中遴选出100种优秀图书向全国青少年推荐，这两本书也有幸位列

其中。而《科学网》上发表的署名宋花的标题文章——《蔚蓝的思维》科学对人文说:不能没有你——倒是反映了读者的一种心境:

"科苑撷英"丛书中的《蔚蓝的思维——科学人文读本》,作为一本学生的拓展读本(文集),编者希望它能起到从对知识的传承转化为对人的素养熏陶的作用。此书达到了这一效果。不论是科学畅想、科学人生还是科学历程、科学伦理,这四部分中的每一篇文章无不渗透着人文思考和人文情怀,语言优美、华丽,而又不失涵养,科学的影子也处处可见。幻想似乎是人文学者的专利,《蔚蓝的思维》告诉你,科学同样需要幻想。科学家的人生永远都那么神秘和刺激,引来无数人的好奇和向往,《蔚蓝的思维》将为你解开科学家生活和工作的奥秘。科学同样有其诞生、成长和成熟的历程,《蔚蓝的思维》虽然不能全部呈现,还是从侧面通过重大的科学事件将每个阶段展示了出来。科学引发了种种伦理问题,这一点成为科学需要人文的最重要的理由。宇宙的中心是人类吗?科学如何在发展中保持人类与自然的协调和持续?《蔚蓝的思维》虽然不能给出所有的观点和最后的定论,也还是为我们提供了一些可能和借鉴,从而激发起科学家、人文学者对科学伦理问题的共同关注。通观全书,不免有这样一种感觉:科学已离不开人文。

(二)

是啊,科学离不开人文!

近百年科学的一系列伟大发现,推动了技术的突飞猛进,科学用探究的精神、求实的态度取代了神话。然而,受到技术恩惠的人们在尊崇科学的同时,又误解了科学,将科学与技术混为一谈,误以为科学也是一柄双刃剑。冤得很,科学为恶性的技术膨胀背上了沉重的黑锅。其实,人们遗忘了科学的本质精神是探究批判的,是怀疑求实的;科学与人文是人类文明须臾不可分离的孪生兄弟。

科学旨在探索未知世界(包括物质本源、生命奥秘和自我意识等),寻找自然界演进的规律,从而使人类更自觉地与自然与社会和谐相处。为此,科学家能幸运地抚摸造物主的脉搏,感受从费米尺度的基本粒子、纳米尺度的分子原子到亿万光年的宏观天体,追溯从大爆炸的时间原点到150亿年物质的演化时序。在科学进展的脚步中,科学家同时也在用心谛听着人类博爱之心的跳动,感受到人性的温暖。科学的魅力不只是令科学家对光怪陆离的自然规律的破解深感好奇,以致不能自拔,还在于科学家心灵中普遍具有的创新冲动与关爱人类、造福人类的激情。这些才是科学家愿毕其一生去追求科学之美,破解"我们是谁?来自何方?意欲何往?"的永恒之谜的人文动力。

(三)

让受众理解科学,激发其探索科学的热情,应该是传播界的任务。其中也包括让受众(尤其是广大青少年)了解科学精神与人文精神,这是一项很有意义的工作。可是,当前的科学普及工作步履艰难,连不少有价值的科普读物也滞销。其原因固然是多方面的:对青少年读者来说,倾全力于"题海"搏杀而耗去了极其宝贵的阅读时光恐怕是主要的;另外,还有媒体阅读导向的偏差以及泛娱乐化的低俗诱导等。当然,根本的原因也许出自科普读物自身,诸如内容越来越远离读者可意识的感性体验(如很玄乎的超弦理论、超对称理论、大统一理论等),使读者误以为当今科学家已成了"对越来越少的问题知道得越来越多"的超人与怪人,而科普读物的思维方式和语言又往往远离读者的直觉和不可理解的意象(如抽象的12维时空等)。因此,在快节奏的生活中,广大读者与其阅读“沉重”,不如寻找“轻松”。另外,读者普遍受到“科学深奥论”等前观念的误导,受到传播界自身科学素养的局限和图书选题与市场需求间严重脱节状况的影响,也受到周遭假话、假书、假货、假概念充斥等的环境干扰,科普图书遭冷落似乎也在情理之中。看来,科普图书的策划必须更新思维,寻找新的选题视角。

(四)

是科学发展的必然,还是人类无意制造的教育偏差,“两种文化”的长期对峙使人类思想的有机体被无情地割裂。《蔚蓝的思维》和《清澈的理性》能获得广大读者的厚爱,让我们深受鼓舞,也感到有责任去进一步弥合科学文化与人文文化间的鸿沟。为此,我们又从浩瀚的科学人文宝库中采撷了近百篇名家名作,依照两年前出版的《蔚蓝的思维》和《清澈的理性》科学人文读本的体例,编辑成《金色的想象》和《通透的思考》。

这两本科学人文读本的选文大抵都能从人文的角度论科学,或者从科学的视野看人文,体现文中有理,理中求文,文理交织,融会贯通。读本不专注于科学精神与人文精神的理论探讨,而着意于从科学的视角去探索人对自然规律认识的价值和意义。毕竟科学研究也是人的活动领域,其社会作用不可能离开人和人的活动。因此,力图关注科学活动中的人文精神,理解自然科学的人文底蕴,探索技术发展的价值取向,方有可能协调人与自然、人与社会、人与人之间的关系,努力追求科学与价值之间的和谐。读本中不少值得反复诵读的经典名篇其着眼点是人,而不是单纯传播知识。通过名家的散文、随笔、报告文学等不同体裁的思想力作,旨在体现科学家的人文情怀和人格魅力。无论是科学大家论述中的人文追求,抑或人文学者阐述中对科学精神的渴求,都体现出科学的人本与人道、科学的文明与文化,都强调科学活动中应突出人的主体地位、人的需求和保障、人的情感和意志等价值性内容。简言之,都明显地带有科学人文的元素或基质。这些都是人类文明进程中的思想光斑或“碎片”,尽管只是某一局部,甚至显得零碎,但若将这些思想“碎片”拾起来,并有机地整理与拼接,那么从这四本读本中采撷的200多篇美文,也应该能看出一些科学人文精神的端倪,一幅文理交融的和谐图景。

作为学生的拓展读本,《金色的想象》和《通透的思考》能让我们的莘莘学子了解科学家(尤其是科学大师)对人文想了些什么,说了些什么,做了些什么,有利于拓宽视野,知道人类文化整合的必要性。以这种视角去普及科学,为开创科学与人文相互沟通、相互敬重的健康格局作些努力,兴许是编辑对选题的一种新思维和新策略。选本中的文章都探讨了科学的社会角色以及社会责任,传递着科学在造福人类的同时肩负着人文关怀的重责。科学大家们思想深邃,语言朴实,没有虚伪的说教,充溢着科学精神和人文关怀,让读者易读易理解,使貌似深奥的科学人文精神更通透,更有格调。

对广大学生来说,科学素养与人文素养都是必不可少的。自然科学与人文学科从表层看似乎是风马牛不相及的,但是学科背后的“理”与“道”是相同或相通的。其相同或相通的根源,就在于对真、善、美的追求。尽管科学家重在探索客观世界的真,力求反映自然界是怎样的,而人文学者更多地试图反映我们所生存的这个世界应该怎样;但是,现代科学与技术的发展毕竟已极大地施恩于人,价值取向的人文光芒也已普照到生活的角角落落。不过,迄今人类对宇宙的神秘感并没有消失,“创世”的秘密也并没有完全破译。说到底,科学和人文的发展都是建立在对世界神秘性的探索之中。人类固有的好奇心迸发出了创新的灵感，而且无论是科学界还是人文学界，都在孜孜矻矻地寻找着和谐——人与自然的和谐、人与社会的和谐。再说，融合“两种文化”是人类文化大统一的必然趋势，也是明智的人们心头挥之不去的情结。

对广大学生来说，人才的知识营养必须全面，知识架构必须丰富多彩，还要养成有通透思考的习惯，能鞭辟入里地洞悉学科间千丝万缕的交织与浑然一体的内在关联，进而展开想象的双翅去翱翔天宇，方能鹏程万里。学生的知识根基如同金字塔的塔基，基础越宽，越能建成巍峨的高塔，而浇筑坚实基础的应该是“以人为本”多元文化的“钢筋”骨架以及知识交融文理贯通的“混凝”。

（五）

作为“科苑撷英”丛书的《金色的想象》和《通透的思考》，选文依然首先关照科苑中的美文，当然要有科学思想，要坚持科学与人文贯通。否则，纯粹选言辞华丽的美文而远离科学，不符合我们的初衷。不过，若有丰富的科学内涵，却言之无文，读来味同嚼蜡，又怎能打动读者，以播扬科学人文精神？“科苑撷英”丛书的策划意图是原创性的跨文化对话，为沟通“两种文化”尽微力，也希望成为文理交汇的涓涓细流。选文还努力尝试着去匡正当今教育界一味重视培养学生有像爱因斯坦那样智慧的大脑，而忽略了培育学生更应该具有像爱因斯坦那样有关爱人类的美丽心灵和博大胸怀。

受课时限制，目前学生的语文教材中不可能编入大容量的体现科学人文精神的范文，《金色的想象》和《通透的思考》连同两年前出版的《蔚蓝的思维》和《清澈的理性》正是以课外读物的形式，让学生在饶有兴味的阅读中了解人类文明的进程，感悟生命，感悟人情，感悟对自然的敬畏，感受科学大爱精神的人性光芒，从而自觉或不自觉地去探真、求善、向美。我们还是衷心希望这几本拓展读本，能起到从对知识的传承转化为对人的素养熏陶的推动作用；更期盼通过阅读能激发读者有通透思考的欲望，能展开想象的金色翅膀，让思维发散，知识碰撞，以击出创新的火花。若能试着将自己有关科学与人文的思想碎片也来整理一下，兴许思考空间会更宽广。

以上文字是2006年为本书初版写的代序。令编者没料到的是首印的5000册很快就售罄，当年就重印了。2012年作了部分选文调整后出了第二版。更令人欣慰的是本书与《金色的想象》还取得了不俗的社会效益，相继荣获2007上海书市“我最喜爱的图书”(20本之一)，2014年被上海市委宣传部、市科委、市教委、市科协、市新闻出版局及上海市网民评为“上海市民喜爱的10部科普图书”之一。

编者相信，科学精神就是求真的人文精神，而人文精神也是求善的科学精神。因此，读一些将科学与人文相融的选本，对读者(尤其是学生)的精神滋养无疑是很有益的，至少能促进他们激发一点思辨力、想象力、大跨度的学科综合与贯通的能力。毕竟具体的某一门学科的知识常会将人的思想局限起来。眼下，无论是科学家抑或人文学者，在他们的授课或著述中往往专注于讲明白自然界或人文社会中自己所研究的领域是怎么一回事，以致忽略甚至没有精力去刻意过问一些刨根问底的“为什么”。再说，“两种文化”的长期对峙所形成的隔岸对话的局面也没有获得根本改变。科学发现脚步越大，技术发明成果越多，那么旨在“以人为本”的人文精神的引领作用，也越益凸显。诸如2019年末为对付新冠病毒肆虐的突发公共卫生事件，就需要科学精神与方法，更不可缺少人文关怀，还要有全球共同攻坚克难的理念和行动。科学与人文的共存与相融，也成了全球共识。在尊重科学的基础上，弘扬“以人为本”的人文精神，应该成为每一个人的基本素养。对学生读者来说，培育这种理念尤其重要。必须清醒地认识到自己肩头的社会责任,在充分尊重自己与他人创造的同时,时时思考怎样将自己的知识与才能回报于滋养着自己的社会,让整个社会因为有了自己的一份"利他"的绵薄奉献而变得更美好。

编者明白,求知欲是人的本性,欲获得真知,得靠理性的沉思与逻辑的思辨。德国诗人莱辛认为:对真理的追求比对真理的占有更为可贵。无论是科学家还是人文学者,他们的最高使命是期望对世界的基本规律哪怕有一丁点的发现或揭示,渴望看到这种先定的和谐,便是锲而不舍的力量源泉。为此,必须不断有所创新。从这点看,学科确实也是相通与协和的。

策划这套"科学人文读本"的着眼点在于让读者能一睹科学家与人文学者各自对整个世界的看法,读一读他们所阐发的对"邻家花园"的感悟与思考,更能体会让"两种文化"沟通与融合的必要性与可能性。有了准确的价值观判断之引领,无疑对科学技术的健康发展是有益的;而科学精神与方法对人文学科的推进也确实是一门"聪明学"。

这套科学人文读本,不可能将整部经典名著全部收录,只能在有限的阅读范围内,选编一些编者自以为精彩的片段敬献读者。倘能见一斑而激起想见全豹之欲望,那么本书的"推荐"与"引导"目标也就达到了。今年的大修订对选文做了较大的增与删,实在因为版面所限,许多美文只能忍痛割爱。编者恳切地期望热心的读者能推荐更多充满科学人文情怀的美文,以利日后再版时补入。

方鸿辉

2020 年 4 月 1 日

contents 目录

科学人文

科 学 艺 术

科 学 情 怀

科学人文

在人生的丰富多彩的表演中，我觉得真正可贵的，不是政治上的国家，而是有创造性的、有感情的个人，是人格；只有个人才能创造出高尚的和卓越的东西……

——爱因斯坦

爱因斯坦

为制造原子弹给罗斯福总统的信

阁下：

我从费米(**E. Fermi**)和西拉德(**L. Szilard**)的手稿里，知道了他们的最近工作，使我预料到在不久的将来铀元素会变成一

本文是爱因斯坦于1939年7月间接受匈牙利物理学家西拉德的建议，考虑给罗斯福写这样一封信。当时爱因斯坦用德文起了草稿。8月2日，西拉德把自己根据爱因斯坦草稿的内容改写的两份英文信稿交给爱因斯坦，爱因斯坦选了这份较短的信稿，签上自己的名字发出。这封信全文最初发表在1946年12月由“原子科学家非常委员会”(1945年5月成立，爱因斯坦任主席)出版的小册子《宗旨》(***A Statement of Purpose***)上。

种重要的新能源。这一情况的某些方面似乎需要加以密切注意，如有必要，政府方面还应迅速采取行动。因此，我相信我有责任请您注意下列事实和建议。

思考中的爱因斯坦

最近四个月来，通过约里奥（**Joliot**）在法国的工作以及费米和西拉德在美国的工作，已经有几分把握地知道，在大量的铀中建立起原子核的链式反应会成为可能，由此，会产生出巨大的能量和大量像镭一样的元素。现在看来，几乎可以肯定，这件事在不久的将来就能做到。

这种新现象也可用来制造炸弹，并且能够想象——尽管还很不确定——由此可以制造出极有威力的新型炸弹来。只要一个这种类型的炸弹，用船运出去，并且使之在港口爆炸，很可能就会把整个港口连同它周围的一部分地区一起毁掉。但是要在空中运送这种炸弹，很可能会太重。

美国只有一些数量不多而品位很低的铀矿。加拿大和以前的捷克斯洛伐克都有很好的铀矿，而最重要的铀资源是在比利时属地刚果。

鉴于这种情况，您会认为在政府同那批在美国做链式反应工作的物理学家之间有一种经常的接触是可取的。要做到这一点，一个可行的办法是，由您把这任务委托给一个您信得过的人，他不妨以非官方的资格来担任这项工作。他的任务可以有以下几方面：

a）联系政府各部，经常告诉他们进一步发展的情况，并且提出政府行动的建议，特别要注意为美国取得铀矿供应的问题。

b）设法加速实验工作。目前实验工作是在大学实验室的预算限度之内进行的。如果需要这项资金，可通过他同那些愿意为这一事业作出贡献的私人进行接触，或者还可以由取得那些具有必要装备的工厂实验室的合作来解决。

我了解到德国实际上已经停止出售由它接管的捷克斯洛伐克铀矿出产的铀。它之所以采取这种先发制人的行动，只要从德国外交部副部长的儿子冯·魏茨泽克（**Von Weizsäcker**）参加柏林威廉皇帝研究所工作这一事实，也许就可以得到解释，这个研究所目前正在重复着美国关于铀的某些工作。

您的诚实的

阿尔伯特·爱因斯坦

1939 年 8 月 2 日

由百折不挠的信念所支持的人的意志,比那些似乎是无敌的物质力量有更强大的威力。

爱因斯坦

为制造原子弹问题给日本《改造》杂志的声明

在原子弹的制造方面,我所参与的就只一件事:我签署了一封给罗斯福总统的信。在那封信中我强调有必要进行大规模的实验,来实现原子弹的制造。①

我完全明白,如果这些实验证明是成功了,那该是威胁人类的可怕的危险。我却感到非采取这一步骤不可,因为(当时)看来很可能德国人也会抱着完全成功的希望在同一问题上进行工作。我

本文源于日本《改造》杂志主编于1952年9月15日给爱因斯坦写信,提出四个问题:

1. 您看到那些显示原子弹毁灭性后果的照相时引起怎样的反应?
2. 对于作为一种人类毁灭工具的原子弹,您有何想法?
3. 大家都预料,下次世界大战将是一场原子战争。这难道不是意味着人类的毁灭吗?
4. 尽管您完全明白原子弹的可怕的破坏力,可是您为什么还要参与原子弹的制造?

爱因斯坦收到信后,于1952年9月20日立即回复这样一个声明。他在回信中声称,他只对他的德文原文负责,而不对任何日文译本负责。本文译自《爱因斯坦论和平》第584页。

① 英国传记作家克拉克(**Ronald W. Clark**)查阅了有关档案材料,发现爱因斯坦在1939年签署了给罗斯福总统的信后,同美国负责研究和制造原子弹的机构还是有过接触,他也曾作过一些建议,不过研制计划的具体内容并没有让他知道。参见克拉克所著的《爱因斯坦传》(***Einstein, the Life and Times***),纽约世界出版公司,1971年,562—573页。

看,我那时只能这样做,再无其他可以选择的余地,**尽管我始终是一个虔诚的和平主义者。**

爱因斯坦在授课

我认为,在战争中杀人并不比通常的谋杀更好些;但是只要各国没有决心通过共同行动来消除战争,并且以现行法律为根据,通过和平协商,来寻求解决它们的争执和保护它们利益的办法,它们就会继续认为有必要为战争作准备。它们由于害怕自己可能在普遍军备竞赛中落后,就会感到不得不去制造哪怕是最可恶的武器。这样一条途径只能导致战争,而今天的战争就意味着人类的同归于尽。

因此,去反对制造某些特殊的武器,那是无济于事的;唯一解决的办法是消除战争和战争的威胁。这是我们奋斗的目标。我们必须下决心抵制一切违反这个目标的活动。这对于任何一个意识到自己是隶属于社会的个人来说,是一个严峻的要求;但不是一个根本无法实现的要求。

甘地,我们时代这个最伟大的政治天才,已经指出了该走的道路。他证明,人一旦发现了正确的道路,就能作出多大的牺牲。他为印度的解放所做的工作就生动地证明了这样的事实:由百折不挠的信念所支持的人的意志,比那些似乎是无敌的物质力量有更强大的威力。

人的生命，整个人类的生命，这是所有原则中的最高原则，是所有必须考虑利益的最后底线，是人类命运之所系，也是我们所有人当下的生命和安全之所系。

张桂华

在国家利益之上

一

1941年9月，海森伯前往哥本哈根与玻尔会面。这是两位科学家之间的一次重要会面。

重要不仅在于玻尔和海森伯，尽管这已足够重要，玻尔和海森伯，再加上爱因斯坦，差不多就是20世纪最伟大的科学家；重要也不仅在于特定的时空，尽管这也足够特别，其时第二次世界大战已进行了两年，玻尔的丹麦和海森伯的德国“正陷入生死决战两方面”（玻尔语），地点是已被德国占领的丹麦首都哥本哈根；但更重要的，是两人关于这场战争的立场，而重中之重，是两人对其时刚起步的研制原子能军事利用的认识和态度。他们是人中之杰、科学精英，是公众景仰的榜样和楷模，他们将如何对待事业和友谊、祖国和战争？他们的理智、道德和精神境界将引领他们作出怎样的选择？

本文选自《博览群书》2006年3月号。

二

纳粹德国对已征服欧洲国家、坦克大炮之后，继之以“文化怀柔”，在占领国设立“德国文化研究所”，一方面宣传其侵略政策和德意志文化，另一方面引诱各国文化学术界人士与其“合作”。为此，战时德国不时派出“文化大使”，去参加或举办当地的文化学术活动。能代表德国文化学术的头面人物，海森伯自然是最佳人选。所谓“最佳”不仅在学术地位，还在于他的立场，海森伯赞同或至少认同德国的侵略战争政策。德国自战争起始，即组织力量研制原子核能的军事利用，海森伯即参与其中，这也是海森伯战时的主要工作并持续在战争的始终。

作为被占领国公民，玻尔对这场战争的态度自然与海森伯完全不同，海森伯与他，既是侵略和被侵略之别，同时也是正义和非正义之别。丹麦被占领后，玻尔仍坚持留下，苦苦维持着他的研究所。哥本哈根的“德国文化研究所”离玻尔研究所不远，“德国文化研究所”每举行活动都给玻尔送来请柬，但玻尔从不去参加。在玻尔看来，参加侵略者的活动无异于迎合和投降。

就在这样的背景下，1941 年 9 月，海森伯应哥本哈根“德国文化研究所”之邀，来此发表学术演讲，魏茨泽克与他同行。魏是海森伯学生、同事和亲密的朋友，也是玻尔熟识的科学家。海森伯在“德国文化研究所”发表演讲时，玻尔没去。海森伯当即向听众表示，他为玻尔没有在场而感到“遗憾”。玻尔听说后让人传话，请海森伯到自己的研究所来。于是，海森伯来到了这

玻尔与海森伯的会晤

个他昔日曾在此学习和工作过的地方。据说在午餐桌上海森伯夸夸其谈,说什么战争是生物学上的必要,又当众宣称德国必将在全世界获胜,为时不会太远。海森伯意犹未尽,希望和玻尔两人单独交谈。玻尔几经考虑,答应了他的要求。

这是一次重要的会面,却又是一次人异言殊的会面。记述这次会面的文章著作无数,却多有歧义,莫衷一是,且不说对谈话内容,就连两人会面的确切地点和时日都不一致。其他人如此表现还不奇怪,可就连玻尔和海森伯本人都有不同的记忆。可以肯定的只是,这次谈话是不愉快的,两人之间产生了隔阂,从此,他们的友谊再没有恢复,即便战争结束后的数十年间亦如此。

这次会面,究竟谈了什么呢?

两人是单独会面,没有其他人在场,而两人当时都没有书面记述,事后也不曾公开讲过。1947 年,海森伯又回到哥本哈根,试图与玻尔一起重建有关那次会面的共同基础,可惜未取得成功,用海森伯的话说:“我们终于觉得最好不要再去打搅过去的精灵”(见《哥本哈根》后记)。直到战后十多年,海森伯才公开回顾了那次会面,玻尔则从未正面谈过,但玻尔对海森伯的回忆却是不苟同的。

玻尔没有公开反驳海森伯,他直接给海森伯写信。玻尔的信写了,而且不止一封,可这些信始终没有寄出。玻尔去世后这些信收藏在玻尔文献馆内。玻尔写了信却不寄出,自然有他的考虑。可在玻尔去世后,这些信和文件仍未公布,玻尔家属宣布,这些信要在玻尔逝世五十年后公布。

这就留下了一个悬案,不由人不从各方面去推断、揣测和猜想,也就成了“二战”后科学史界的一个热门话题。为此出版的书刊无数,众说纷纭,议论杂多,整整持续了半个多世纪而不衰。最后,连局外的剧作家也参与进来,创作了一部话剧《哥本哈根》。毫无疑问,对这次会面的众说纷纭,成为剧本产生的基础,自然也为其提供了想象的广阔空间。

三

峰回路转,事情又有了新的进展。2001 年 9 月,玻尔家属宣布提前 10 年公开玻尔文件,2002 年 2 月 6 日,所有玻尔记述那次会面的 11 个文件全部在玻尔官方网站上予以公布。

这一决定与话剧《哥本哈根》直接相关。按照玻尔文献馆的说法,那次会面,“最近不仅成为史学家而且成为公众极感兴趣的主题,这一兴趣更特别被英国剧作家迈克尔 · 弗雷恩(**Michael Frayn**)所创作的戏剧《哥本哈根》所刺激”。因此,玻尔家属决定“完整地公布这些材料,以避免对其内容的进一步误解”。

11 个文件的第一个是那封早有传闻的玻尔写给海森伯的第一封信。玻尔写这封信的直接动因是:1956 年,德国记者、作家罗伯特 · 容克(**Robert Jungk**)出版了《比一千个太阳还亮》一书,书中基于对海森伯的采访,赞扬了德国人在原子弹问题上表现出的科学道德和政治远见,为避免原子弹可能造成的灾难性后果,以海森伯为首的德国科学家在战时有意延缓并最终阻止了德国的研制进程。容克的书出版以后,海森伯给了容克一个备忘录,其中谈到他 1941 年去哥本哈根与玻尔会面的情况。1957 年,《比一千个太阳还亮》丹麦译本出版,首次刊出了海森伯备忘录的节选。玻尔给海森伯写信,就是读了这本书、特别是海森伯备忘录后的即时反应。这封信的草稿,在玻尔去世几年后才被发现,夹在属于他个人藏书的《比一千个太阳还亮》1957 年丹麦版中。

信虽未寄出,玻尔却未放弃此事,他仍以一贯严谨审慎的作风反复考虑斟酌,仍在一次次试图重写,这一写就写了五年之久,直到他逝世的 1962 年。可临到末了,他所写的信仍然一封也不曾寄出!

对于这次提前 10 年的“解密”,人们期盼过度了,因为玻尔文件并未超出已往争论意见无论正反两方面的限度，并未提供独得之秘的确凿证据，若想据此对那次会面的争论做一个终结性的结论，仍是不可能的。

仅从魏茨泽克的评价即可明白这一点，魏茨泽克是海森伯当年访问哥本哈根的同行者，他在这些文件公布的第二天即对记者说："玻尔在记忆上犯了一个可怕的错误。"

四

有一种偏袒海森伯的意见认为，从过去的材料和这次公布的文件来看，玻尔没有将海森伯的公开表态与私下朋友间的谈话区别开来。海森伯作为文化大使，在公开场合必得站在官方立场上，而在与玻尔私下会面时，则有着不同的个人态度。海森伯出于对玻尔的尊重和友谊，希望在这非常时期能够帮助玻尔。他劝玻尔放弃抵制德国的态度，乃至指出德国的战胜前景等等，只是为了说服玻尔"合作"，以免受到德方的迫害。这可以看成是海森伯"劝降"，也可以看成海森伯出于好心的私下劝告。

这话也对也不对。

说对，因为玻尔确实把海森伯与他两人的私下会面，也当成了公开场合。他不曾考虑海森伯与他个人的友情，不曾顾及海森伯远地跑来与他会面可能有的善意。所以，这次谈话，海森伯并没有达到自己的预想，当魏茨泽克问其结果如何时，海森伯气恼地答道：全弄拧了。

说不对，因为玻尔不是不能而是根本不想区分。显然，玻尔认为，战争期间无私谊，两国处于敌对的战争状态，个人之间的友谊无论如何只是第二位的。海森伯的好意他能理解，但他在这种时候不能领受，领受就须合作，合作就无异于投降了。

不过，对海森伯当年的立场和态度，玻尔其实是不太计较的，即使在当时当地计较，战后也就事过境迁了。在这一点上，玻尔甚至可以说原谅了海森伯。据说战后有一年,魏茨泽克在美国遇见玻尔,当他问起那次会面情况时,玻尔说,随它去吧!我知道,在战争期间,人人都是为了自己的祖国。

这次会面令玻尔真正感到意外而且震惊的,不是海森伯的立场和态度,而是原子弹!是海森伯参与原子弹的研制,及其背后所代表的德国关于核武器的立场和态度!如此关头,玻尔完全不可能再讲私谊了。

这,才是这次会面中最重要的。

五

所有关于这次会面众说纷纭的问题焦点,不在玻尔,而在海森伯,在海森伯与玻尔谈及原子弹的用意究竟何在?

《哥本哈根》剧中,安排了三次海森伯到玻尔家叩门的场景。

按照《哥本哈根》中译者戈革先生的说法,剧作者"在创作此剧以前确实下了很大功夫,作了许多准备。仅就有关材料的阅读范围之广而言,他显然大大地超过了一般的科学史专家(而非玻尔专家)。作者的写作态度也是十分认真的。由于下了很大的功夫,他写的虽然是'剧本',但却无愧于'学术'两字……作者在剧中安排了三次海森伯到玻尔家叫门的场面。也就是说,他对海森伯来访的意向,提出了三种可能的解释。在角色的交谈中,他巧妙地运用了三人的传记材料和一些流传的掌故,简直有点韩退之所倡导的'无一字无来历'的味道!"

所谓"无一字无来历",基于剧作者阅读之广和研究之深,几乎使剧中的人物对话都能找到出处。尤其巧妙的是,剧中虚拟的海森伯三次叩门,形象地提供了对海森伯意图的三种可能的解释。剧本虽被推崇为"学术"的,但终究还是剧本,不是论述,免不了需要许多铺垫和过渡。而且,剧中的三种解释要比科学史家的实际争论温和含蓄得多,不能包含或穷尽所有的议论,特别是关于海森伯此行用意的最好和最坏的推断。因此,这里我们只能撇开剧本,而从有关争论中自行概括出三种可能的解释。

六

第一种，也是最坏的一种，海森伯此行担当着类似间谍和说客的角色。作为间谍，他想通过玻尔，打探英美国家原子弹研制情况，从玻尔处得到一切可用的情报。作为说客，他想说动玻尔去德国，帮助他一起研制原子弹。

第二种，海森伯与玻尔会面，不是想刺探情报，而是想以玻尔作为中介，作为斡旋者传话给英美科学家，停止原子弹研制。海森伯是德国原子武器研制的组织者，当时德国的研究遇到了种种困难，已难有进展，与英美相比，德国未必能走在前面。出于现实考虑，海森伯想通过玻尔向英美科学家传话，共同停止原子弹的研制。

第三种，最好的一种，海森伯与玻尔谈原子武器问题，是出于科学家良知和对核武器发展后果的远见。他到哥本哈根与玻尔会面，是想让玻尔传话以唤起英美科学家的警惕。海森伯此行不是作为德国政府代表，也不单作为德国科学家代表，而是作为整个科学家共同体的代表向英美科学家表达自己的良好愿望。鉴于原子弹可能对人类生命财产造成的巨大危害，为了避免出现这一史无前例的灾难，海森伯建议双方科学家不要在此项目上努力，为表示德国一方的诚意，他们首先从自己做起，停止或延缓原子武器的研制。

哪一种最可能是海森伯的真实意图呢？

如果是第一种，海森伯就是个十足小人，不但自取其辱，而且玷污了他和玻尔之间的友谊，利用两人谊兼师友的感情来刺探最为机密的情报。假如玻尔真的了解英美研制的情况，假如玻尔不慎将情况和盘托出，海森伯也就使玻尔成为间接帮凶，将损害玻尔的一世英名。不过万幸，这种推断最没有根据，相信此说的人也最少。至于说客，那更是荒唐，即便海森伯真有此想，德国当局也决不会接受;试想,德国怎会将最机密的研究交与一个他们正排斥的半犹太人呢?

第二种,这种意图如果说好过第一种,也好得有限。因为海森伯试图通过玻尔向英美科学家传话共同停止原子弹研制,只是出于其政治现实主义,只是一种权宜之计。因为德国原子武器研究已陷入一筹莫展之地,海森伯才想通过玻尔向英美科学家呼吁共同停止研制。这一意图与海森伯在战时的立场和态度是一致的,尽管并没有直接证据,相信此说的人却不少。更由于德国原子弹的研制确实弄错了方向,战后英美科学家发表了不少诸如"德国为何没有研制出原子弹"之类的文章,有的更以嘲笑的口吻指斥海森伯的无能。这就从一个方面证实了这一推断。

第三种是对海森伯意图最好的推断,在战后最初几年还少有人理会,但随着时间推移,随着核武器日益成为世人的威胁而逐渐为人相信,更得到道德上的推崇,以容克《比一千个太阳还亮》的出版为标志。容克以海森伯的战时表现为依据,说明以海森伯为首的德国科学家出于良知、出于科学道德、出于对人类负责的态度,在战争中并没有尽力去完成军方所要求的研制任务,不仅不努力,而且有意拖延和阻止原子弹的研制,这说明和证明了德国科学家在原子武器问题上有着更高的伦理准则。

如果真是这样的话,海森伯不仅根本就不应该受到指责,还应该大加赞扬和推崇。海森伯不仅仅是一名爱国者,而且他超越了狭隘的爱国立场而持有更高的原则,持有广阔得多的人道主义和人类共同体至上的立场。他不仅是一名杰出的科学家,更是一名具有博大胸怀和深刻远见的科学家。他预见到原子弹可能造成的空前惨剧,为了免于无辜的人的惨死,他呼吁双方科学家来共同阻止原子弹项目的研制,取消或至少延缓。海森伯在德国已经这么做了,他现在亲临哥本哈根,想通过玻尔传话,呼吁英美科学家也放弃研制,共同达成一个停止原子弹研制的协议。如果科学家无法制止战争,那就让战争双方还是使用他们的常规武器进行较量吧!

七

可惜,由于海森伯的战时态度和立场,更主要由于德国确实没能领先于英美研制出原子弹,直到今天,对海森伯的第三种意图仍然少有人相信。当年站在政治正确立场上的英美科学家似乎更愿意这么看,他们不相信海森伯会具有更高的道德原则和卓越远见。

对此,具有关键性影响的是当事人之一的玻尔。玻尔不相信海森伯当年怀有"第三种意图"。玻尔不是根据间接材料,而是依据自己与海森伯的谈话而作出判断。当看到《比一千个太阳还亮》对海森伯的赞扬,当看到此书摘录的海森伯信中的自赞,玻尔立刻给海森伯写信,尽管这些信最终没有寄出,但玻尔不同意海森伯的态度是明确无误的。

> 我读了最近在丹麦出版的容克的《比一千个太阳还亮》,我想我有义务告诉你,我极其惊异地看到,在你给作者的信中——丹麦版中有此信的摘录,你的记忆是如何欺骗了你。
>
> 我个人记得我们谈话的每一个字……我也很清楚地记得在研究所我的房间里我们的谈话,在某种意义上,你所用含糊语言表达的只能给我一个确实印象,在你的领导下,在德国一切已安排妥当开始发展原子武器,你还说没必要谈论细节,因为你完全熟悉这些并已花了两年时间,或多或少在独立的状况下为此而做准备。……
>
> 我的沉默和严肃,你在信中却写道,被看作是对你制造原子弹是可能的消息的震惊表示,这是十分离奇的误解,这一定是由于你自己心中的极度紧张所致。早在三年之前,我就知道只有铀235和铀238中的慢中子能够

引起分裂……如果在我的行为中有任何东西可被理解为震惊的话,那不是因为这样的报告,那对我不是新闻,而是因为我明白了,德国正积极参与首先发明原子武器的竞赛。

……

这就是玻尔写给海森伯的第一封、也是早有传闻的那封信。不过,在这封信中玻尔并没有明确指出,海森伯当年未怀有"第三种意图"。只是在以后的信中玻尔才愈来愈明确和直率地指出海森伯当年并没有"第三种意图"。玻尔写于逝世那一年的最后一封信中说:

然而,我特别想到的就是在研究所我办公室里的谈话,谈话中,因为你提起的话题,我在脑中仔细准备了自己要说的每一个字。谈话一开始,你就声称,你确信如果战争延续得太长,它将由原子武器来决定,这给我留下了一个非常强烈的印象。那时,我完全不知道已在英国和美国开始进行的准备。在我没有答话且可能显得怀疑时,你告诉我,我必须理解,在最近几年你几乎独自沉浸于这一问题的研究,可以肯定事情将会如此。另一方面,你那里没任何暗示表明,德国物理学家正作出努力以避免原子科学的如此应用。

玻尔的记忆和判断就是:"你那里没任何暗示表明,德国物理学家正作出努力以避免原子科学的如此应用",即海森伯及其他德国科学家并不具有"第三种意图"。这样,玻尔就对容克《比一千个太阳还亮》一书做出了根本否定。

这,是否就是铁证呢?

玻尔的人格毋庸怀疑,可记忆呢?还有那在战时特殊背景之下的理解呢？魏茨泽克的两次指证，不像是全无缘由的。

海森伯曾抱怨玻尔没有追随他谈话的意思。两人原本关系密切，可互相说完对方的后半句话，海森伯赶来哥本哈根与玻尔交谈，大概以为只要稍微暗示一下，玻尔就能理解它的意义。可他没想到的是，环境已变，两国的敌对状态已使旧日的容易沟通变得完全不可能了。

毫无疑问，《哥本哈根》对海森伯是抱以深切同情的，因此给海森伯可能的意图提供了广阔的舞台。针对一部分人的反感，作者辩护道：我看不出我的海森伯为什么不应该有表达一个真实的海森伯的自由，对那些更加深刻的感受会一直秘而不宣。他为什么不应该有我们拥有的那些互相矛盾的忠诚和彼此交混的动机及感情呢？他为什么不应该像我们大家那样试图审时度势和危急从权呢？他为什么不应该害怕他的国家的战败，害怕它被核武器所摧毁呢？他为什么不应该因为它的沦为废墟、因为它的公民的被屠杀而痛心呢？

可能，对于海森伯，以往仅基于政治正确的单线理解是过于狭隘了，即便以上所做的三种意图分类也过于简单，按剧作者的推论，甚至所谓间谍的指控也不是那么不可想象和难以容忍的。关于是否存在一种同盟国的核计划，海森伯当然想请玻尔给予"某种暗示、某种线索"，他当然想知道同盟国会不会向他的国家扔原子弹，并以此作为自己应该干什么、怎么干的前提。如果他不这么想、这么做，倒是难以想象的。而这跟他自己宣称的此行目的，即讨论德国科学家集体有没有理由为核武器而工作完全不矛盾。这应该予以太多的指责吗？须知，海森伯将德国正在从事的工作性质暗示给了玻尔，他还在冒被自己同胞指控为间谍的危险呢。

八

接下来的问题就是：玻尔能做到的，海森伯为何就一定不可能呢？

玻尔在原子武器问题上是有远见的，但并不是一开始就有远见的。

早在战前玻尔就理解原子能的军事利用有其现实可能，也知道存在许多技术上的困难，完全无法预知什么时候成功。当玻尔逃出丹麦到瑞典后，他并不急于前往英国，只让儿子奥格·玻尔尽快赶去，因为奥格“知道英国人必须在第一瞬间就知道的一切东西”，那就是德国已开始研制原子弹。因为传递的只是一个消息，所以玻尔派儿子去即可。直到玻尔抵达英国，他才明白自己陷在丹麦的孤陋寡闻，美国此时已建成巨型反应堆，英美早已开始合作原子弹研制，事实上，在美国的原子弹制造已在顺利进行之中。

如果没有玻尔的原子结构理论，制造原子弹就是不可能的，但没有玻尔参与，第一颗原子弹肯定也能如期制成，但玻尔还是加入了“曼哈顿计划”。玻尔在英国稍事停留后就去了美国洛斯阿拉莫斯，参加了制造第一、第二颗原子弹工作，并帮助解决了某些疑难，如在日本长崎爆炸的第二颗原子弹的引爆问题。

就在玻尔亲身参与之际，他希望英美尽快制成原子弹、打败法西斯的单纯想法逐渐发生了变化，他想到了更深层的问题，想到原子弹一旦制成以后的控制以及对世界和人类安全的后果。为此，他开始了自己个人的另一方向的努力。他先走上层路线，给英国大臣写信，给丘吉尔写信，又去拜见了罗斯福，提出了“开放世界”的设想，他建议英美将研制原子弹之事通知苏联。他认为，盟国之间应该互相信任，这样，战后世界各国才能共同走向和平合作。不过，玻尔仍然认为，战胜法西斯是当务之急，研制原子弹是必要的。其时，爱因斯坦曾寄给玻尔一封有关战后世界军备竞赛问题的呼吁书，要求自由世界一切科学家联合起来，向政治领袖施加压力，实现世界军事力量的国际化。玻尔接信后立即去见爱因斯坦，向他说明此举在战时的不宜。

可玻尔的努力遭到了冷遇，政治家不仅不理睬他的建议，反而怀疑他的用心。丘吉尔大发牢骚，指责下属怎会让玻尔混到这件事里来。由于苏联曾邀请玻尔访问并让玻尔与苏联科学家有联系，丘吉尔甚至认为应该拘捕玻尔，至少要予以警告。一度流传的玻尔为苏联间谍的谣言，就是由此而来的。在第一颗原子弹试爆前玻尔就离开了美国，当美国在日本投下原子弹时，他表示了深深的遗憾，他说："可怕的是，这是完全不必要的。"

战后，玻尔仍继续为建设"开放世界"而呼吁，为和平利用原子能而努力。1957 年，他被授予福特基金会"原子为了和平"奖，美国总统出席了授奖仪式，这对当年他曾遭受的冷遇和怀疑多少算是一点弥补。

同样的遭遇日后在"原子弹之父"奥本海默身上又被重演了一次。

奥本海默，洛斯阿拉莫斯实验所第一任所长，第一颗原子弹主要研制者和组织者。据说，美国在日本投了原子弹后，奥本海默深为遗憾，可他的遗憾与玻尔不同，他不是遗憾原子弹所造成的灾难，而是遗憾德国比日本早投降了几个月。但很快，奥本海默的态度就发生了转变，他开始为美苏两国的核军备竞赛而担忧，他坚决反对美国首先研制氢弹，大力呼吁原子能的国际控制与和平利用。为此，麦卡锡主义盛行期间，奥本海默受到了安全审查，并被剥夺了安全特许权，酿成了轰动一时的"奥本海默事件"。

这样的境遇，玻尔参与其事后能够达到，奥本海默经过曲折也终于达到，为何海森伯就一定不能达到呢？

令人颇感讽刺的是，1949 年海森伯去美国访问，许多物理学家，包括那些参与洛斯阿拉莫斯计划的物理学家拒绝出席招待会，他们不愿与海森伯握手，曾亲自制成原子弹的手，竟不愿去握无论出于什么原因没能制成原子弹的手。

九

对我们今天而言，海森伯的真实意图究竟如何，其实已不太重要。重要的是,《哥本哈根》提供了海森伯三次叩门的可能选择,更重要的是,玻尔已经具有而海森伯可能具有的“第三种意图”在今天已成为一切善良正直的人的共同崇奉的信念。因为,他们所面临的问题仍未离我们远去。

在战后迅速形成的冷战格局中,在美苏两大国核竞赛、核讹诈翻云覆雨的争斗中,核战争的毁灭性后果始终如利剑悬在人类的头顶。当20世纪90年代世界两极化格局突然终结,当基于意识形态分立而可能导致的世界战争的可能性渐趋消失,尤其是在国际关系逐渐以经济问题为主导而走向一体化,世界似已迈向欢快的新世纪时,核战争的阴影并未在蓝天白云下消散。

问题的实质并未改变多少,甚至更趋复杂。当世界处于两极化,拥有核武器的力量是明显的,维持均衡也是简单的。可今日世界,核武器已遍布全球,其对峙与平衡远不是意识形态分野所能明显区划的,既有政治原因、经济原因、种族原因,还纠缠着领土、资源、历史,霸权和报复,欺负和抗争……核威胁离我们不是更远,而是更近了。

历史经验给人以智慧。《哥本哈根》可作为我们的起点。哥本哈根会面给人最重要的启示就是,愚蠢而又危险的,就是以国家利益为名义的狭隘民族主义,就是专制政府最擅长挑动和煽起的愚民蒙昧主义。在国家利益和整个人类的命运和前途之间,在政客的空洞叫嚣和千百万生命之间,何去何从,一目了然。对一切善良正直的人而言,这里不存在什么两难,不存在刁诡的民族利益和国际社会的冲突,在其他问题,诸如领土、贸易或大而化之的文化问题上,可能有,但在核武器问题上,绝没有。

爱因斯坦曾愤慨道:

> 在人生的丰富多彩的表演中,我觉得真正可贵的,不是政治上的国家,而是有创造性的,有感情的个人,是人格;只有个人才能创造出高尚的和卓越的东西……由命

令而产生的勇敢行为，毫无意义的暴行，以及在爱国主义名义下一切可恶的胡闹，所有这些都使我深恶痛绝，在我看来，战争是多么卑鄙、下流！我宁愿被千刀万剐，也不愿参与这种可憎的勾当。

如果说，千百年来人类的无数战争有若干可冠以正义之名，在核武时代很难再有正义战争的可能。因为核战争的结局就是千百万生命的毁灭，乃至人类文明的毁灭和整个人类的消亡。

人的生命，整个人类的生命，这是所有原则中的最高原则，是所有必须考虑利益的最后底线，是人类命运之所系，也是我们所有人当下的生命和安全之所系。

海森伯在叩门！

固然科学的结果是同宗教的或者道德的考虑完全无关的,但是那些我们认为在科学上有伟大创造成就的人,全都浸染着真正的宗教的信念,他们相信我们这个宇宙是完美的,并且是能够使追求知识的理性努力有所感受的。

爱因斯坦

宗教同科学不可和解吗?

宗教同科学之间真正存在着不可克服的矛盾吗?宗教能被科学代替吗?多少世纪以来对这两个问题的回答曾引起不少的争论,事实上还引起了残酷的斗争。但照我自己的见解,无可怀疑的是,对这两个问题进行冷静考虑后只能得出否定的答案。可是使答案复杂化的是:虽然大多数人对于"科学"的意义是什么,容易取得一致的意见,但是对"宗教"的意义的看法却多半是各不相同的。

对于科学,就我们的目的来说,不妨把它定义为"寻求我们感觉经验之间规律性关系的有条理的思想"。科学直接产生知识,间接产生行动的手段。如果事先建立了确定的目标,它就导致有条理的行动。至于建立目标和作出对价值的陈述则超出了它的作

本文是爱因斯坦给纽约"自由牧师俱乐部"的回信,发表在《基督教纪录报》(***The Christian Register***)127 卷(1948 年),6 月号,第 19 页。

用的范围。科学从它掌握因果关系这一点来说,固然可以就各种目标和价值是否相容作出重要的结论,但是关于目标和价值的独立的基本定义,仍然是在科学所能及的范围之外。

对一切充满好奇的爱因斯坦

至于宗教,则相反,大家一致认为:宗教涉及的是目标和价值,并且一般地也涉及人类思想和行动的感情基础,只要这些不是为人类的不可改变的遗传下来的本性所预先决定了的。宗教关系到人对整个自然界的态度,关系到个人生活和社会生活理想的建立,也关系到人的相互关系。宗教企图达到这些理想,它所用的办法是对传统施以教育的影响,并且发展和传布某些容易被接受的思想和故事(史诗和神话),这些思想和故事都适宜于按照公认的理想来影响价值和行动。

正是宗教传统的这种神秘的内容,或者更确切些说,这种象征性的内容,可能会同科学发生冲突。只要宗教的这套观念包含着它对那些原来属于科学领域的论题所作的一成不变的教条式陈述,这种冲突就一定会发生。因此,为了保存真正的宗教,最重要的是要避免在那些对实现宗教的目的实际上并非真正必要的问题上引起冲突。

当我们考查一下各种现存的宗教,撇开它们的神话,而只看它们的基本实质时,我就觉得它们彼此之间,并不存在根本的区别,像"相对主义"或者传统理论的倡导者所要我们相信的那样。这本来是没有什么可奇怪的。因为一个受宗教支持的民族的道德态度,总是以保护和促进集体及其个人的心智健全和精力充沛为其目的,否则,这个集体必然要趋于灭亡。一个以虚伪、诽谤、欺诈和谋杀为光荣的民族,一定是不可能维持很久的。

但是在碰到了特殊的情况时,要明确地决定什么是值得向往的,什么是应当戒绝的,倒不是一件容易的事,正像我们很难决定,成为一幅好的绘画或者一首好的乐曲的究竟是什么一样。这些东西用直觉去感觉也许要比用理性去理解更加容易一点。同样,人类道德上的伟大导师,在某种意义上也可以说是生活艺术中的艺术天才。在那些直接出自保护生命和免除不必要苦痛的动机而提出来的最基本的箴言以外,还有一些别的箴言,虽然从外表来看还不能同那些基本箴言相提并论,但我们还是要给它们以很大的重视。比如说,在为了达到真理和接近真理就必须在工作上和幸福上作出很大的牺牲时,还应不应当无条件地去追求真理呢?有很多这样的问题,它们从理性的立场看来是不容易回答的,或者是根本无法回答的。然而我还是不认为所谓"相对主义"的观点是正确的,即使在对待比较难以捉摸的道德问题的决定时也如此。

即使是从这些最基本的宗教要求的观点来考查今天文明人类的实际生活状况,人们对自己所看到的东西也必定会深深感到苦痛的失望。虽然宗教规定在个人之间和团体之间都应当兄弟般地相亲相爱,但实际景象倒更像一个战场,而不像一个管弦乐队。在经济生活和政治生活中,到处都是以牺牲自己的同胞来无情地追逐名利为指导原则。这种竞争精神甚至流行在学校里,它毁灭了人类友爱和合作的一切感情,把成就看作不是来自对生产性和思想性工作的热爱,而是来自个人的野心和对被排挤的畏惧。

有些悲观主义者认为这种状况是扎根于人类本性中的;提出这种观点的人是真正宗教的敌人,因为他们由此暗示宗教的教义是乌托邦的理想,不配用来指导人类的事务。但是关于某些所谓原始文化的社会形式的研究,似乎已足以证明这种失败主义的观点是完全站不住脚的。谁要是关心这个在宗教本身的研究中具有决定意义的问题，不妨去读一下鲁思·本尼迪克特（**Ruth Benedict**）[①]的《文化的形式》（***Patterns of Culture***）这本书中关于普韦布洛印第安人[②]的描写。在最困难的生活条件下，这个部落显然完成了艰巨的任务，把它的人民从竞争精神的灾难中解救了出来，并且在部落里培养了一种有节制的、合作的生活方式，在那里没有外界压力，也没有任何剥夺幸福的行为。

这里提出的对宗教的解释，意味着科学对宗教态度的一种依存关系，在我们这个物欲主义占优势的时代，这种关系真是太容易被忽视了。固然科学的结果是同宗教的或者道德的考虑完全无关的，但是那些我们认为在科学上有伟大创造成就的人，全都浸染着真正的宗教的信念，他们相信我们这个宇宙是完美的，并且是能够使追求知识的理性努力有所感受的。如果这种信念不是一种有强烈感情的信念，如果那些寻求知识的人未曾受过斯宾诺莎的**对神的理智的爱**（***Amor Dei Intellectualis***）的激励，那么他们就很难会有那种不屈不挠的献身精神，而只有这种精神才能使人达到他的最高的成就。

---

① 鲁思·本尼迪克特（1887—1948），女，美国人类学家。她著的《文化的形式》是人类学、社会学、心理学和哲学综合研究的结果，1934 年出版。她于 1946 年出版的《菊花和军刀：日本文化的形式》（***The Chrysanthemum and the Sword：Patterns of Japanese Culture***）一书对战后美国对日政策的制定有重大影响。

② “普韦布洛”（**Pueblo**）是西班牙语“村落”的译音，这里是指以农村公社形式定居的从事农业的印第安人部落，以区别于那些比较不开化的流动的印第安人部落。他们居住在砖坯或石块砌成的公屋里，过的是原始共产主义生活。目前主要分布在美国新墨西哥州格兰德河（**Rio Grande**）两岸。

你想征服自然，你想制天，必定为天所制。

季羡林

天人合一 文理互补

我想谈两个问题：第一个问题是21世纪全人类所面临的最重要的问题是什么；第二个是理科和文科互相渗透的问题。对这两个问题我都是野狐谈禅，也可能是胡说八道，请大家“批判”。

第一个问题，21世纪我们全人类所面临的最重要的问题是什么？大概若干年以来，我们这个地球村里面，自然界发生了很多过去没有或者比较稀见的现象，比如气候变暖、淡水缺乏、生态平衡

本文选自《群言》杂志2002年第1期，作品写于2001年11月2日。作者季羡林(1911—2009)系北京大学教授、中国语言学家、文学翻译家，梵文、巴利文专家。1930年考入清华大学西语系。1934年毕业后，赴德国留学，在哥廷根大学学习梵文、巴利文、吐火罗文等古代语文。1941年获哲学博士学位。1946年回国，历任北京大学教授兼东方语言文学系教授、系主任。历任中国文字改革委员会委员，国务院学位委员会委员兼外国语言文学评议组负责人，第二届中国语言学会会长，中国外语教学研究会会长，中国科学院哲学社会科学部委员，中国史学会常务理事，中国作家协会理事，中国外国文学学会副会长，中国南亚学会会长，中国敦煌吐鲁番学会会长，中国民族古文字研究会名誉会长，社会科学院南亚研究所所长，中国比较文学学会名誉会长，《中国大百科全书》总编委会委员，中国东方文化研究会会长，国际儒学联合会顾问，亚非学会会长等。1978年任北京大学副校长。对印度中世语言形态学、原始佛教语言、吐火罗语的语义、梵文文学等研究均作出重要贡献。主要译著有《原始佛教的语言问题》《印度简史》《中印文化关系史论文集》《印度古代语言论集》《关于大乘上座部的问题》《罗摩衍那初探》《天竺心影》《朗润集》《季羡林散文集》等，译著有《沙恭达罗》《优哩婆湿》《罗摩衍那》《安娜·西格斯短篇小说集》《五卷书》等，散文集有《赋得永久的悔》。主编了《四库全书存目丛书》。

北大教授季羡林

破坏、人口爆炸、动植物灭绝、臭氧层空洞、洪水泛滥、新疾病产生,等等,这些问题如果有一个解决不了,我们人类的前途和发展就有困难。比如水,我们从来没有想到水会发生问题。我看了一篇文章讲:如果现在发生了世界大战,大家不是争油,而是争水。由此可见水的重要性。这些问题是怎么来的呢?我先举两句话,一句是德国的伟大诗人歌德说的:“大自然从未犯过错误,犯错误的是人。”第二句是伟大的思想家恩格斯讲的:“我们不要过分陶醉于我们对大自然的胜利,每一次胜利,自然界对我们都进行了报复。”这两句话很值得我们品味。

为什么自然界对我们报复呢?我们中国人讲人与自然应该和谐相处,就是天人合一。天就是大自然,人就是人类。大自然与人类要和谐统一,不要成为敌人。宋代大哲学家张载有两句非常著名的话,“民吾同胞,物吾与也”,简称“民胞物与”。“与”是“伙伴”的意思。这两句话言简意赅,含义深远。在欧洲情况有些不同。查一下英文字典,“征服”是“**conquer**”,举的例子是“**conquer the nature**”,把自然看作是敌对的,否则怎么会谈到“征服”呢?最近几百年来,科学技术的发展给人类带来了很大的福利,这主要归功于西方。但带给我们福利的同时也产生了上面提到的诸多问题。我个人认为,这些问题或弊端之所以产生,其根源就在于“征服自然”。

那怎么办呢?我们人类的衣食住行所有的东西都是从大自然来的,我们只能向大自然伸手要,我们才能活。否则,我们就活不下去。不征服怎么办呢?只有一条路,就是:我们和自然做朋友,天人要合一。中国古代也有征服自然的想法,荀子想制天,想能够胜天，能够战胜自然，但现在事实证明，你想征服自然，你想制天，必定为天所制。

天人合一不限于中国。在印度也是讲天人合一的，讲个人与宇宙是统一的。印度古代婆罗门教有一句著名的话：**tat tvam asi**。**tat** 就是英文的 **that**，指的是宇宙、大自然；**tvam** 意思是“你”；**asi** 的意思是“是”。这一句话的意思就是“你就是那个”“**you are that**”，也就是“你与宇宙大自然是一体的”，这也就是中国的“天人合一”。我归纳东方文化的特点是天人合一。我们讲人和自然是一致的，不是敌对的。

第二个问题是文科和理科的问题。回顾一下北京大学校史，大概是 1917 年（具体年份记不清楚了，发表的地方也须再查），蔡元培校长当时提出了一个意见：文科的学生必须学一门理科的课。这个意见后来怎么执行的呢？1917 年，当时我只有 6 岁，不知道。后来，1930 年，我考北大，考清华。当时北大出的国文题目非常奇怪——“何谓科学方法，试分析详论之”，这不像一个国文题。清华大学出的国文题目是“梦游清华”。从中可以看出这两所大学的不同之处。当时我听说北大文科的学生必须学一门科学方法的课来代替理科的课。文科的学生是文科高中毕业的，对理科实在很隔膜，所以文科学生必须学一门理科的课。当时就有一本书叫《科学方法论》，作者是化学家王星拱。在清华则是用逻辑来代替一门自然科学课。

蔡校长的想法是非常了不起的，但是我觉得我们的做法并没有体现出蔡校长原来的想法。将来怎么办？将来是否能体现？我们已经进入了 21 世纪，现在已经是 21 世纪的第一年，新千年的第一年，文科和理科的关系怎么处理？清华陈副校长讲的一句话叫文理互补。文科来补理科，理科来补文科。这句话讲得非常好。我想是不是可以再进一步，文理不但互补，而且互相渗透。互补怎样补法呢？一个是文科学生学一点理科的课，比如学哲学的要学一门理科的课。不仅要互补，还要互相渗透。21 世纪要发展社会科学，推进理论创新，非文理结合不可。新世纪才过了 10 个月，还有 99 年零 2 个月，可以有很多的时间来考虑这个问题。

清华有两位大家，一位是大物理学家李政道，也是北大的教授；一位是大画家吴冠中。他们在中国美术馆搞了一个科学与艺术展，还出了一本书。展览会和书我都看了，说是艺术和科学的相通之处。《光明日报》登过一个书评，评《物理学与艺术》，讲的是同一个问题。开座谈会时，北大物理系的一位教授参加了。我看了一下他们讨论的结果。人文科学和自然科学绝不像以前讲的那样泾渭分明。从一部科学史可以看到，科学越来越深化。最早的时候，只有哲学，后来分出物理、化学，再后来生物化学、物理化学等边缘学科越来越多。到了 21 世纪，我想边缘学科还要增加，增加的同时文科和理科的互相渗透能不能达到？我想，真要创新，应该从这地方创起。

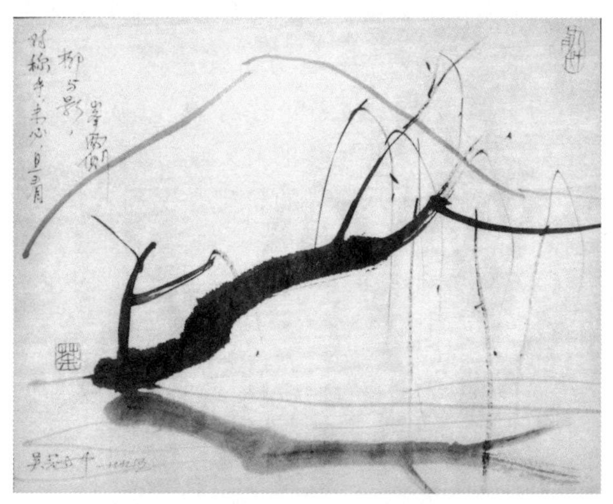

吴冠中用“柳与影”来诠释美与对称

我有一个非常幼稚的想法。“性善”和“性恶”是一个哲学问题，在中国哲学史上已经讨论了几千年，至今没有结论。现在基因科学正在展开研究，是否可以利用基因科学的成果来研究一下这个问题呢？

他们本来就不是什么崇高的伟人,他们就是普普通通的老百姓,只是在这个时候忠于自己的职责而已。

一位北大学生

请为我的父母祈祷

4月21日晚,父母把我叫回了家。吃饭时,他们告诉我,他们所在的医院已经被北京市卫生局指定为“非典”①专门接收医院了,一个星期之内将清空所有的病人,集中所有的医护人员专门救治“非典”病人。他们叫我回来,就是为了告诉我这件事,并让我带够衣服和钱,叫我以后不要回家了,他们也要被封闭在医院内不许出来,什么时候能结束也是未知数。

听到这个消息,我感到晴空霹雳一般,当时不知说什么好,半天说出一句:“你们会不会感染上?”可是谁都知道,赶上这事的医生感染率是相当高的。我想让他们辞职不干了,我说:以后我上班养活你们。父母只是笑笑,说我孩子气。由于他们都在同一家医院工作,所以可以享受只去一个人的待遇。当我要求他们只去一个人时,他们几乎同时说:“我去!”父亲说,他是一家之主,有责任承担这个危险,而母亲说,如果只有一个人去的话,那就是她去。他们就在饭桌上这么平静地争着,而我的心却像被刺破了

① 也称 **SARS** 事件,即严重急性呼吸综合征(**SARS** 是其英语词头缩略语)。该事件于 2002 年在中国广东省首发,并扩散至东南亚乃至全球,直至 2003 年中,疫情才被逐渐消灭。这是一次全球性传染病疫潮。

一样，我不相信我的家有一天会面临这种生死抉择。

他们让我决定谁去，我快要哭出来了，感到极度的无助和伤心。我嚷着：“无论你们谁染上，咱们这个家就要完了，你们谁也不许去！”最后，母亲慈祥地看着我，说了一句我一想起来就要流眼泪的话：“你以后会有你自己的家庭的，你已经长大了。”母亲说这话的时候那种慈祥、平和、但又不容置疑的语气，让我心碎欲裂。“我和你爸爸这么多年的夫妻了，谁去都不放心，就像你现在不放心我们一样，所以叫你回来之前，我们已经决定了——两个人都去。比起那些孩子还小的同事，我们感到幸运多了。”

此时我的叫喊、我的眼泪已经无济于事，我感到从未有过的绝望。我又一次求他们放弃这个工作不要去，我现在打工挣的钱三个人够用了。父亲说他做了30多年的医生，在这种国难当头的时候，决不能愧对医生这个称号，这是最起码的职业道德。

我不知怎么办了，坐在那里傻傻地发呆。电话响起，是父亲医学院的同学听说了这个消息打电话来问候，父亲在电话里还笑着说，要是他“光荣”了，就是他们班第一位为医疗事业献身的人。母亲安静地给我收拾着东西。我本来每周都回家，但这次给我带够了换洗的衣服。我只能这样返回学校了。

一想到不知什么时候才能回家，才能见到我的父母，我就泪如泉涌。街上是各色各样的行人，有的和父母一起出来去超市购物，我想着我们家本来也和他们一样的，我的父母也会下班后去超市，去菜市场讨价还价，他们本来就不是什么崇高的伟人，他们就是普普通通的老百姓，只是在这个时候忠于自己的职责而已。我多年来养成的玩世不恭、叛逆不羁，在瞬间土崩瓦解，我多想再天天听我妈的唠叨，而不是从今天起为他们担惊受怕，有家不能回。

我现在真的不知怎么办好，回到实验室坐在电脑前发呆，每到吃饭时就忍不住流眼泪。

我亲爱的朋友，请为我的父母祈祷，祝他们平安，好吗？这也是我现在唯一能做的,谢谢你们。祝你们和你们的父母都健康。

(本文源于2003年4月23日《中国青年报》,作者不详。作为敬业的好医生,作者的父母确实都是“医者仁心”;作为儿子的作者在疫情前,直面亲人可能染病而去世的不舍、焦急、彷徨与无奈。现实与《红楼梦》中的《好了歌》所道的“痴心父母古来多,孝顺儿女谁见了”恰恰相反。我们为作者的父母祈祷,并深信“好人一生平安”。)

我们一向反对“天人对立”，反对无止境地用功利主义态度片面地改造自然来适应人的需要，而主张人尽可能地适应自然。

费孝通

文化论中人与自然关系的再认识

一

中国的文化需要改革和发展是人类发展规律所决定的，而且在一百年前已酝酿了相当长的时期，从清代的戊戌政变起始，维新的运动已经在中国历史上冒了头。维新运动是由当时一些知识分子想以日本为榜样，引进西方文化，起初还是“犹抱琵琶半遮面”地提出“中学为体、西学为用”，到了民国初年发生的五四运动，就有人明目张胆地提出“全盘西化”的主张了。中国文化经

文本选编自2002年9月号《群言》杂志，是费孝通在南京大学成立100周年举行的“世界著名科学家论坛”上提交的论文，作于2002年5月5日，发表时有删节。作者费孝通(1910—2005)系社会学家、人类学家、民族学家和社会活动家。4岁起在母亲创办的蒙养院开始接受正规教育。就读于东吴大学医预科、燕京大学社会学系、清华大学研究院，后留学英国伦敦经济政治学院。其所著的《江村经济》被认为是我国社会人类学实地调查研究的一个里程碑。主要著作有：《江村经济》《禄村农田》《生育制度》《乡土中国》《乡土重建》《从事社会学五十年》《费孝通社会学文集》《记小城镇及其他》《边区开发与社会调查》《费孝通民族研究文集》《行行重行行——乡镇发展论述》《费孝通文集》等。1980年3月，国际应用人类学会授予他该年度马林诺夫斯基名誉奖；1981年11月，英国皇家人类学会向他颁发了该年度赫胥黎奖章。

过几千年闭关自守，到这时再也守不住了。接受西方文化的浪潮，拜德、赛两先生为师，是五四以后中国文化变动在历史上的主要方向，也是不容我们否定的历史事实。当前提出的“现代化”基本上是这个历史潮流的继续。即便是使中国人民能摆脱国际上二等成员地位的人民革命运动，也还是以西方文化中倡立的政治思想为指导的。向西方文化学习，取得了历史上的辉煌的成就。

社会学家费孝通（1910—2005）

当然在向西方文化学习的大势下，也时时出现折中派和反对派，折中派是对西方文明要求有选择地引进，反对派则认为西方文明已走到了尽头，今后应是东方文明领先。“今日河西，明日河东”的轮转循环，一唱一反原是思想平台上的常规，但时至今日世界一体化的潮流中，我们的确要认真考虑一下我们东方文化的前途了。

对我自己来说，从 20 世纪 30 年代投身到学术领域里，进入社会人类学这门学科。文化的动向本来应当是研究的一个主题，具体地说，不能不关心自己传统文化的前途。30 年代开始我就立志追随老师吴文藻先生，以引进人类学方法来创建中国的社会学为职志，详言之即用西方学术中功能学派人类学的实地调查方法来建立符合中国发展需要的社会学，这个目标显然是从西方的近代人类学里学来的，它的方法论是实证主义的，实证主义实际上是西方文化的特点在学术上的表现。科学理论必须是以看得见、摸得着的客观存在的事物为基础。

这个学派的特点反映了西方文化中对生物性个人的重视，所谓文化的概念，说到底是“人为、为人”四个字。“人为”是说文化是人所创制的，即所谓人文世界，它是为人服务的设施。这确是反映了当前我们生活在其中的世界。我们衣食住行学的整个生活体系都依靠人力改造过的自然世界而得来的人文世界。这一点事实是大家能明白和切身体会得到的。我们现代的生活，甚至和自然世界接触的人体感觉器官都是经人为的媒介改造过的。这种生活的现实，使我们习惯于把自然看成是我们生活的资源。一方面是生活越来越复杂和广阔，一方面我们把自然作为为我们所利用的客体，于是把文化看成了“为人”而设施了，“征服自然”也就被视为人生奋斗的目标。这样我们便把个人和自然对立起来了，尽管“物尽其用”是西方文化的关键词。

我们的生活日益现代化，这种基本上物我对立的意识也越来越浓。在这种倾向下，我们的人文世界被理解为人改造自然世界的成就，这样不但把人文世界和自然世界相对立，而且把生物的人也和自然界对立了起来。这里的“人”又被现代西方文化解释为“个人”，因之迄今为止个人主义还是西方文化的铁打基石。西方文化里的个人主义加上人通过自己创出的文化，取得日益进步的现代生活内容。于是，不仅把人和自然对立了起来，也把文化和自然对立了起来。这也许是西方文化当前发展的一个很显著的特色。西方的学术领域里也显著地表明了这个特色。首先是以认识自然为职志的学术领域里也被自然科学所占据了。把研究同样应当属于自然界的社会和文化的社会科学和人文学科都压缩在次要的地位。

二

总而言之，在西方文化里存在着一种偏向，就是把人和自然对立了起来。强调文化是人为和为人的性质，人成了主体，自然成了这主体支配的客体，夸大了人的作用，以至有一种倾向把文化看成是人利用自然来达到自身目的的成就。这种文化价值观把征服自然、人定胜天视作人的奋斗目标。推进文化发展的动力放在其对人生活的功利上,文化是人用来达到人生活目的的器具,器具是为人所用的,它的存在决定于是否是有利于人的,这是现代西方的文化价值观念。

当然在西方现代思想中占重要地位的达尔文进化论肯定人类是自然世界的一部分,是从较低级的动物的基础上发展出来的一种动物。但这种基本科学知识却被人与人之间的利己主义所压制了,在进化论中强调了物竞天择的一方面,也就强调了文化是利用自然的手段。由此而出现的功利主义更把人和自然对立了起来。征服自然和利用自然成了科学的目的。因此对自然的物质方面的研究几乎掩盖了西方的科学领地。甚至后起的对人的研究也着重于体质方面,研究人心理的科学也着重在人体中神经系统的活动,即所谓行为科学。可见,西方科学发展史深深地受到其文化价值观的制约。

忽视精神方面的文化是一个至今还没有完全改变的对文化认识上的失误。这个失误正暴露了西方文化中人和自然相对立的基本思想的文化背景。这是“天人对立”世界观的基础。

在这里还应当指出,上面所说“天人对立”的世界观中的“人”字还应当加以说明,这里的“人”字实在是指西方文化中所强调的利己主义中的“己”字,这个“己”字不等于生物人,更不等于社会人,是一个一切为它服务的“个人”。在我的理解中,这个“己”正是西方文化的核心概念。要看清楚东西方文化的区别,也许理解这个核心是很重要的,东方的传统文化里“己”是应当“克”的,即应当压抑的对象,克己才能复礼,复礼是取得进入社会,成为一个社会人的必要条件。扬己和克己也许正是东西方文化差别的一个关键。

三

我在前文提到我过去常用“人为、为人”四个字来说明文化的本质是不够全面和确切的。因之对这四个字中的“人”字还应当多说几句。我一直接受西方现代文化中所认定的人是从较低级动物演化来的观点，但是要补充说明的是，这个高等动物不但从原始生物的基础上经过很长的时间才在演化的历程中获得了其他生物类别所没有的特质。这些特质固然也是从较低级的生物中逐渐演化得来的，但凭这些特质的继续发展演化，取得了其他物种达不到的能力。其中之一就是由于人的神经系统的发展，除了能够接受外界的刺激，以获得意识上的印象之外，还能通过印象的继续保留而成为记忆，而且还能把前后获得的印象串联成认识外界事物的概念。不仅如此，还发展成为有一定内容即意义的音像符号（**Symbols**），于是产生了语言和文字，凭着这些有一定意义内涵的语文，即这些具有社会共识的符号，由一个人传递给另一个人，人与人之间的心灵因之得以相通。这是这一个个人和其他人取得结合的关键，并导致他们可以发生分工和合作，完成共同的目的，达到共同的理想。我们可以用生物人和社会人等名词来区别由生物进化完成的生物人和由生物人的集合成群体而成为的社会人。一丝不挂的独自为生的生物人，在这个世界上是不存在的。而西方文化中把它偏偏作为功利主义中的“己”，突出来和自然相对立。这个虚拟的“己”，是事实上无法独立生存的生物人。

生物人和其他动物一样，它的生命实际上有一定的限期，即所谓有生必有死，生和死两端之间是他的生命期。由于生物人聚群而居，在群体中凭其共识他们相互利用和模仿别人的生活手段以维持他的生命。这时他已从生物人变成了社会人。只有作为一个社会人，生物人的生命得以绵延直至其死亡。每个生物人都在生命中逐步变成社会人而继续生活下去。我们一般说人的生命是指生物人而言的，一般所说的人的生活是指社会人而言的。生活维持生命的继续，从生到死是一个生物的必经的过程，但是生活却是从生物机体遗传下来的机能通过向别人学习而得到的生活方式。一个人从哺乳到死亡的一切行动，都是从同一群体的别人那里学习得来的。所学会的那一套生活方式和所利用的器具都是在他学习之前就已经固定和存在的。这一切是由同群人所提供的。这一切统统包括在我所说的人文世界之内,它们是具体的文化内容。当一个生物人离开母体后,就开始在社会中依靠这前人创造的人文世界获得生活,也可说一离开母体即开始从生物人逐渐变成了社会人。现存的人文世界是人从生物人变成社会人的场合。这个人文世界应当说是和人之初并存的,而且是社会人共同的集体创作,社会人一点一滴地在生活中积累经验,而从互相学习中成为群体公有的生活依靠、公共的资产。人文世界拆开来看,每一个创新的成分都是社会任凭其个人天生的资质而日积月累并在与自然打交道中形成的;一旦为群体所接受,人文世界的内涵就不再属于任何个体了,这是我们应当注意的文化社会性。文化是人为的,但这里只指文化原件的初创阶段,它是依靠被群体中的人们所共同接受才能在群体中维持下去。一群社会人相互学习利用那些人文世界的设施包括物质的和精神的,或说包括它的硬件和软件,进行生活。因而群体中个别生物人的死亡并不跟着一定发生文化零部件的存亡,生物人逃不掉生死大关,但属于社会人的生活用具和行为方式即文化的零部件却可以不跟着个别生物人的生死而存亡。文化的社会性利用社会继替的差序格局即生物人生命的参差不齐,使它可以超脱生物生死的定律,而有自己存亡兴废的历史规律。这是人文世界即文化的历史性。

这里必须强调社会人靠群体而存在,群体是由生物人聚集而形成的,生物人聚成了群体,构成了社会,才产生社会人,从个别来看,生物人的生死也是社会人的生死,没有生物人,社会人也就没有了载体,但是从群体来看,生物人的生死是前后差序不齐的,这就是我在《生育制度》一书中所指出的社会续替的差序格局。这使得生物人所创造的文化(文化之内包括群体的社会组织和制度)都可以持续往下代传递。除非整个群体同时死亡,文化在群体中是可以持续传下去的。还应当说文化包括它物化的器材和设备,可以不因人亡而毁灭。过一段时间,即使群体已灭亡了,如果有些遗留下来的物化的文化还有被再认识的机会,它还是可以复活的。所以文化的自身里有它超越时间的历史性,文化生命可以离开作为它的载体的人(包括生物人和社会人)而持续和复兴。这是文化的历史特性。因此我们有“考古学”这门学科。

四

强调重新认识文化的社会性和历史性,可以帮助我们调整文化的价值观。我在上文中讲到了我认为西方文化里,从大多数民众来说,存在着严重的以利己个人主义为中心的文化价值观。这种文化价值观从以往的历史来看,二百多年来曾为西方文化取得世界文化的领先地位的事业立过功。但是到了目前,我担心它已走上了转折点,就是由于形成了人和自然对立的基本观点,已经引起了自然的反抗,明显的是当前人们已感到的环境受到的污染确是给人们带来了生活的困难。可以说这只是自然在对我们征服自然的狂妄企图的一桩很小的反抗的例子。讲得大一点就是人类已经有所觉悟而对此做出的保护环境的绿色革命。但是,可悲的是连最近提出的这类世界性的保护环境的公约没有能得到国际上的一致支持。

“9·11”事件发生后全世界人们都惊觉了,这在我看来是个对西方文化的又一个严重警告,我在电视机前看完这场惨剧的经过后,心里想,西方国家特别是受难国一定会追寻事件发生的根源,进行深刻的反思,问一问这是不是西方文化发生了问题。当然,这是我个人的一种私自的反应。但是我的私愿落空了。事件发生后事态的发展使我很失望,我对一般的“以牙还牙”报仇心理是可以理解的,这是人类甚至动物的原始性的心理反应。但是接着却把事件当作刑事案件来对待,缉拿凶手成了主要对策。凶手找不到就泄愤于被指为嫌疑对象的所在国,进行了不对等的战争,并利用现代技术所创造的武器对嫌疑犯所在的国家进行狂炸滥轰。以反对恐怖主义的正义名义进行的这场战争造成了大批无辜人民的死亡和遭殃。在我看来这是以恐怖手段反对恐怖主义的一个很明白的例子，是不是应了我们中国力戒“以暴易暴”的古训？这是我这信息不灵通的老人的私见，但也许可以联系上我在前面所讲的西方文化的“天人对立”的价值观来看这段历史，而觉得西方文化的价值里轻视了文化的精神领域，不以科学态度去处理文化关系，是值得深刻反省的。

我想接下去继续在对文化的思考上说几句关于东西方文化不同之处的问题。我着重说了西方文化的价值观中人和自然的关系，因为这正是东西方区别的要害处。我个人认为西方文化强调的人利用自然而产生促进技术发展的自然科学在这一点上是有别于传统的东方文化的。同时也正反衬出东方文化着重“天人合一”的传统。这里的“天”字应作为自然解，我是个从小在洋学堂里培养出来的知识分子，所以缺少了一段中国传统的经典教育。我没有进过私塾，坐过冷板凳，对中国传统文化缺乏基本的训练，但是在业余时间也受到了上一代学者关于国学研究的影响，而且在学校里上学时已听到过“天人合一”的说法，但当时并没触及我的思想深处。直到最近这几年，90 岁以后，才补阅我故乡邻县无锡出生的钱穆（宾四）先生的著作。他是个热衷于“天人合一”论的历史学者，据说在他快要弃世之前不久曾对他的夫人说，他对“天人合一”有了新的体会，而且颇有恍然大悟之感，但所悟的内容却没有机会写成文字留给我们这些后代。正是记起了这件事，使我也注意到文化价值观方面东西文化的差别。当前西方文化中突出的功利追求和着重自然科学的发展的根源，也许从根本上看就在这“天人对立”的宇宙观。我在这里不由得不重又想起钱穆先生所强调的从“天”“人”关系的认识上去思考东西方文化的差异。这么一思考也使我有一点豁然贯通的感觉，中华文化的传统里一直推重《易经》这部经典著作，而《易经》主要就是讲阴阳相合而成统一的太极，太极就是我们近世所说的宇宙，二合为一是个基本公式。“天人合一”就是这个宇宙观的一种说法。中华文化总的来说是反对分立而主张统一的,大一统的概念就是这“天人合一”的表述,我们一向反对“天人对立”,反对无止境地用功利主义态度片面地改造自然来适应人的需要,而主张人尽可能地适应自然。这种基本的处世态度正是我的老师潘光旦先生提出的“位育”的观点,“位育”就是“中庸之道”,对立面的统一靠拢,便使一分为二成为二合为一,以达到一而二、二而一的阴阳合而成太极的古训。

我们中华文化的传统在出发点上和西方文化是有分歧的,目前在经济上进入全球化的时代出现了文化的多元化,这一阶段大家关心的是多元化文化不要互相冲撞而同归于尽。我在这个局面中想到了东西方文化的处境,敲敲警钟以保卫世界和平,祝愿我们当前还存在着差别的多元文化能在各自的发展中走向能和平共处的世界。

科学发现总是革命的，创造性的。

波普尔

科学进步的障碍

从生物学观点或进化观点看，可以把科学或科学进步看作是人类为了适应环境而采取的手段。

科学发现总是革命的，创造性的。当然，即使遗传水平也有一定的创造性：新的试探造成新的环境，产生新的环境压力，从而对各级水平都带来革命性的后果。但只有在科学水平下才有以下两个新情况。最重要的是，科学理论可以用语言来表示，甚至可以发表。理论成了我们以外的客体，成了可以研究的对象，现在又成了可以批判的对象。这样，采用一个理论如果不能使我们更好地适应于生存，我们就可以甩掉这种理论——通过对理论的批判，我们可让理论代替我们死亡。

问题很清楚，科学进步的客观性和合理性，不能归结为科学家的个人问题。伟大科学和大科学家，像大诗人一样，常由非理性的直觉所激发。大数学家也这样。彭加勒和哈达马德已指出，一个

本文作者波普尔（1902—1994）系犹太裔思想家。1902 年出生于维也纳，10 岁时就开始接触马克思主义和达尔文进化论，17 岁时曾为弗洛伊德的弟子、精神分析学家阿德勒工作过。早年崇拜的这些思想大师都成为波普尔后来怀疑与批判的对象，唯有爱因斯坦是一个例外。1919 年爱因斯坦在维也纳的演讲对他的一生发生了决定性的影响。一生留下大量有影响的哲学专著：《知识理论的两个基本问题》《历史决定论的贫困》《开放社会及其敌人》《科学发现的逻辑》《实在论与科学的目的》《开放的宇宙》和《量子理论与物理学的分裂》等。本文由纪树立译。

数学证明也很可能是在一种显然属于美学灵感的指引下发现,在不知不觉之中试探出来,而不是理性思维指引的结果。

我认为阻挡科学进步的最大障碍是社会的,可分为两类:经济的和意识形态的。

在经济方面,贫穷往往是个障碍。但近年来愈来愈清楚,富裕也会成为障碍——钞票太多的结果是思想太少。在这样的逆境中虽然也有进步,但科学精神却陷入危机。“大科学”可能毁掉伟大科学,刊物激增可能扼杀思想——宝贵的思想反而被这种洪水淹没了。

在意识形态障碍中人们看得最多的,是意识形态的偏执或宗教偏执,一般都带有武断而缺乏想象。历史事例不胜枚举。值得注意的倒是:即使压制也能引起进步。布鲁诺殉难和伽利略受审对科学进步所作的贡献,归根到底可能还大于宗教法庭对科学进步的反对。

新思想被忽视的事例很多,如达尔文以前的进化论、孟德尔学说。可以找到大批阻挡进步的障碍。

亚默还讲过一个更惊人的例子,即 1913 年对爱因斯坦光子理论的否定。这理论最早发表于 1905 年,1921 年爱因斯坦为此获得诺贝尔物理学奖。在推荐爱因斯坦为普鲁士科学院成员的申请书中,也写了否定光子理论这一段。这个文件是由马克斯·普朗克、沃泽尔·奈恩斯特和其他两名著名物理学家共同签署的。文件对爱因斯坦赞扬备至,但要求不要因他的失足(他们显然深信光子理论也是其中的一次)而反对他。这种过于自信的态度,同一年中居然还经受了密立根进行的一次严格的实验鉴定,真是令人好笑;但我们理当把它看作是科学史中一个重要的插曲,说明最大的专家们有时也会通过最富于自由思想的鉴别而携手作出武断的否定,这些人做梦也没有想去隐瞒他们所相信的东西错了。对爱因斯坦的“失足”表示遗憾的话,真是再有趣、再有启发不过了。申请书是这样写的:“他有时也会想得太远,例如他的光量子假说,但是不应当把这一点看得太重。要引进一点真正的新思想,即使是引进到最精密的自然科学中去有时谁也不能不冒一点风险。”说得很好,但没有说出事情的真相。人总是会冒些犯错误的风险,但也要冒些受到误解或错判等不那么重要的风险。

专横武断是阻挡进步的一大障碍。我们不但应当通过讨论使别的理论也能生存,还应当有计划地寻求新的理论;什么时候占统治的理论过分排斥一切,我们什么时候就应当感到忧虑。如果这种理论达到了一家垄断的地步,对科学进步的危害就更严重了。

还有一个更大的危险:一种理论,甚至一种科学理论,也会变成一种时髦思想,一种宗教的替身,一种僵化的意识形态。这就是我的讲演第二部分的中心:科学革命同意识形态革命的区别。

在一个知识分子(包括科学家在内)很容易陷入意识形态或时髦思想的时代里,我认为这是一个严重的问题。这可能完全是由于宗教的衰落,由于我们这个无父社会未得到满足的不自觉的宗教需要。除了各种极权主义以外,我平生目睹了许许多多具有高度文化素养的公开声明的非宗教运动。

第一个例子是哥白尼革命和达尔文革命,这两场科学革命都引起了意识形态革命。它们双双改变了人类对自己在宇宙中地位的认识,就这点而言,这是意识形态革命。就它们各自推翻了一种占统治的科学理论而言,又显然是科学革命。

哥白尼革命和达尔文理论之所以发生那么大的意识形态影响,看来都是因为同宗教教义发生了冲突。这对我们的思想文化史意义重大,同时又反射到科学史中。但是,哥白尼和达尔文同宗教发生冲突这个社会历史事实,同这种科学理论本身的理性价值毫无关系。在逻辑上,也同理论所激起的科学革命毫不相干。因此,把科学革命同意识形态革命加以区别就很重要了。

我还要举例说明,有些重大科学革命并没有引起任何意识形态革命。

法拉第和麦克斯韦的革命,从科学角度看,同哥白尼革命一样伟大,也许更伟大。它改变了牛顿的中心信条,它鼓舞了一代物理学家,却没有引起一场意识形态的革命。汤姆生发现电子(及其理论)也是一场大革命,它是推翻古老的原子不可分性理论所形成的一场革命,足以同哥白尼的成就相媲美。当汤姆生宣布这个发现时,许多物理学家都以为他是在开玩笑。这个成就把2400年以来一直在争夺统治地位的两种敌对的物质理论,即原子不可分理论和物质连续性理论,一股脑儿都推翻了。要估计这个突破的革命意义,你只要记住,正是它把结构和电引进了原子、从而也引进了物质构成之中,这就够了。后来到1925年、1926年,海森伯、德布罗意、薛定谔以及狄拉克的量子力学,基本上也是汤姆生电子理论的量子化。而汤姆生的科学革命也没有产生一种新的意识形态,导致一场意识形态的革命。

还有许多重大科学革命都没有触发意识形态革命,像孟德尔革命,还有**X**射线、放射性同位素的发现以及超导的发现。这些都没有引起相应的意识形态革命。克里克和沃森的革命性发现,我也看不出引起什么意识形态革命来。

最有意思的还是爱因斯坦革命。我是指爱因斯坦的科学革命,但它在知识分子中间产生的意识形态方面的影响,却足以同哥白尼革命或者达尔文革命相媲美。

爱因斯坦在物理学中的革命性发现,一个是狭义相对论,它纠正了牛顿动力学,用洛仑兹不变性代替了伽利略不变性。这一次革命可满足我们的合理性准则:可解释为旧理论在低于光速的情况下仍然近似正确。

但科学革命不管多么彻底,都必须保留前人的成就,因而不可能真正同传统决裂。正是这样,科学革命是理性的。当然我不是说,这就意味着,凡进行这个革命的伟大科学家就应当是完全理性的人。恰恰相反,尽管我在论证科学革命的合理性,我却猜想,假如真正的科学家成了“不偏不倚”意义上的那种“客观的和理性的”人,那么我们将发现,科学的革命性就真会被一种针插不进的障碍挡住了去路。

似至晦，实至明，
似至繁，实至简，
似至难，实至易。
——徐光启

杨振宁

《易经》对中华文化的影响

我的题目是“《易经》对中华文化的影响”，以下几十分钟要讨论许多观念：精简、比类、天人合一、联想、取象、汉语汉字之形成、归纳等(图1)。这么多观念很短时间不能讲得清楚，主要讨论的集中于三点。

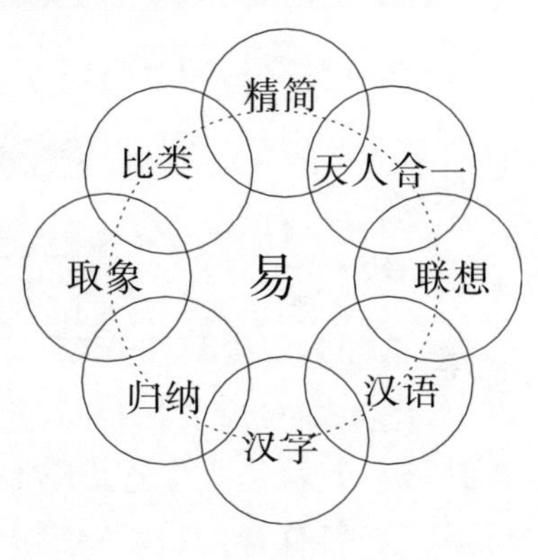

图 1

第一，《易经》影响了中华文化的思维方式，而这个影响是近代科学没有在中国萌芽的重要原因之一。这也是我所以对于《易经》发生了兴趣。

第二，《易经》是汉语成为单

本文作者杨振宁系著名物理学家。1922年生于中国安徽。1942年毕业于西南联合大学。1944年获清华大学理学硕士学位。1948年获美国芝加哥大学物理学博士学位。关于弱相互作用中宇称不守恒定律的提出，他和李政道共获1957年诺贝尔物理学奖。除了在物理学的一系列创造性贡献和为中国科技、人才培养的重大贡献外，还致力于探索创新动力、科学美感、科学哲学等人类文明。本文为杨振宁2004年9月3日在北京人民大会堂“2004文化高峰论坛”上做的演讲笔录，刊于《自然》杂志27卷1期上。

音语言的原因之一。

第三,《易经》影响了中华文化的审美观念。

杨振宁出席“2004 文化高峰论坛”

我是研究物理学的,没有研究过历史学、考古学、语言学、语音学、美学、哲学,等等。可是对于中国文化的成因,我近年来发生了兴趣,所以大胆地在今天这个场合跟大家谈谈我自己的一些想法。

《易经》,大家知道是中国非常古老的一个文献,据说是夏朝已经有了,最早的《易经》叫连山,商朝有了比较晚一点的叫归藏,都失传了。我们现在所看见的《易经》是西周时候的周易。所以《易经》的孕育前后至少经过一千多年,这个结论我想是大家可以同意的。

《易经》里面六十四卦开始是乾卦和坤卦。如果问《易经》是怎么形成的,以下这个说法大家似乎可以接受:最早中国发展了占卜,因为要对占卜作系统性了解就发展了卦符,所有六十四卦都有卦符。乾就是六个连线,坤是六个断线。有了符以后还得有名与字。卦名有音,有音还不够,就有一个字。这前后发展的次序我不是研究考古学的,不过我想这个次序很可能多少是对的。

可是我们知道孕育《易经》的年代也正是汉语汉字开始形成的年代,是中华文化孕生的年代。这些卦是“象”,这是周易里面自己讲的,是浓缩了的观念,以卦符卦名将天、地、人的变迁分类为“象”。

上面这几句话可以说是用今天的语言来描述到底《易经》的精神是什么。浓缩化、分类化、抽象化、精简化、符号化是《易经》

的精神。这种精神我认为贯穿到了几千年来中国文化里面每一个角落。

譬如分类精简,例子极多。今天大家知道中医的理论其中重要的一点就是把疾病与医药各分成阴阳、寒暖、表里、虚实等类,用这个分类的观念做大前提来发展中医理论,这是从《易经》的传统所遗留下来的。像这样的例子我们可以举很多。

一、近代科学没有在中国萌生的原因

近代科学为什么没有在中国萌生。已经有很多人讨论过了。归纳起来大概有五种道理:

第一,中国的传统是入世的,不是出世的。换句话就是比较注重实际的,不注重抽象的理论架构。

第二,科举制度。

第三,观念上认为技术不重要,认为是“奇技淫巧”。

第四,中国传统里面无推演式的思维方法。

第五,有“天人合一”的观念。

第四与第五两点我认为跟《易经》都有密切的关系。

先讲第四点,关于推演与归纳两种思维方法。近代科学的思维方法如图2所示。

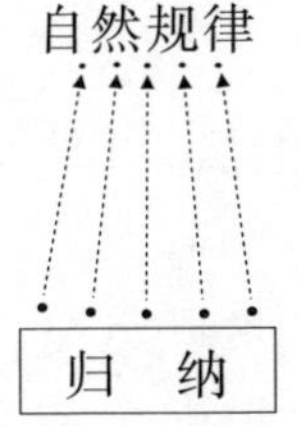

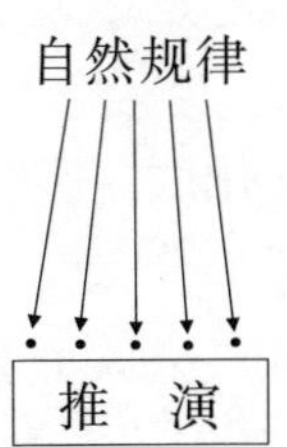

近代科学的两条寻求自然规律的方法。归纳法用虚线表示,以示其难。推演法用实线表示,以示其易

图 2

归纳与推演都是近代科学中不可缺少的思维方法。为说明这一点,我们不妨看一下麦克斯韦(1831—1879)创建麦克斯韦方程的历史。

麦克斯韦是19世纪最伟大的物理学家。他在19世纪中叶写了三篇论文,奠定了电磁波的准确结构,从而改变了人类的历史。20世纪所发展出来的无线电、电视、网络通信等,统统都基于麦克斯韦方程式。他是怎样得到此划时代的结果的呢?

他的第一篇文章里面用的是归纳法,里面有这样一段话

> 我们必须认识到互相类似的物理学分支。就是说物理学中有不同的分支,可是它们的结构可以相互印证。

他用这个观念来研究怎样写出电磁学方程式,以流体力学的一些方程式为蓝本。这种研究方法遵循了归纳法的精神。

几年以后,在第三篇文章中他把用归纳法猜出的电磁方程式,运用推演法而得出新结论:这些方程式显示电磁可以以波的形式传播,其波速与当时已知的光速相符,所以"光即是电磁波",这是划时代的推测,催生了20世纪的科技发展与人类今天的生活方式。

上面的故事清楚地显示归纳与推演两者同时是近代科学的基本思维方法。

中华传统文化的一大特色是有归纳法,可是没有推演法。其中归纳法的来源是什么?

"易者象也""圣人立象以尽意""取象比类""观物取象"都是贯穿《易经》的精神,都是归纳法,是向上求整体"象"的方法。

可是,中华文化没有发展出推演法。我们怎么可以证明此欠缺呢?请看徐光启的一些话:徐光启(1562—1633)是明朝末年一位大臣,而且是一位大学者。大家知道他是最早与利玛窦合作翻

译欧几里得的《几何原本》的人,翻译了前六章。他们翻译的原版,现在在国内还有几本,我曾经在北京图书馆去请他们给我看过一本。

欧几里得的几何学是人类历史上一个大贡献,第一次把推演法规律化,其影响不可以道里计。后来牛顿写了 ***Principia Mathematica***。如果你翻一下此书你就会发现他写的方法完全是照着欧几里得几何原本方法,是由公理、定理,然后到证明等。它是照抄欧几里得的推演法的形式。不幸的是徐光启翻译几何原本的时候虽早(那时牛顿还没有出生),可是这翻译有将近三百多年在中国并没有发生应该有的影响。

徐光启在翻译了以后,了解到推演法一个特点就是“欲前后更置之不可得”。就是一条一条推论不能次序颠倒。这跟中国传统不一样。中国传统对于逻辑不注意,说理次序不注意,要读者自己体会出来最后的结论。徐光启又有这样几句很有名的话:

似至晦,实至明,似至繁,实至简,似至难,实至易。

这也是推演法的特点。懂了推演法的精神以后就知道推演其实比归纳容易。

下面要讲上述第五点,关于“天人合一”的观念。

“天人一物”“理一分殊”和“内外一理”起源于《易经》,每一卦都包含天道、地道与人道在内,认为天的规律跟人世的规律是一回事。

我们知道王阳明格竹子,是要用人世间的“理”追求自然界的“理”,这样当然格不出近代科学。近代科学一个特点就是要摆脱掉“天人合一”这个观念,承认人世间有人世间的规律,有人世间复杂的现象,自然界有自然界的规律与自然界的复杂现象,这两者是两回事,不能把它合在一起。

当然我讲这句话会使得很多人觉得,尤其是研究中国哲学的人觉得我对于中国的传统哲学攻击得太厉害了。我完全没有攻击的意思。“天人合一”的内涵绝不止内外一理,还有更重要的“天人和谐”。天人和谐对于中国的传统影响极大,而且从今天的世界现状讲起来,我们可以问,摒弃“天人合一”而完全用西方的办法发展下去是否将要有天人对立的现象。这是一个非常重要的题目,不过不在我今天所能够讨论的范围之内。

二、汉语汉字的成因

世界上原始语言与成熟语言几乎都是复音的,单音的语言是仅有的。我不晓得是否任何一个别的成熟的语言是像汉语这样单音的。近年考古学家发现一万六千年以前江西的居民已经采集野生稻为主要的粮食。所以在一万多年以前已经开始形成了中华文化。我们可以相信他们已经有语言,我们也有理由可以假设,这些我们的祖先所用的语言是复音的。那么,后来怎么变成单音的汉语呢?

从复音的汉语变成单音的汉语这中间一定有一个很长的过程,而且一定有它的道理,因为这是十分独特的事情。

我的一个大胆的假设是:这变化是受了《易经》的影响。卦名是单音的。乾、坤……都是单音的。是统治者用的,是神秘的,有重大影响的,念起来有分量的。久之就形成了一个重视单音符号的价值观,而影响后来整个汉语的发展。在座有语言学的专家,我这个讲法是很大胆的,希望不被语言学家批评得体无完肤。我们看元、亨、利、贞、吉、凶、阴、阳、日、月、天、地,这些有声有色,有分量的,讲出来有影响的单音字对于整个语言文字的发展当然产生重要的影响,所以我刚才说我猜想汉语、汉字所以变成单音的语言文字与《易经》有密切关系。

三、中华文化的审美观

《易经》的浓缩化、分类化、抽象化、精简化和符号化的精神对中华文化的影响极深又极广。下面,我简单讨论它对汉语、汉文法、文学、艺术、书法等的影响。

英文"**Word**",通常翻译为字。这不恰当。应翻译为词,是一个或好几个字构成的。比如"现代",比如"所以",都是两个字的词。词可以是一个、两个或更多字所组成的,可是绝大多数是一个或者两个字的,不太有三个字以上的词。多半的三个字或以上的词都是复词,或是音译的词。前者例如"外祖父""洞庭湖",后者例如"成吉思汗"。

19 世纪开始翻译元素名字的时候也只用一个字,氧、硫、镭,这些在英文里面都是复音的,在中国翻译都变成一个单音的词。为什么这样吝啬呢? 我认为在中华文化形成时代,在汉语形成时代,受了《易经》的卦名的影响,发展出来了"精简为美,浓缩为美"的深层观念。此审美观影响了词的形成。

世界所有的语言都有共同的深层文法,然后在此深层文法之上,不同的语系各自发展,这是 **Chomsky** 的一个大发现。比较不同的语言就会发现每一种语言都有名词、动词、形容词、介词,等等。汉语亦然。可是汉语的一大特点就是极少用助词。例如不说"我的父亲"而说"我父亲";不说"慢慢地跑"而说"慢慢跑",把助词省略掉了。所以西方人说中文是电报式的文字,尤其是古文。好的古文确实是极美的文学。美的原因之一就是古文不遵循通常文法的发展方式,而力求用最少的词表达出最多最意思的意思。这种审美观念应是《易经》的浓缩化、精简化的延伸。

"联想"在世界任何文学之中都占重要的位置,而在汉文文学之中占有特别重要的位置,因为汉文中的词既常常建构于数个单音的字,就往往是根据联想而形成的。譬如风气、风云、风流、风景、风光、风雨、风俗都是联想形成的词。"风云"一词的形成可用图 3 来表示。这种词的结构更进一步促使汉文学演化成联想的文学,"云想衣裳花想容""秦时明月汉时关"就都是升华了的联想。

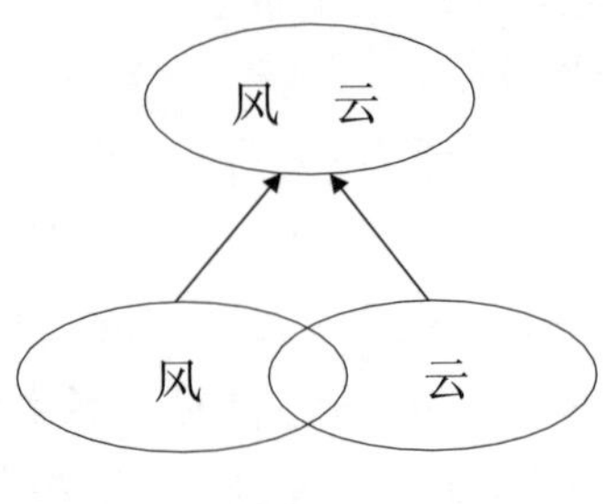

图 3

中华传统绘画所追求的意境与西方传统绘画完全不同,是"观物取象"的象,不是照相的像;是精神的象,不是形似的像;是"天人合一"的象,不是仅仅歌颂自然的像。我认为这种思维精神是从《易经》来的。

至于说《易经》对书法的影响,更是非常清楚了。书法在传统的中华文化中占极重要的位置,是其他文化所没有的。书法显然跟《易经》的浓缩化、符号化、抽象化的精神有直接关系。我的一位好朋友,书法家、雕塑家、文学家、文学评论家熊秉明在《中国书法理论体系》里面曾说:"中国文化的核心是哲学,中国文化核心的核心是书法。"我之所以完全同意他这句话,就是因为书法把《易经》的精神具体化了,现实化了。

(2004 年 10 月 3 日定稿)

“科学的人生观”有两层意思：第一拿科学做人生观的基础；第二拿科学的态度、精神、方法，作为我们生活的态度，生活的方法。

胡 适

科学的人生观

今天讲的题目是“科学的人生观”。研究人是什么东西？在宇宙中占据什么地位？人生究竟有何意味？因为少年人近来觉得很烦闷，自杀、颓废的都有，比较起来我至少多吃了几斤盐、几担米，所以来计划计划，研究自身人的问题。至于人生观，各人不同，都随环境而改变，不可以一个人的人生观去统理一切。再说公有公理，婆有婆理。我们至少要以科学的立场，去研究它、解决它。

“科学的人生观”有两层意思：第一拿科学做人生观的基础；第二拿科学的态度、精神、方法，作为我们生活的态度，生活的方法。

现在先讲第一点，就是人生是什么？人生是啥物事？

拿科学的研究结果来讲，我在1923年发表的十条，这十条被武昌一个主教称为“新的十诫”，说我是中华基督教的危险物的。

本文选自中国档案出版社2002年版《北大演讲百年精华》。作者胡适（1891—1962）系现代学者，历史学家、文学家、哲学家。1917年留学回国后，任北大教授，1946年任北大校长。本文是1930年作者的演讲稿。

十条内容如下：

一、要知道空间的大 拿天文、物理考察，得着宇宙之大；从前孙行者翻筋斗，一翻翻到南天门，一翻翻到下界，天的观念是何等的小！现在从地球到银河中最近一颗星中间的距离，照孙行者一秒钟翻十万八千里的速率计算，恐怕翻一万万年也翻不到，宇宙是何等的大！地球是宇宙间的沧海之一粟，九牛之一毛；我们人类更是小，真是不成东西的东西！以前看得人的地位太重了，以为是万物之灵，同大地并行，凡是政治不良，就有彗星、地震的征象，这是错的。从前王充很能见得到，说："一个虱子不能改变那裤子里的空气，和那人类不能改变皇天一样。"所以我们眼光要大。

二、时间是无穷的长 从地质学、生物学的研究，晓得时间是无穷的长，以前开口五千年，闭口五千年，以为目空一切；不料太阳系的存在已有几万万年的历史，地球也有几万万年，生物至少有几千万年，人类也有二三百万年。所以五千年占很小的地位。明白了时间之长，就可以看见各种进步的演变，不是上帝一刻可以造成的。

三、宇宙间自然的行动 宇宙、万物都有一定不变的自然行动。"自然自己，也是如此"，就是自己，自然如此。各物自己如此的行动并没有一种背后的指示，或是一个主宰去规范他们。明白了这点，对于月食是月亮被天狗所吞的种种迷信，可以打破了。

四、物竞天择的原理 从生物学的知识，可以看到物竞天择的原理，鲫鱼下卵有几百万个，但是变鱼的只有几个；否则就要变成"鱼世界"了！大的吃小的，小的又吃更小的，人类都是如此。从此晓得人生不受安排，是自己如此的行动；否则要安排起来，为什么不安排一个完善的世界呢？

五、人是什么东西 从社会学、生理学、心理学方面去看，人是什么东西？吴稚晖先生说："人是两手一个大脑的动物，与其他的不同在程度上的区别罢了。"人类的手，与鸡、鸭的掌差不多，实是他们的弟兄辈。

六、人类是演进的 根据人种学来看,人类是演进的;因为要应付环境,所以要慢慢地变;不变不能生存,要灭亡了。所以从下等的动物,慢慢演进到高等的动物,现在还在演进。

七、心理受因果律的支配 根据心理学、生物学来讲,心理现状是有因果律的。思想、做梦,都受因果律的支配,是心理、生理的现象,和头痛一般;所以说人的心理超过一切是不对的。

八、道德、礼教的变迁 照生理学、社会学来讲,人类道德、礼教也是变迁的。以前以为脚小美观,现在脚小却要装大了。所以道德、礼教的观念,正在改进。以二十年、二百年或二千年以前的标准,来判断二十年、二百年、二千年后的状况,是格格不相入的。

九、各物都有反应 照物理、化学来讲,物质是活的,原子分为电子,是动的,石头倘若加了化学品,就有反应,像人打了一记,就有反应一样。不同的,只在程度不同罢了。

十、人的不朽 根据一切科学知识,人是要死的,物质上的腐败,和猫死狗死一般。但是个人不朽的工作,是功德:在立德,立功,立言。善恶都是不朽的。一块痰中,有微生物,这菌能散布到空间,使空气都恶化了;人的言语也一样。凡是功业、思想,都能传之无穷;匹夫匹妇,都有其不朽的存在。

我们要看破人世间,时间之伟大,历史之无穷,人是最小的动物,处处都在演进,要去掉那小我的主张,但是那小小的人类,居然现在对于制度、政治各种都有进步。

以前都是拿科学去答复一切,现在要用什么方法去解决人生,就是哪样去生活?各人有各人的方法,但是,至少要有那科学的方法、精神、态度去做。分四点来讲:

一、怀疑 第一点是怀疑。三个弗相信的态度,人生问题就很多。有了怀疑的态度,就不会上当。以前我们幼时的知识,都从阿金、阿狗、阿毛等黄包车夫、娘姨处学来;但是现在自己要反省,问问以前的知识是否靠得住?有此态度,对于什么什么主义都不致盲从了。

二、事实 我们要实事求是。现在像贴贴标语,什么打倒田中义一等,都仅务虚名,豆腐店里生意不好,看看“对我生财”泄闷一样。又像是以前的画符,一画符病就好的思想。这不对,我们应做切实的工作,奋力地去做。

三、证据 怀疑以后,相信总要相信,但是相信的条件,就是拿凭据来。有了这一句,论理学诸书,都可以不读,赫胥黎死了以后,宗教家去劝他的儿子信教,但是他很坚决地说,“拿有上帝的证据来!”有了这种态度,就不会上当。

四、真理 朝夕的去求真理,不一定要成功,因为真理无穷,宇宙无穷。我们去寻求,是尽一点责任,希望在总分上,加上万万分之一。胜固是可喜,败也不足忧。明知赛跑只有一个人第一,我们还要跑去,不是为我为私,是为大家。发明不是为发财,是为人类。英国有一位医生,发明了一种治肺的药,但是因为自秘,就被医学会开除了。

所以,科学家是为求真理的。庄子虽有“吾生也有涯,而知也无涯,以有涯逐无涯,殆已”的话头,但是我们还要去做,得一分就是一分,一寸就是一寸,可以有阿基米德发现浮力时叫“尤里卡”的快活,有了这种精神,做人就不会失望。所以人生的意味,全靠你自己的工作;你要它圆就圆,方就方,才有意味。因为真理无穷,趣味无穷,进步快活也无穷尽。

机器是现代的罗曼蒂克，发明家是现代诗人。往往一架机器的幻异恢奇，超过一首灵巧的诗。

宗白华

近代技术的精神价值

古人说“人为万物之灵”。这就是说，人是一个能思虑、有智慧的生物，他能纯客观地（禽兽不能客观，完全受生存意志的支配）从日常的经验到科学的研究，从科学的研究到哲学的综合；他把握到宇宙的因果条理以及它最神秘的机构。系统的科学和综合的宇宙观是人类智慧底产物。

但是，哲学家亚里士多德说“人是政治的动物”，这就是说人是有合群行动的动物。人有社会的行动、政治的行动、经济的行动、道德的行动、宗教的行动，等等，在每项行动中他实现了一种人生价值和文化价值，他建造了国家和国家的文化。

人，能知又能行，一面在研究真理，一面在创造事业。根据客观的科学知识以完成主观的文化的创造，这创造的过程与成就，是人类史中最有价值的贡献。

然而，那化知识以成事业，运用自然的因果机构，来实现我们生活目的的一种手续，叫作什么？这就是通常所称谓的“技术

本文选自1938年7月10日出版的《新民族》第一卷第二十期。作者宗白华（1897—1986）系著名哲学家、美学家、诗人。1920年赴德国留学。1925年回国后先后在南京、北京等地大学任教。是我国现代美学的先行者与开拓者。著有大量传世的美学论著。

(Technics)”。

“技术”原本是普遍在人类的一切行动中。现代著名哲学家斯宾格勒(**Oswald Spengler**)在《人与技术》一书中对技术作下列的解释:

> 我们要了解技术的意义,不应该从机器技术出发,更不可堕入那魅惑的思想,以为制造机器和工具是技术的目的。事实上,技术是最古老的东西,它并不是历史的特殊现象,而是一种非常普遍的现象。它伸张到人类以外的动物,可以说包含一切动物。动物的生存形式有别于植物的是它能在空间自由活动,对于包围它的自然能有相当的自主自决,因反抗自然以伸张自己,给自己的生存一种意义、内容和超越。只有从心灵方面才能启发技术的意义。
>
> 动物的活动以表现其自由的生命就是战争,没有别的。而它的生存战略,就是对有生或无生的自然界的征服或被征服,这也决定了其生存的历史,决定了其命运是忍受历史或自创历史。技术即是全生命的战略,它是战斗过程中的内在形式,它同生命本体有同一意义。
>
> 另外一个错误,也是我们要避免的:技术不该从其工具方面来了解。技术的要点不在工具的制造,而在工具的运用;不在武器而在战略。近代战争中战略是决定一切的因子,至于武器的发明、制造、应用仅是全部过程中的分子。有无数的技术并没有工具:诸如狮子用技术捕获一只鹿,外交家有外交的技术,政治的战争中有统治一个国家的技术,现代化学有毒气的技术手段,在几乎所有问题争辩中有逻辑技术,此外还有用兵的技术,有骑马的技术,有驾驶飞船的技术。这里所倚重的不在器具而在动作,有目的的动作。史前史的研究者往往只注视到博物馆中所陈列的古器物,而忽视了那无数对器物的运

用本身。这些历史的实际却不曾遗留下痕迹。

每一台机器是为了一种运用,而且是由这运用的考虑中产生出来的。一切交通工具均从陆行、水行、飞行的问题中产生而不是由于舟和车的观念。方法本身就是一种武器。所以技术不是经济的“一部分”,经济也不是在政治和战争旁边成为生命的独自的“一部分”。

这一切只是一个行动的、战斗的、生命的各方面。固然,从古代动物的原始战术有一条路可引到现代的发明家和工程家。同样地,从那些原始武器,那些动物的狡计,发展到机器的构造;人们用它发起进攻“自然”的战争,成为征服“自然”的狡计。

这个,人们称作进步——前世纪的伟大口号。

斯宾格勒说技术是一种普遍的生命的事实,这是不错的。但是近代的所谓技术(**Technics**)一词,则往往狭义地指那根基于近代的自然科学所“发明的机器和机器的运用”。

1765年英国人瓦特(**James Watt**)发明了蒸汽机,这是人类技术史上为大革命而奠定近代技术的基础。这位近代技术的创造者是结合了文艺复兴以来表现近代精神的两条路线:一条是从列奥纳多·达·芬奇(**Leonardo da Vinci**)、居里克(**Guericke**)等所领导的技术的发明的路线;一条是从伽利略(**Galileo**)、牛顿(**Newton**)、拉格朗日(**Lagrange**)、拉普拉斯(**Laplace**)所阐发的数理自然科学的路线。

瓦特根据数理的自然科学的原理——古典的解析机械学——来发明蒸汽机,而他的发明又反过来刺激了自然科学理论的进步。从古典的机械学进展到力学可以说大半是基于从瓦特的机器工作效能中新获得的热力学知识。

从此,科学与技术的进步日新月异,理论与应用互相刺激,理论的发展潜含了新应用的探试,新应用的成功又引起新问题、新理论的探讨。科学、发明、应用，如环之无端，周而复始，使机械的物理世界，服役于人生的文化目的。康德所分割的“因果世界”和“目的世界”在近代机器技术世界里携手，构成第三世界。这个世界里面是数学，是物理，是自然力和自然律，但又是人的目的、人的构造、人的希望、人的幻想。它一面是“自然的机械”，完全受制于自然因果，但另一面又是“人为的创造”，完全服役于人生目的。它既不复是完全的自然物质，因为它经过了人的意匠。然而又还够不上纯精神文化的表现，如文学艺术、哲学道德。它是新奇的，古人所未尝梦想到的幻异世界，然却是完全植根于最踏实的经验科学和最实际的人生需用。

近代技术在一百多年间真正改变了世界的面貌。水上的交通线、空中的交通线，使空间接近、时间缩短。无数的技术与机械都出现了，工厂里聚集着千万的在单调节奏中的体力劳动者。劳动问题产生了。封建社会已转变到资本主义的社会。社会问题、经济问题、政治问题苦恼了现代的学者与政治家。而殖民地的争夺战、帝国主义的侵略战，毁灭了无数的生灵，摧残了人类千辛万苦努力堆积的精神文化。悲观论者预言这个近代文明必然地趋于沉沦毁灭，第二次世界大战爆发，伦敦、巴黎、柏林、罗马可能于数日之间炸成飞灰，而一切学术艺术、文物菁华与学术人才同归于尽。剩下的是一片原始荒丘，文明以后的野蛮。这个现象我们已自身经历，浙江文物，中国最可贵的历史文化已牺牲在暴敌的残酷摧毁之下。西班牙也丧失了无数的人类宝藏。

然而乐观论者以为这种恶果是由于人类自己精神上道德上的缺点，经济制度和政治形式的不健全，未能赶得上对近代技术有合理的控制和运用。近代技术的发展使人类愈趋于密切的联系，严格的组织，生活合理化，行动纪律化。全世界必然地因技术关系成为严密的合作的大组织。全世界统一在一个技术政治之下，是未来的理想的人类社会。

技术本是一种能力，是一种价值，它是人类聪明的伟大发现，科学树上生出的佳果。运用得当,是一切文化事业成功的因素,人类幸福可能的基础;运用不得当,在野蛮人的手中自然可以摧毁一切人类文化。所以为福为祸,应用得当不当,这个责任却不该由技术来负,而该由哲学来负的。

哲学同技术一样,也是人类最古老的东西;古代的神巫、魔术师,他们就是哲学的前身,他们是古代知识智慧的保藏者,他们也就是古代技术的运用者,集智慧与技术于一身。近代科学研究的开始,仍系由中古时代的魔术师、炼金术士为前驱。

古代的哲学智慧,指导一个民族的政治轨道、道德标准,确定人生理想与文化价值。它辨别是非、善恶、美丑、利害,它给予一切以恰当的价值和地位。近代技术在近代人生和文化上既然有这样大的重要和影响,哲学必须努力了解它的价值与意义,以确定它在人生的地位。我们在这里仅就它在人生精神方面的价值加以探讨,因为这在哲学立场上是比较重要的。

近代技术既是根据科学知识从事于机械的发明和这机械的运用,于是对于近代技术最有关系的是三种人物:① 发明家,② 工程师,③ 机器工人。兹分别论之:

"发明"是近代人最大的愉快和幸福。发明家根据科学把握着自然的秘锁,凭借灵敏的丰富的构想力,创构机器以役使自然,服务人类。机器完全是根据人的意匠的构造,实现着人的需用和目的。但它里面也捆绑着自然力和自然律。"自然"在机器里踏上一个"世界的新阶层"。它从物质因果世界踏上文化价值世界,每一架机器自成一个圆满的存在,那样的巧妙,那样的生动,却又那样的实际。机器是现代的罗曼蒂克,发明家是现代的诗人。往往一架机器的幻异恢奇,超过一首灵巧的诗。

发明家要有大胆的构想力的冒险,文艺复兴时代的大艺术家达·芬奇也就是一位典型的发明家。但是发明家的奔放的想象力需一方面受着科学逻辑的约束,一方面受着实际目的和应用的领导。他开拓的新境可以无穷,而离不开科学和实用。发明家是近

艺术家达·芬奇(1452—1519)

代机械化了的社会与人生里仍需保持活跃的想象力和心灵的冒险的人物。艺术的天才在这时代里有一个新的活动领域。虽然发明不能代替纯艺术的精神表现与创造。

工程师计划着近代技术的实际应用。他联系了科学技术与实际社会和经济。他是国家建设方面的设计人才。然而现代工程师因专门化的结果,偏重工程技术的知识。在举办一件国家建设事业时期,需就地方特殊情形,参考历史学者、社会学者、经济学者的意见,方能避免许多时空的错误。工程师的长处在计划与组织。工厂里的组织和管理是近代社会组织、国家组织的模范。工程师的缜密、精细、踏实、负责、生活纪律化、事业科学化,这种精神也应该是政治人员的精神模范,尤其是我们中国的政治人员。

至于机器工人,他服务于大工厂里一小部分机械的管理和运用,他需有负责的精神和技术的训练。他的道德是“遵守岗位,服务全体”,这不是现代国家每一位公民应具有的道德吗?机器工人不是一个机械,而应该是自觉的自尊的守责的道德的人格。他是这座国家文化建筑的朴素的谦虚的砖块。他的精神是最简单的,然而应该是最普遍的。

近代技术的发展虽引起了产业革命后的严重的社会问题和国际斗争,然而也同时必然地加紧了人类互助合作的关系,组织力的增进是它的社会价值。人类渐渐地联系在一张技术合作的网里。一种统一的“人类文化”已逐渐地展开。然而无数的阴霾尚遮掩这旭日的上升。只有在正确的哲学领导下才能引上坦荡的大道。

人类文化的各部门,如科学、艺术、法律、政治、经济以至于人格修养、社会组织、宗教修行,都有着它的"技术方面",技术使它们成功、实现目标。技术使真理的追寻者逼迫"自然"交出答案,技术使艺术家的幻想成为具体。技术使高度复杂的政治运用和经济生产获得效果。

然而,什么是真理?什么是美?什么是合理的法律?什么是人类理想的政治、合理的经济组织?什么是道德?什么是健全的社会?什么是神?这些问题的研究者和解答者却是哲学。

哲学确定人生的价值和理想,技术使它们实现。技术固然可贵,一个正确的政治主义、一个合理的社会目的、一个伟大的民族理想,尤为可贵。技术的价值在于能使它们能成功、能实现。

技术能服役于人类真正的文化事业,服役于"创造的冲动"而不服役于"占有的冲动",才是人类的幸福而不为人类的灾祸。这次我国空军远征日本散播传单而不轰炸文化机关,表现我民族的精神伟大,也给予这近代技术以高贵的意义。

在助成人类理想的实现上,技术固有其文化价值,然而它本身也具有精神价值,近代技术也陶冶了一种近代的人生精神和态度。

我们中国还缺乏近代技术,更缺乏技术的精神陶冶。我们一方面需要那缜密、精细、负责、踏实、富有组织力和服务的精神,也需要那根基科学的发明能力和创造的精神(至于近代技术在抗战中的经济价值和军事价值,人人皆知,兹不论及)。

中国是个富有哲学理想的高尚的民族,在这次抗战中我们见到每一位士兵都肯杀身成仁,慷慨殉国。若不是国家有数千年文化深入人心,每一位士兵爱国家寸土胜于个人生命,怎能有这伟大形象?

这种精神可保障中国不亡。在艰苦持久的抗战中,一个近代国家已经产生。在建造新国家的大业中,技术和哲学是两根重要的柱石,而这两根柱石都是植根于科学的研究。

"求是"与"求不"的对称思维如同相辅相成的两个轮子。

詹克明

实事求"不"

有时候,从某种意义上,科学与其说是在求"是",倒不如说它是在求"不"。即让人们确切地知道,我们这个宇宙中什么是永远不可能的,哪些是绝对不允许的,又有哪几条原理是任何时候都不能违背的。

几乎所有的科学定律都体现出一种"不"的内在规定性。例如,热力学第一定律告诉人们建造"永动机"是不可能的。热力学第二定律则说"热不能自己自低温物体流入高温物体"(克劳修斯说法);或称"第二类永动机是不可能的"——即建造一种装置,使其将热量百分之百地转化为机械能而不产生任何其他影响,这是绝对做不到的(普朗克说法)。热力学第三定律则指出"绝对零度不可达"。当然,还有许多重大理论也包含了这种"不"的严格限定。如爱因斯坦"相对论"告诉我们任何物体的运动速度都不可能超过光速。海森伯"测不准原理"则表明在量子力学中不能同时准确地给出一个粒子的位置和动量。此外,还有泡利"不相容原理"等不一而足。

一般说来,科学理论中的"是"往往是有条件地、相对地成立的,它们都是在做了多种假设,进行过多方面简化,有意忽略了数不胜数的次要影响因素之后,才从实验事实中抽象出来。因此,它们也只有在"理想条件"下才能严格成立。然而,在现实中这种

“理想状态”永远都不会存在。但是,科学定律中的“不”是无条件地、绝对地成立的!可见,“不”较之“是”而言,带有更多“真理的绝对性”,因而也更贴近永恒的、绝对的宇宙精神。

对某一领域的不断求“是”固然可以使我们逐渐深化对这事物的认识,然而只有求得了“不”才算摸到了这个领域的终极边界,才能够从闳阔的视野把握住该事物的整体,也才可以说对这一领域达到了彻底的认识。

当牛顿力学建立起来以后,它几乎可以精确完美地解释一切力学问题,人们都误认为这种力学理论应用范围无限广阔,物理学已经最后完成,人们的眼中对它看不到一丝一毫的“不”。随着科学的进一步发展,以牛顿力学为代表的经典物理开始遇到了麻烦,正像英国著名物理学家开尔文爵士 1900 年在英国皇家学会演说中所指出的,虽然物理学是万里晴空,“可是现在,这种理论的优美性和明晰性被两朵乌云遮蔽得黯然失色了。”量子力学与相对论力学的建立彻底扫清了物理学天空的乌云,同时也为经典物理寻求到了“不”,牛顿力学只适用于宏观经典时空范围。这不仅划定了经典力学的最后疆界,同时还开拓了更为广阔、更为壮观的物理学新天地。可见,求得一个领域的“不”也并不是认识的终结,它正是一个全新领域求“是”的开始。

另有一种深蕴哲理的“求不”,那就是科学上的“证伪”原则。当代西方最著名的科学哲学家波普尔曾经提出过“理论不能证实,只能证伪”的著名论断。他认为,“观察和实验所提供的经验事实只能证明一个理论是假,却不能证明一个理论是真。”

为什么会是这样?他的回答是,“证实是归纳问题,证伪则是演绎问题”“作为科学理论的普遍陈述虽不能为大量经验事实所肯定,但却能被个别经验事实所否定”。例如,为了验证“天下乌鸦一般黑”这样一个普遍结论,哪怕你走遍七大洲,考察了全世界上千万只乌鸦都是黑色的,也不足以证明这一科学结论的绝对正确。只要有人在南太平洋的某个小岛上发现一只白乌鸦就可以彻底否定“天下乌鸦一般黑”的既定结论。可见,不管有多么大量的经验事实支持一个理论的正确性,都无法严格证明其为“真”,相反,仅仅一个“证伪”就足以否定整个科学原理或科学定律。

求“不”即是主动探索客观存在的外在限制。事物的发展都内含着一定的“度”,超越此“度”即走向对其自身的否定。恩格斯把这种“度”称为“关节点”(例如水的“沸点”与“冰点”),他认为:“物理学的所谓常数,大部分不外是这样一些关节点的名称,在这些关节点上,运动的量的增加或减少会引起该物体的状态的质的变化,所以在这些关节点上,量就转化为质。”办事要想做到“心中有底”就必须在求“是”的同时注意求“不”,而这个“底”往往也就寓于这“不”字之中。摸清这个“不”的底线,有助于人们找准事物变化的“关节点”,正确地把握住事物发展的“度”。

制定正确的发展战略必须同时顾及“求是”与“求不”两个方面。无论是确立全球发展战略,还是制定一个国家、一个地区乃至一个大都市的发展战略都必须做到这一点,有一个举世闻名的、专门研究人类未来发展的国际性权威学术团体——“罗马俱乐部”就是这方面的杰出典范。这个组织在1972年发表了他们的第一份报告《增长的极限》,它以确切的数据,雄辩地阐明“如果按目前这种增长趋势发展下去,人类将使地球变得拥挤不堪,人类和自然所组成的环境体系将陷入无法控制的崩溃和瓦解的境地。如果人能控制这种增长,世界还有救,但时间过去得越长,成功的机会就越小。”这本书在全世界发行了四百万册,引起极大反响。

我们在制定发展计划时是否也应当有意识地增拓“求不”思维,自觉地寻找相关的边界限制呢?例如,对一座人口极度稠密的大都市,在大力提倡“小汽车进入家庭”的同时,有没有从道路容量、停车泊位,以及城市空气污染等方面进行科学论证,定出这座城市汽车最佳拥有量,并据此制定汽车销售策略和城市交通发展规划呢？对于我们这样一个人口众多，人均资源极度贫乏的国家“领土仅及世界平均的三分之一，农地的四分之一，牧地的四分之一，林地的九分之一，水资源的四分之一”①，在制定自己发展战略时是否也应当据此估量一下客观许可的“增长极限”呢？我们在大力推进西部大开发的同时，有没有充分考虑大西北总水量的关键限制以及脆弱生态环境的制约呢？

对人类社会发展求“不”要比对自然规律求“不”困难得多。因为对自然寻求“不”并不涉及具体人的利害，而人类社会的“不”将会涉及方方面面的利害关系。每个人都会带有生命个体的普遍特征，即以自我生存为中心；然而每个人的生存又无法脱离社会的整体支撑。这个矛盾也许是当今社会一切不谐之根源（人体细胞就因为不具备这种“自我中心”特点，整个人体才会构造得如此完美，如此和谐）。“求是”关注的往往是局部个体的可行性，而“求不”则必须在一个更高层次上认清整体的约束性。

世人大多注重“求是”而疏慢“求不”，热衷于谋求自身发展，而较少顾及自我制约。其实，在现实生活中“求不”比“求是”更加需要人们拥有清醒的头脑，全局的眼光，以及能够放眼高远时空的预见能力。

我们生活的这个宇宙不光对我们展示了精深的至理，还为我们规定了严格的戒律。“求是”与“求不”的对称思维如同相辅相成的两个轮子。“运思如转轴”，配置了双轮的车子显然比“独轮车”更好驾驭，也更加稳健，运掉自如。有此思维，会使我们既善于进取，又胸怀戒珠，永远立于不败之地。

---

① 参见［英］甘乃迪《挑战世纪》。

我的理解能力有限，但我要用它去把握您（宇宙上帝）的无限，并把您的创造的崇高性告诉人们。

——开普勒

林 群

创新离不开积累和文化

数学创新基于千年积累

许多人认为，科学发展有其自身规律，实质性的进步需要积累、准备和机遇，往往是几代人的努力，大家不断地推进，到了即将突破的前夜，所谓“山雨欲来风满楼”，最后才有个别幸运儿“站在巨人的肩膀上”摘到了苹果。

牛顿，甚至爱因斯坦的出现也非偶然，那个年代不是牛顿、不是爱因斯坦也会有别人（正像有人说的“如果没有拿破仑，18 世纪末的法国社会也会制造出一个拿破仑来”），所以伟人或重大成果

本文选自《上海科坛》2003 年 3 月号。作者林群系数学家。1935 年 6 月生于福建连江。1993 年当选中国科学院院士。1999 年当选第三世界科学院院士。主要学术成就：将有限元分析建立在积分恒等式、最优剖分以及“超收敛形函数”的基础之上，使各种方程各类算法的分析走向统一化、精确化和表格化。建立了包括超收敛、校正和外推在内的高精度算法的系统理论，改变了过去以复杂算法换取高精度的技术路线，给出了以最优剖分获取高精度的技术路线。对数学的普及、传播和教育工作十分关注，著有《微积分连环画》等书。曾获全国科学大会奖、中科院自然科学一等奖，2001 年获捷克科学院“数学科学成就荣誉奖章”。

是时代的产物，不是一经投入就能产生出来。况且，科研工作探索未知，原本就有风险（据说丁肇中讲过，黑洞可能有，也可能没有，可能明天找到，也可能永远找不到），它不像盖楼，搞工程项目，可以确定进度或目标，基础研究不能大跃进。

为了把意思说得更清楚，让我们回顾数学史上几次大发展。数学上最有影响的两部巨著，第一部便是公元前 300 年欧几里得的《几何原本》，其功劳不在于收集了多少几何结果，而是它的组织方法，即分出少数几条公理，然后用逻辑推理的方法导出其他结论，从而给复杂的几何世界建立了因果关系。这成为它之后其他科学的楷模，哲学、法律、宪法，甚至一般的人文，也试图采取欧几里得的模式，即做事、讲话或制定方针政策，必须先列出少数几条前提，结论必须服从前提，不能与之相矛盾。这大概就是所谓的理性思维方法。《几何原本》仍然是今天全世界必读的中学教材，所有其他版本都只是它的通俗改写，并没有内容或方法的更新。记得几年前《参考消息》曾经登过十部对人类最有影响的著作，靠前的就有《几何原本》。

第二部巨著应该是 17 世纪牛顿的《微积分》。微积分的形成和应用使数学从对固定不变事物的研究进入了对于变化运动事物的研究，科学从此由古代的定性研究进入近代的定量研究，能够对从地球上到天体间物体的精确运动做严格的解释。

这两部巨著的时间跨度，即从《几何原本》到《微积分》，大约经历了两千年。

以后当然还有不同程度的种种发展或创新，例如 19 世纪非欧几何的发现，爱因斯坦用这种几何解释了万有引力。但是，从欧氏几何到非欧几何，人们花了两千多年的尝试，多少天才的无数失败，最后才换来了三位几何学家反向思维的胜利。所以，创新也是前仆后继，最后由个别人抢到了机遇。

20 世纪近 50 名菲尔兹数学奖得主的工作至少也是数学内部的创新。但从推动社会发展这个高度看，也许是与计算机的算法研究有关的数学,更有影响。从事这种研究的三位数学家(图灵、哥德尔、冯·诺依曼)因此被列入20世纪"100年100名科学家"的名单中。另外两位获得诺贝尔奖的纯数学家(康托洛维奇、纳什)也是与算法研究有关,后者被拍成电影,获得奥斯卡奖。我国首届国家最高科技奖(不是数学奖)得主吴文俊的工作也包括了算法的研究,这种算法的研究虽然可以追溯到一千多年前的《九章算术》年代,但毕竟是计算机时代的产物(有一次在中国十大科技进展中有一项数学家堵丁柱的工作,也是有关算法的)。值得注意的是,这些人都没有获得菲尔兹奖。

看来,重大的创新或本质性的进步,是时代的产物、个人的机遇。

的确,科技界内部也希望尽快出一些大的成果。甘子钊院士说:我国基础研究的发展现状和对国家的贡献都是很不够的,甚至是远远落后的。原因可能是多方面的,有一点是共识,那就是科技界存在急于求成和浮躁风气。

一位年轻物理学家在一次座谈会上的发言可以说明这个问题,他说在他这个年龄,欧洲的狄拉克、海森伯、薛定谔等人正在思考当时物理学遇到的重大矛盾,从而开创了量子力学,获得了诺贝尔奖,而我们只从外国论文堆里找残余问题,钻牛角尖,做小改进,出小文章,还沾沾自喜,自吹自擂。胸无大志,不去考虑战略性、风险性的课题,怎么能成为新科学的开拓者、奠基者、诺贝尔奖的获得者呢?

这恐怕也涉及我们的教育问题。为什么15世纪以来,欧洲连续出现那么多的新科学开拓者呢?特别值得注意,他们的年龄都与现在的博士生差不多(不到30岁),除了有时代的背景,科学发展到了特定阶段,恐怕还有科学家自身的学习方法、思维方法、哲学修养,归根结底是素质教育的问题。

手机与数学方程式

有这样一种看法,说数学上的大创新一般要有千年以上的积累,而在现代社会的条件下,这种时间跨度是会有所缩短。我很同意这种看法。其一,由于计算机的普遍应用,使许多古代不可能的数学研究在现代成为可能(例如吴文俊的机器证明,还有复杂性研究等),计算机的发展又大大加速了数学的应用(例如有了计算机,通过冯康的有限元算法或辛算法,使得科学工程中的大量数学问题得以解决);其二,20 世纪以来职业数学家的人数剧增,使数学成为一种社会现象,其结果引起数学的加速进展,包括解决了像费尔马猜想这样的世纪难题。

很多人认为,数学研究结果本身对应用科技的影响是间接体现的,但也不完全如此。对现代科技与文化有直接影响的计算机技术,它的诞生、设计与发展,其基本理论是有关算法的,它是由几位数学家,而不是工程师所奠定的,因此也可以理解为数学的直接效应。还有许多例子,不一定有计算机那么大的影响,像编码,都可以认为是数学的直接效应。

按杨振宁的说法,构成物理学大厦的理论框架也许有 10 个数学方程式(狄拉克方程式、海森伯方程式、麦克斯韦方程式、牛顿方程式、爱因斯坦方程式等),正是这些数学方程式导致了当今社会通信技术(包括人们常带的手机)以及纳米技术(眼下社会上天天炒作的)等的改进和发展。但是当人们使用手机时,有谁想到这其中也包含求解麦克斯韦方程式的数学家的功劳呢?因此,我们或许可以这样比喻:当今的技术成果好比是露出海面的冰山一角,而数学等基础研究则是藏在海底的更大的部分(有人说工程的基础是物理,物理的基础是数学),常人看不到,因而往往被社会舆论所忽视。

文化传统决定着科学发展

什么叫作文化?它不是数学,我不知道有没有精确的定义,可能只能意会,不能言传。我觉得文化是一个很大的、难以确定边界的概念,而这里指的文化应该包含了对哲学、数学、自然的研究,但又不是一个个具体的成果,而是研究者所具有的科学精神、科学方法,他们的风格、品位、追求、见解,等等。

林群院士在作科普演讲

回顾科学史,可以看到这些文化传统对科学发展的深深烙印。16世纪前后,欧洲正是先有了文艺复兴,然后激发、诱导了科学复兴。当时人们刚从宗教神权之下摆脱出来,发生了观念上的根本变化,对天、地、生等有关大局的定论也发生了怀疑,并提出了一系列新的见解与科学的方法,例如哥白尼的日心说、达尔文的进化论、伽利略的宇宙论、笛卡儿的解析几何、莱布尼茨和牛顿的微积分,以至达·芬奇的投影画法,等等,都是在欧洲文化传统下产生的。有一个值得注意的现象,当时人文与科学往往集于一人之身,例如达·芬奇是画家,笛卡儿是哲学家,莱布尼茨是外交家和律师。可见,大的科学是与文化分不开的。

20世纪爱因斯坦、海森伯等对最大(如宇宙)或最小(如基本粒子)的世界提供的解释,也是基于上述文化传统以及自由宽松的学术氛围。似乎可以说,有什么样的文化传统影响就有什么样的科学。反观时下,如果有许多人都忙于多发表文章、多得奖、快提职,这样的文化(号称“竞争文化”)恐怕只会产生许多牛角尖的成果或昙花一现之作。这是大家所不愿看到的。

中国科学院的文化有什么传统？就我的经历，中科院数学研究所在20世纪50年代储备着好几位数学家，有吴文俊，还有现已不在世的华罗庚、关肇直、冯康、陈景润，等等，他们都有自己的见解和风格，这些见解和风格往往是书本上或正式演讲中看不到和听不见的，但正是这些无形的科学文化，影响了众人，产生了一批数学人才。

记得数学所建在西苑旅社时，有一间俱乐部，一边放着留声机，一边数学研究者在聊天，谈他们的成果与国际行情，点评哪些是重要的问题，哪些并不重要；哪些是长远性的，哪些是一阵时髦的；哪些是本质的，哪些是表面的；哪些是创新的，哪些是依样画葫芦的。这些问题本身并不是数学，是说如何选题，如何做研究。但是这种"俱乐部文化"大大刺激了青年们的跃跃欲试之心。而且，留声机中所播放的音乐，可以产生激情，而科学最需要的正是激情。所以俱乐部可能是促进科学发展的一个好场所。有人甚至说，法国的布巴基学派以及波兰的巴拿赫学派等都是在俱乐部、咖啡厅或餐馆的环境里产生的。

数学所的这种传统看来是传下来了。最近，在数学与系统科学研究院的一次座谈会上，几乎所有的青年杰出人才，都说他们的业余兴趣在于聊天，有的说他们从老师那里学到的并不是数学，而是聊天中流露出来的治学精神和科研风格。据说陈省身也关心聊天文化，他曾问几位大学校长，教授们平时都在聊些什么，是股票还是科学？也就是说从聊天文化中可以窥见科学。

现在，中国科学院的办公条件有了根本改善，多数人都喜欢到办公室工作。但是，整个中关村却没有一个有凝聚力的俱乐部或咖啡厅，这是很遗憾的。数学和科学太难了，如果没有聊天文化（轻松的讨论或交流），一个人很难看到大局，容易钻牛角尖。

隐喻是文艺中色彩鲜艳、一语破的的领悟之桥。

钱定平

哈佛的“化学谈禅”

美国波士顿的查尔斯河畔，名校荟萃。徜徉在哈佛的草坪，麻省理工的水滨，还有风景如画的卫斯理学院等处，我总是想，美国教授的课堂风情也是这么景色旖旎吗？有一次，听一名哈佛人笑谈母校人才济济，说有一位化学教授基础课教得特好，居然能“化学当作文学教”（**Teaching Chemistry as a Liberal Art**），不禁心向往之。一两年后，又听说某哈佛化学教授得了诺贝尔奖，我就认为肯定是那位先生无疑。果不其然，教授的名字是赫施巴克（**Dudley Herschbach**）。

“科学当作文学教”，这不但要有学识、渊识、高识，还要加上热情和勇气。看来，赫施巴克就是这么个人，哈佛同事说他“给自己揽了一项最大的挑战”。他给一年级开普通化学，一开就是几十年；科学当作文学教，常年吸引三四百人来听课。他真教神了，哈佛人美称曰“化学谈禅”（**Chem Zen**）！

回想当年，燕园自然是园外青山楼外楼。我在数学系，丁石孙先生教书教得好极。又常常听化学系的同学说起，傅鹰先生教一年级普通化学，简直出神入化，叫我好奇哥。有一次翻看他们的讲义，第一章讲“什么是物质？”举了一系列例子后，忽地话锋一转，

本文选自 2006 年 3 月 26 日《文汇报 · 笔会》。

说“爱情就不是物质”，至今难忘……

那么，赫施巴克又怎能做到科学当作文学教呢？他强调说，普通化学课虽然不是文学，却同样是一次“人文上的探险和乐游”。只这一句话，就打开了一片科坛奇境。他要带领莘莘学子探索玄奇壮美的分子世界，让课堂里充满朦胧神思，飘散着满座欢欣的翩然灵感。他更好有一比，说分子们举止乖戾、性格鲜明，非常像小说里个性丰美的人物。试看人们为什么喜欢阅读文学？还不是因为能感同身受，随着人物和情节的跌宕起伏而心潮澎湃吗？其中关键难道不是阅读文学时，读者能够唤起自己的某些生活经验，能够亲自参与到阅读过程中去吗？学习自然科学为什么不能做到这点呢？问题在于能不能找到某种灵物，诱使学习科学也像同阅读文学那样，浸淫其中，兴趣盎然。

于是，想起了隐喻。隐喻是文艺中色彩鲜艳、一语破的的领悟之桥。“巫山云雨”是隐喻，“半亩方塘一鉴开”也是隐喻，“粉黛”“须眉”全都是隐喻。读西方文学，隐喻联想突兀，生动剀切。福楼拜给女朋友写信，说过这么一句：“当代文学已经淹没在女人的信水里了”；某教士传教，讲过名言：“女人和上帝是两块岩石，不是让男人停泊，就是叫他触礁”；王尔德描绘秋天：“金秋丰收日，季节暴利时”；尼采从哲学上断言：“人是一根绳子，一头系着动物，另一头系着超人”；日本俳人松尾芭蕉在《奥州小路》里形容岛屿：“或是高耸的大物直指天际，或是低伏的水物匍匐波底”……读着这些妖娆隐喻，一下子就境界全出矣！

那么，在讲授精确的自然科学时，能不能就挪用这种并不严格的形象性表达呢？当然！隐喻本是强大的认识工具，在自然科学里早已大展拳脚。“布丁夹葡萄干”（原子模型）、“双螺旋”“蛋白质折叠”都是上上隐喻。想来赫施巴克的化学课里就充满了这类隐喻，生擒活捉，妙趣横生。

当然，大学生初学科学，问题并不这么简单，还需要宏观的统御，让学生能够五岳登临，俯览平川。要能把本学科同别的学科既联系又区别地加以思考，在它们的全景之上腾空而起。赫施巴克的方法之一说怪不怪，就是让学生欣赏印象派的绘画。印象派作品，如果凑到跟前看，只见一些杂乱无章万千色点，要是太远看，又像外光闪烁的一派朦胧。看印象派要保持适中距离，才能瞧出境界。学化学吗？也得采取一种适中的立场，保持不近不远。赫施巴克打听得一位心理学教授做过调查，多数学生认为外语是不即不离、收效最大的功课。这给了赫施巴克一个适中而全局的概念，何不把化学比作语言课来教？化学里那些佶屈聱牙的专门名词成了"基本词汇"，而它们之间错综复杂的关系概念就是"语法结构"。研究化学，也无非就是要"破译"一种未知语言，搞清她的基本词汇和语法结构。赫施巴克索性一不做、二不休，他给学生请进来了优美独特的语言形式——诗。他让学生一边听课，一边写诗抒发自己的心得。好些学生的诗写得不错，赫施巴克一一推荐发表。其中有一首这么写道：

量 子 世 界

你是不是晓得有个神秘地方
那里有看不见的空间隐藏
青蛙在那儿只按定长跳跃
比如跳五米，或者十米数量
每个人都只会满脸全笑
要不就笑个半场
连狗儿也只按照几个音阶来叫
富人也只有标号统一的几只保险箱

话说回来，赫施巴克的普通化学讲义并非隐喻和诗歌的一大拼盘，而是结构严谨、说理透彻的导游，引领生徒跋涉山阴道上，千岩竞秀，万壑争流，繁花似锦，妙语如珠。

这么一位仪态万方、生趣蓬勃的科学家，披着禅宗长袍在哈佛校园匆匆行走的传教士，究竟是什么和怎么造就的呢？

我觉得，陆游告诫儿子的“汝果欲学诗，功夫在诗外”深中肯綮。赫施巴克正是在“化学之外”下了大功夫，才能够突破一般教授画地为牢的樊篱和局限，在教学和研究上双双成就大器。赫施巴克就是博雅文化的化身。设想一下，如果大学像傅鹰先生当年说的还是个“大衙门”，教授则像周光召先生讲的老想着混个官儿，当个腕儿，跟个风儿，上个镜儿，得个诺贝尔，那么，就是哈佛一峰飞来，就是赫施巴克翩然“海归”，恐怕也会无计可施……

开放吸收、兼容并蓄本是我们民族传统中的优良部分。

查建英

垃圾与丰胸

最近在家里处理一堆期刊,信手翻开一本去年从书摊上买回来的娱乐时尚杂志,其中两条标题跳入眼内,值得摘在这里供诸位欣赏。第一条是一位电影导演专访,标题为“思想是垃圾”,副标题是“我希望我的电影越来越没有思想”。第二条是一位女明星的语录,她说:“希望到九十岁都可以做丰胸产品代言人,都一样坚挺。”

我觉得这两条标题带着一股浓厚的当下中国社会特有的现实气息,第一缺乏人文精神,第二缺乏科学精神。

首先,思想怎么竟然成了垃圾呢?原来,那位电影导演在拍武侠片,解释自己的创作观时,他便痛斥那些重视思想的影片,因为他认为电影的价值在于视觉娱乐,老想在里面表述思想拍出来的肯定是垃圾片。本来,若是针对某些哲理过度形象不足的影片,尤其是那些貌似深刻却根本没有任何真正思想可言的影片,有感而发,强调一下视觉和娱乐的重要,那很好,无可厚非。可他语不惊人死不休,一下就把问题推向极端,再经过记者推波助澜的炒作,

---

本文作者查建英系作家,北京人,1978 年考入北京大学中文系,1982 年赴美,先后就读于美国南卡罗来纳大学、哥伦比亚大学。曾为《万象》《读书》《纽约客》《纽约时报》等撰稿。已出版非小说类英文著作《**China Pop**》,杂文集《说东道西》,小说集《丛林下的冰河》等。

最后这期杂志封面赫然打出了“思想是垃圾”这样的标题。并且，我猜想，那本杂志的编辑和读者或许还很佩服这种“艺术家气概”呢！可是，如果连电影导演这样的文化生产者都将思想等同于垃圾，那这个社会又谈得上多少人文精神呢？

再看第二条。用西方发达的科学技术研制出的丰胸产品传进中国，为那些想要“丰乳肥臀”的女性提供了选择。在一个性别意识、性别文化曾经长期受到压抑的社会，人们渴望美丽、渴望强调性别差异，这很好，无可厚非。可是，如果我们又走向另一极端，认为连九十岁的女人都得有坚挺的胸脯才美，这样的审美观还被当作广大女性的偶像榜样来宣传，那么科学在我们这里变成了什么呢？我觉得是变成了妖怪。

这样的例子很多很多。由此可见，在我们的社会现实里，在许多人的脑子里，无论人文精神还是科学精神，实在仍然很少很少。

这种匮乏与我们20世纪下半叶的历史有着深刻的牵连。比如上边两条标题，一方面它似乎是对历史的反弹甚至反动，可从另一个角度看，它又是那段历史的变相延续。比如，“思想是垃圾”就让人记起过去那条口号：“知识越多越反动”。而“九十岁女人的坚挺乳房”又使人联想到异想天开矫饰浮夸：就像“亩产万斤的丰收田”，其中一定有假。

开放吸收、兼容并蓄本是我们民族传统中的优良部分——所以我赞成改革开放，赞成学习好莱坞商业片的某些制作经验以增加国产片的娱乐性，也赞成开发美容教育，开设美容院。可我不大赞成这种铤而走险、激进夸张、黑白分明、非此即彼、缺乏节制的方式与态度。我觉得这种粗鄙的豪迈是我们这几代人生于兹长于兹的普罗浪漫文化土壤的特有产物。其中隐含的反智主义、反理性的倾向，我觉得是共和国历史上那段既无科学理性，也无人文精神的沙漠时期留传下来的惯性病。

我们今天讨论一切问题，都不应忽略这个中国语境。

人类未来前途未卜，为了预防不测，有必要给咱们人类留条后路，自觉地珍视那些尚未被现代文明染指的净土遗存。不要只迷信一种“强势文明”，傍着它一条道走到黑。

詹克明

保护“诺亚方舟”

“优良品种”与“强势文明”

推广优良品种往往伴随着一个潜在的危险，那就是极有可能导致物种的单一化。一旦遇到难以抵挡的特大病虫害爆发，就会在大范围里造成全局性的灾难。

同理，一种迅速扩张的强势文明也会像推广优良品种那样，让人类文明呈现出一花独放的清一色局面。问题是，这种日益趋同的人类文明是否也会像物种单一化那样，潜伏着让人类遭受整体罹病的危险？

前些年，世界水稻曾经历过一场空前的灾难。由于对某一优良品种的普遍推广，全球有多达150万亩水田都种植了同一种水稻。不幸的是，一场突发的水稻黄矮病在全球大肆施虐，使这些国家的水稻几乎全都大面积绝收。为此，科学家们曾竭尽全力试图在现存水稻品种中寻找一种能够救治此病的抗病基因。也许这些稻种血缘太近，在遍查了四万七千种水稻后都没找到所需的抗病基因。他们的搜寻不得不转向血缘关系最远的野生品种。最后终于在印度山谷里找到一株野生水稻，它含有合格的抗病基因，从而挽救了全世界的水稻（现在这个山谷已修建了水库，也许迟些时日发病就再也找不到这株救命的小草了）。无怪乎联合国《生物多样性公约》组织一位中国首席科学家说：“一个合适的野生品种，甚至有可能改变一个国家和民族的命运。”

类似的事例是，一些橡胶栽培学家专门到亚马孙河原始森林去寻找野生的原始橡胶树，想利用它们的远缘遗传基因来改进现有的园栽橡胶品种，防止物种退化现象滋生。

纵观全部文明史，可以看到在多数情况下，人类文明总是呈现多样化倾向。通常，各种文明并不都是齐头并进的，它们的发展也总是不平衡的。每种文化都有自己的“文化生命周期”，它们都必然地要经历发生、发展、成熟、鼎盛、衰落，乃至消亡的整个过程。一旦某种文明蕴含了极其旺盛的生命力，发展成一种能对世界文明整体产生巨大而又深远影响的“强势文化”，它就会像作物优良品种那样，以高屋建瓴之势无可阻挡地向整个世界迅速扩展，打破原有的多样性文化格局，排挤形形色色的本土文化，成为独占鳌头的“主流文化”。这种一统天下的态势不可避免地会使世界文化走向单一化。

两百多年来，以西方文明为本体的现代工业文明异军突起，崛峙为一种迄今人类历史上从未有过的最是咄咄逼人的“强势文明”。这种文明借助强大的科学技术实力，发达的交通运输，迅捷的信息传送，以及遍布全球的金融贸易网络（有时还要倚重绝对优势的军力装备），以锐不可当的气势，在极短时间就将其推进到世界的各个角落。这是一种蛮劲十足的霸道文明，简直就像台超强马力的巨型“推土机”，在我们这个星球的整体球面上任意地纵横驰突，往来推碾，一时间大有铲平一切异己文化之势，使得人类文明落入空前的模式趋同、价值趋同与形态的单一化。说起来真叫人腻烦，今天居住在世界各地的人们都可以在同一时刻，喝着同一种罐装饮料，观看同一场足球决赛，欣赏同一部电影大片，或是坐在同种类型的电脑前，使用着同一家公司开发的电脑软件，玩着同一种电脑游戏……而且文化中越是低俗的东西，借助“时髦”的翅膀，越是传播的速率大，泛滥的范围广。人们对此不能不有所警觉，这种前所未有的，几乎涵盖全球的文化单一化是否也蛰伏着类似物种单一化那样的危险性？

现代文明的根本性缺憾

一种文化的核心之处往往寓于它的哲学与宗教之中。植根于古希腊文化的西方现代文明，作为一种强势文化，尽管它今天盛极一时，如日中天，却也并非十全十美或有望永世其芳。

这种文化与生俱来地带有两个根本性的弱点。一个是它没能跟自然和谐，在与自然的关系上都郁纡着一段发自本源（宗教）的对立情结，并在它走向强盛的数百年里，让此种对立，充分展露。时至今日，它已彻底打破了从旧石器时代开始的、长达170万年人类与自然一直保持的和谐关系，而且这种紧张与对立已经危及今天人类自身的生存。

此种文明另一个根本性弱点在于它的“竞争”哲学。任何立足于“竞争”的理念都是重实力而轻德素的。它不仅本质上是疏离“善”的，而且从不否定人的“原始欲望”，更不需要根除近乎原罪的“人性恶”。作为一种社会秩序，只需限制它，规范它，通过制定些法律，立下些规矩，借以保障人类社会不致因恶欲泛滥而走向毁灭的结局。同时，它还要有意地利用人类这种古老欲望，逆撑顺推，“相反相成”，起到促进社会发展的作用。无怪乎一些政要商贾、经济谋士、传闻媒体总要推波助澜地鼓动人们的欲望，激发人们的需求，扩大人们的消费，拉动社会的发展，让这个竞相争夺的社会像服了“兴奋剂”似的，竭尽全力，相互比拼，力图超水平发挥，谋求最高速发展。在竞争的无情压力下，怎么成本低就怎么来，怎么能赚钱就怎么干，比的是实力，拼的是效率，斗的是心机，争的是市场，只有挤垮别人才能保住自己，只有压倒别人才能发达自己。在这种你死我活的较量中,又怎能容得了空泛的“善”?试想,同样的产品生产,别人都不管不顾地乱排污染,唯独你去花钱治理污水;别人都在竭力榨取员工血汗,唯独你在善待职工,改善劳动条件,这样相应的生产成本肯定就得上去,你的产品也必然会失去竞争力,失掉市场份额,最终只能被挤垮倒闭。无所不在的竞争正是这种文明外表繁荣而内里残酷的症结所在。

人类现代文明确实是整体性患病了。这种发自本原的疾病必然导致人与自然的对立,以及人与人之间的不谐。因此这种文明的整体罹病靠其自身是无法治愈的。你不可能在这种文化自身之中找到足以让其自愈的“抗病基因”(否则它早就痊愈了)。唯一的希望是看看有没有可能像寻找那株野生水稻一样,跋涉到与此种文化血缘尽可能远的,更接近于原生态的独立文明分支中去寻求能够拯救我们现代文明的“抗病基因”。

我们能找得到这种救命的文化基因吗?

我们真能不讳疾忌医,心甘情愿地接受这种“抗病基因”吗?

吾不敢知也。

说实话,以今天人们的聪明,我们并不缺少“清醒者”,现代文明的恶果早已凸显在人们面前了,认识到它并不需要什么高深的阅历。就其症候而言,我们不仅有物质上日益严重的“生态危机并发症”(人口爆炸、水源枯竭、资源匮乏、能源短缺、森林殆尽、土壤沙化、大气污染、水质恶化、农药残毒、臭氧空洞、垃圾成山、厄尔尼诺……),而且还有精神上日益加剧的“社会紧张综合征”(竞争拼搏、生存压力、紧张焦虑、精神抑郁、贫富悬殊、穷奢极欲、世情冷漠、浮躁浅薄、迷惘空虚、吸毒豪赌、追求刺激、平庸委琐、人文萎缩、缺少让人心态宁和的稳恒安全感)。当今世界矛盾对立越来越尖锐,战争规模越来越大,恐怖活动越来越猖獗,真可谓旧病未除又添新病,治愈希望日渐渺茫。

我们之所以不能克服这种久治不愈的顽症,其根本原因就在于这种病的“病根”与我们人性中最根深蒂固的原始欲望紧密结合。作为宇宙的万物之灵，地球生命史上最智慧、最聪明的物种，我们未必不清楚我们这种日益扩大的奢侈生活方式会毁灭地球的生态环境。然而，人类最难战胜的敌人恰恰是其自身，尤其是它的“劣根本性”。由于生态灾难总是延迟发生的（比如这种报应也许会落在我们第五代孙辈头上），今天没有人愿意为几代之后那些从未谋面的子孙，放弃自己业已得到的当前利益与舒适享受。如同《红楼梦》里贾府的富家子弟，明知自己这种坐吃山空的靡费生活会让这个钟鸣鼎食的贵族之家走向败落，但没有哪一位会为着儿孙辈的日后生计，彻底改变自己奢侈豪华的当前享乐。不是没有明白人，连贾府几位年轻女子都预见到未来的命运。她们也曾顶着各种压力进行过多项改革，但全没有用。到头来，所有的人也只能眼睁睁地看着这座大厦的倾倒。

当今的世界不也在上演着同样的悲剧吗？有道是“从俭入奢易，从奢入俭难”。让众多发达国家节制一点自己的消费更是难上加难。仅仅汽车尾气排放这样一件小事都是如此。谁都知道大气中二氧化碳“温室效应”会对人类生存环境造成巨大危害，国际上的大人物们也都一致认识到减少二氧化碳排放（尤其是汽车尾气）的必要性，并认真制定了抑制这种影响的《京都议定书》。但想要让美国这样一个占世界石油消耗总量四分之一的大国，减少百分之二十汽车二氧化碳排放量，都被它严词拒绝。其实汽车尾气问题还只是“衣食住行”中的“行”中很小的一宗。人类所面临的全面性问题远远比它严重得多。疥癣之疾尚且如此，危及人类的心腹之患又当奈何？倘扪心自问，倒也不必深责美国，展望未来，我们又将会如何举措呢？我们自己不也在拼命发展汽车工业吗？不是也提出让小汽车进入家庭的口号吗？华裔诺贝尔化学奖得主李远哲先生就说过，中国内地人均石油消耗量即使只达到台湾的人均消费水平，全世界生产的石油全部供应中国都不够。此话值得深思，等到我们这个人口众多的大国汽车充分发达了，它所带来的二氧化碳排放又将如何呢？我们后面不是还有比我们更不发达的非洲人吗，一旦他们也充分发达了，谁又有资格劝说他们为了减少二氧化碳排放不要普及家用汽车呢？可见，要想拯救现代文明，必须从这种文化的基本价值观念入手，对它的核心理念动刀，从根本要义上对它进行改造，以期成为一种既能和谐自然，又能和谐人类的新文明。

日后难以为继的现代文明

我有时会萌生一点“边地情节”与“远古情结”，并偶尔勾出一丝“人类之无”的冥思，究其内心深处的真实感觉，此种牵挂还是出于对现代文明发展前途的茫然与杞虑。这种文明竟然在近两百年异乎寻常地展示出“爆炸”式的突飞猛进，魔幻般地打造出一个无比富有、无限奢侈，超级繁华的神奇世界。这样的“暴发文明”我根本不相信它能“持续发展”！试想，在46亿年的地球发展史上，一共只经历过三次主要的“造煤时期”（石炭－二叠纪、侏罗纪和第三纪早期，它们的起点可追溯到三亿五千万年前），而我们却在蒸汽机发明后的仅仅两百多年时间里就将其消耗殆尽（据估计再有三百年全世界的煤田就要开采光了）。石油的情况同样如此。当然，我们现在还有基于“裂变”的核能电站，不久之后也还会用上“聚变”核能，我们还可以从海水中提取氘。作为一个略带虚无缥缈的远景，我们还有可能从地球深处开采凝聚态的甲烷水合物充作燃料……但面对现代文明越来越快的发展趋势，面对着越来越多的地球人口，与越来越大的物欲需求，我们这种迅猛的“加速度”发展模式又能持续多少年呢？五百年有把握吗？那么一千年呢？再大胆一点，持续一万年有可能吗？须知，任何一个生物物种在地球上存活的“物种寿期”都是以“亿年”计的。从人类物种当前这种催促加速的发展趋势来看，要想能“持续”亿年发展，把十个地球掏空了也不够！我们人类有文字的历史不过才六千年，企望亿年寿期，行程尚不足万分之一（若按“现代文明”计程，走了才不过百万分之几），这种早慧的文明现在就已积习难改,痼疾缠身,隐现出败落征候,倘若它真个匆匆衰亡,恐怕连个“夭折”都谈不上。

其实,哪怕是整个人类的“无”也没什么了不起,地球照样旋转,依旧每隔几万年来一次冰期,每百万年来次南北磁极颠倒,每千万年左右挨小行星撞一次,地球上的生命照样生生不息,只是没有了人类(实际上整个地球历史中,其百分之九十九点六的时间都是连个人影都没有的)。没有人的大自然一定也是很美的,整个地球表面再次为森林所覆盖,山明水秀,湖静河清,鸟语花香,一派天鸣地籁,各种各样的物种会再度繁盛起来,已经打破的生物链缺环又会重新恢复完整,整个自然界又回复到无比巨大的和谐与层次繁复的平衡之中。一切生物物种都可以不受干预地自由进化,各逞本能,生生灭灭,尽享天年。倘若我们无力回天,更无法自救,气数已尽的人类完全可以放心地去了。纯粹天然的大地上,没有告别,没有悲哀,没有惊扰,也没有谁会在意一个天才物种的英年早逝。人类悄悄地走了,地球上从此再也没有城市,没有公路,没有工厂,没有农田,没有武器,没有垃圾,没有河流污染,没有大气烟尘。更没有谁会知道这个地球上曾经有过人类。整个人类的废墟就像今天密林深处的玛雅古城,参天大树穿破庙宇的屋顶,粗大的树根撼倒宫殿的墙壁,破土而出的鳞茎将石碑拱倒,茂密的藤蔓缠满帕伦克雕栏玉砌的高台。

其实,没有历史也就无所谓“废墟”。那些无须语言,不必记事,更没有“历史感”的动物们活得倒也轻松。鼹鼠打洞也许会咬到一根不锈钢管,犀牛吃草也许会踢出一件青花瓷瓶,野猪刨食也许会滚出一个石雕头像。对这些不能食用之物蠢物们全然不屑一顾,更无意深究,它们全无“考古”癖好。文明消失后的地球天更蓝、水更净、气更清、林更密、草更深、花更艳,是一切动物的伊甸园,只是其中少了哺乳纲灵长目人科动物。

人类的消亡对大自然及众生灵并非无关紧要,我们意识到潜在的危险,其实还是应该及早寻求解救之道。

寻找现代文明的“抗病基因”

长久以来，我的心中一直存有一个无从解答的“杞天大惑”，它涉及一个对边地文明的终极追问。这就是——

如何在走向现代化的同时又能长久地保持住和谐自然的原始淳朴？

它们真的有如鱼与熊掌不可兼得？

每当我走在大西北的青藏高原、茫茫草原、黄土高原，或是走在大西南的民族山寨、原始森林，以及钻进湖边的木楞房，围坐在摩梭人的火塘边，我都会浮现出这个挥之不去的问题。只是始终都没找到让心里感到踏实的答案。我还会继续寻觅，雪域高原、三江之源、内蒙古草原……民风纯笃之净土仍将是我未来求经问道的圣洁之地。我也曾孤怀溯本求源之心，关注过打从石器时代就已发轫的人类原始文明，着迷过史前岩画艺术、古人类文化遗存，以及许许多多业已湮灭的古代文明废墟，总企望从中能受到点启发，得到点领悟。可惜，愚钝如我，冥顽不灵，茅塞未开，至今仍旧没有找到答案。

也许我们现在就应该着手到“血缘”关系最远的某些人类文明中寻求根治现代文明顽症的良方。目前我们这种文明还值得拯救，它还不是顽入骨髓病入膏肓，至少它当前仍具有强劲的生机活力与无限的发展潜力。也许我们想要寻找的远缘文明也像那株野生水稻，存在于人迹罕至的原始森林、雪域高原、深山险谷之中。那里肯定会有与我们这种文明本质上完全不同的生活方式与价值观念。显然，这是一些最具顽强生命活力的文明，从而保证它得以在最严酷的自然环境中薪火不绝，代代传承。这又是一些丝毫没有受到现代文明负面污染的淳朴文明，使其能够更多地保持点古朴文明的原生态。这是一些始终能与大自然保持亲密贴合与良好和谐的文明，其中必然含有我们现代文明早已迷失的，能够使我们文明维持强健的“文化基因”。这是一些极其喜爱自己俭朴生活方式,并且绝无改变自己现有生活要求的人们。有些文明形态颇近于原始的部族,也许就生活在现代文明的拱抱之中,他们完全了解我们的文明是怎样的一种文明,却一点也不欣赏我们这种近在咫尺的富裕舒适生活。例如那些生活在美国印第安保护区的土著,他们确实生活得非常自得其乐,人与人和睦友爱,彼此之间像兄弟般地亲密无间,整个部族团结一致,互相扶植,真诚善待。这里没有贫富差别,没有尔虞我诈,没有紧张焦虑,没有贪财慕势,没有失业困苦,他们生活在大自然的怀抱之中,与天地万物浑然一体,何其乐哉。纵然没有空调房,没有私家车,没有电冰箱、电视机、摄像机,但他们觉得自己生活得无忧无虑,精神上非常富有。他们绝对无法忍受我们现代生活中的种种压抑、束缚,以及缺少真情的人际关系。绝不愿意放弃自己现有的和谐自在的生活,去换取一点现代物质的享受。

生活在雪域高原的藏族同胞也过着同样俭朴的生活。他们有自己独特的价值观念,当放牧的牦牛群出现畜口过剩时,他们会将这些多余的牛在角上、身上系好明显的表征吉祥的装饰物,放生到荒野草地上任其自生自灭!按照汉地的价值观也许早就该引入外资,造个“肉制品罐头厂”收购加工牦牛。待到肉联厂发达了又需进一步扩大肉源,促进牧民再增加牦牛的放养头数。此种商业互动如此往复多次,最后必然会导致牲畜数量大大超出草场承载能力。这种过度放牧漫延开去,势必造成整个雪域高原生态恶化。庆幸的是他们没有这样做。可能我们有些人会对他们的做法觉得难以理解,他们也未必不会认为我们的打算过于精明。这也许就是在文化价值观上的本质分歧。也是我们首先要引入更新的。

保护“诺亚方舟”

我深信,在远离现代文明的地方保存着某些“野生”的,与我们主流文明本质上完全不同的文化类型。而且我也相信,当我们的文明陷入无力自拔的绝境时,它们所特有的文明信条也许会成为我们最后的救星。我们真该尽早寻求这种优秀的“文化基因”，以便将其更早地引入我们的现代文明。当然，也许我们的主体基因会强烈地排斥这种外来基因，拒绝接受这种抗病基因，那也只有由它去了，只好任其自生自灭了。

英国学者彼得·罗素认为：“我们可能生活在西方文明正在衰落的时期……我们的文明终将衰落。它自己已经证明了它的不可持续性。”也许在最原始的、物质匮乏的地域中保持着某些当今世界最为淳朴高尚，最能和谐自然的人类文明。他们可能是一些“土著人”，但是彼得·罗素寄希望于他们。面对人类日益严重的生存危机，他说：“这些灾难会导致西方文明的衰落，但这并不是人类的完结。有些土著人可能会生存下来，最终，他们很可能会创造出未来文明，也许很可能比我们的文明要明智。”如此看来，这些淳朴民族所聚居的僻远之地完全有可能成为续接人类香火的“诺亚方舟”。真庆幸我们人类还保留了一些未被现代文明浸染的净土。对我们来说，最明智的选择也许就是像保护濒危珍稀物种那样保护我们的“诺亚方舟”。不要“好心”地用我们自认为是“先进”的文明去教化他们，改造他们。绝对不要自我感觉良好地，以高等文明的姿态去强求他们接受我们的文明理念和价值观念。这种“好心”也许会适得其反地将我们文明中的某些疫病传染给他们，毁掉这些仅存于世的最可宝贵的“诺亚方舟”。这样不仅玷污了他们的文明，还有可能最后断绝了我们文明再生的希望。

如何区分我们的行为是在“保护”还是“破坏”？《走过西藏》的作者马丽华女士与美国一位六次到过西藏，并关注印第安文化的莎拉女士曾经对此问题有过一次非常深刻的讨论。莎拉女士认为：“干预和帮助之间的区别在于对方是否在寻求……帮助必须是他们所寻求的、希望的、已经提出来的。”

这位年逾花甲的美国老太太的话是对的。这是对待“诺亚方舟”最明智、最谨慎、最正确的态度。人类的前途未卜，为了预防不测,有必要给咱们人类留条后路,自觉地珍视那些尚未被现代文明染指的净土遗存。不要只迷信一种“强势文明”,傍着它一条道走到黑。正如俗谚所言:别把所有的鸡蛋都装在一只篮子里。人类文明同样脆弱易碎,别把所有的人类文明都依样画葫芦捏成一个式样,全部装进强势文明早已编好的同一只大筐里!

给人类文明多保留几种选择就会多增加几分安全。因此,在对待边地文明上不妨心存几分顺其自然的“无为”。只要“方舟中人”仍旧钟爱他们所习惯的生活,我们就尽量少干扰他们。想想那株野生水稻,这一切其实还是为了我们。

呵护文化的多元本相。

保护“诺亚方舟”!

大自然的功力,实在是奇伟而博大,它不仅创造人类、创造物质——还给人类的精神插上了飞翔的翼翅。

从维熙

自然悟语

如果说高尚的艺术是人类精神生活的摇篮,那么大自然则是一切艺术的母体,任何艺术在大自然宽广博大的胸襟中,都得到了萌发和抚育。以我们最古老的《诗经》为例,它的开篇之作,就是抒写自然与人间爱情的情景融合之作:“关关雎鸠,在河之洲;窈窕淑女,君子好逑。”其中,前两句是描摹自然景色的,然后由景而进入人间情爱世界。试想,如果此诗没有前两句自然情景的烘托,只剩下后两句情爱表白,其诗就被抽去了意境的完美。世界最古老的艺术,如非洲的石雕(包括我国发现远古时期的岩壁画),大都是以夸张了的鸟、兽形象为蓝本,而这些被抒写于石壁上的偶像,无一不是来自远古蛮荒的大自然。

大自然不仅是人间一幅最美的画卷,还是蕴藏着人类崇高精神的智慧之泉。对任何艺术来说(包括文学、音乐、美术、戏剧、电影……)都是感悟了大自然的灵性之后,而有了自身的生命的。它

本文选自《群言》2002 年第 2 期。作者从维熙系小说家。1933 年生于河北玉田县代官屯。19 岁开始发表散文、小说,至今已出版 30 多部文学著作。长篇代表作有《北国草》《断桥》《鹿回头》,纪实文学代表作有《走向混沌》。中篇小说《大墙下的红玉兰》《远去的白帆》《风泪眼》曾获全国第一、二、四届优秀中篇小说奖,《雪落黄河静无声》和《风泪眼》分别获《中篇小说选刊》第一、三届优秀中篇小说奖和荣誉奖。本文写于 2001 年冬。

们或模仿,或再造;或将其变形,或将其浓缩,再现自然的纯真典雅和质朴无华。这是它的独特贡献之一。其二,凡是质朴无华的东西,其内核都是高傲而不可即的。无论艺术家是多么伟大的天才,当他再现大自然的形影时,都无法达到自然所具有的那种情韵。也许,正是因为大自然美不可及,人类才产生了描摹自然的各种艺术。

生于德国波恩的大音乐家贝多芬,童年时第一次坐在钢琴前,启蒙他音乐灵感的,不是音乐教师,也不是琴房里的那架古老的钢琴;他音乐灵感的蒙发,是在静夜中听到的马蹄声声。他的窗外是一条老街,那儿原是一条石板路,子夜深更,欧洲古典式的马车跑在路上,便发出特有的嗒嗒声。这种十分简单而又单调的声音,却让他小小年纪就坐在钢琴前,用琴键模仿马蹄声,从此一位世界级的大音乐家诞生了。我青年时代迷恋音乐,20 世纪 80 年代后期,借着在波恩滞留一段时间之便,曾特意去贝多芬的故园觅旧,并寻找他艺术生命的萌发之泉。非常可惜,那条石板小路已经不见了,但是马蹄叩击石板路的声韵,鸣响在我的耳边。在这一刻我忽然悟到,艺术起源有多种学说;但众多学说中,唯独少了自然对艺术的启蒙。贝多芬曾经说过:马蹄嗒嗒之声,让他接触钢琴;森林啾啾鸟鸣,让他编织旋律。大自然的音响世界,对艺术来说,真可谓功莫大焉!

后来,贝多芬长期移居在奥地利的维也纳。出于对音乐的爱好,我在欧洲停留期间,又曾沿着这位音乐之圣的足迹,去过他在维也纳的几处故居。历经几十年的风风雨雨,贝多芬故宅的小楼已破旧不堪,但依然庭院深深,花木葱茏。在那儿听不到城市的喧嚣,却听得到横穿维也纳大河的涛语。这是贝多芬刻意寻觅的?还是大自然有意成全这位音乐至圣?不得而知。但是我想,他的后期之作《悲怆》和《英雄》乐章,都与人和大自然的和谐不无关联。贝多芬故居的讲解人员告诉我:他的后期创作,得益于维也纳空气的清新和音乐王国独有的环境。

然否?

昔日，我不理解小小的奥地利，怎么会诞生并吸引了那么多外籍的大音乐家。这个地处阿尔卑斯山脚下的国家，自然环境的引力，怕是一个强大诱因。阿尔卑斯山的顶峰，永远披着老人的白发银冠；它的脚下天地苍茫，野花在绿色的襁褓中织锦。一天，我走进一片荒野，那儿没有人声只有鸟语。来自亚洲的我忘情地躺在那片草地上，孟浪地倾听天籁之声。表象上看，这是一个文人失态。其实，其内涵则是心田创作之火的迸发。在往返奥地利和回德国的途中，我是独自一人乘火车远行的。欧洲乘火车出行的人寥寥无几，但我并不寂寞，因为车窗外流淌着丝带般的多瑙河。在这一刻，我似乎找到了约翰·施特劳斯所以能谱写出经久不衰的乐章《蓝色的多瑙河》《维也纳森林》；生于美丽的萨尔斯堡的莫扎特，之所以能创作出那么多首音乐交响诗，并能攀上音乐的顶峰。除了他们自身的艺术天赋之外，怕就是这个自然之国对他们的恩泽了。不要说喝欧洲奶水长大的文化人，会对这自然风光倾注情爱，连我这亚洲来的远程客人，望着那山、那水、那绿色的田园，精神上都受到震撼和洗礼，萌生了强烈的创作冲动。

美丽的大自然

大自然的功力，实在是奇伟而博大，它不仅创造人类、创造物质——还给人类的精神插上了飞翔的翼翅。当然，同样生活在优美田园风光中的部族，不可能都成为精神的创造者，这属于是否具备了艺术天赋的话题。但对任何艺术种子，大自然都无疑具有强大的哺育功能，催生一切有艺术才质的人，攀上艺术大山的巅峰。青年时代，我非常喜欢沈从文的小说《边城》，并深深为孙犁的小说《荷花淀》而动情。两位文学大师的作品所以让我痴迷其中，是诗情般文字的魅力所致。待我有机缘去了湘西凤凰城和冀中水乡白洋淀，才明白了两位大师的语言文字，是这方绮丽的水土给予的——湘西张家界气势雄浑的大山（在我意象里，那是充满阳刚之气的“男儿山”）在高山幽谷中碧如丝带、静静而流的猛峒河（在我意象中，她是一条充满阴柔情致的“女儿河”）。如果没有大自然孕生这片奇山丽水，沈从文先生笔下，能孕生出风情如画的《边城》吗？《荷花淀》的故乡白洋淀，也同样让我神往：时正秋日，芦花放白，水鸟啾鸣斜飞；穿梭于芦花荡中的舟桨，划破了水乡的沉静，睡在莲叶上的荷花，似睡似醒般地摇曳着粉色桃腮……试想，孙犁如果没有钟情于这片田园的经历，会写出《荷花淀》那样优美的文字来吗？

为了更准确地说明自然与艺术之间的依存关系，我这里引用一段沈从文先生的孙女沈红思念爷爷时，留在老先生故居中的文字：“七十年前爷爷沿着一条沅水走出，走进那所无法毕业的人生学校，读那本未必都能看得懂的大书……他也写了许多本未必都能读得懂的小书和大书里面，有许多很美的文字和用文字作的很美的画卷。这些文字与画，托举着的永远是（指沈从文）在沅水边形成的理想和梦想。”这里，沈红非常准确地道出了湘西的自然风情对沈老一生的影响。再以《荷花淀》为例，这篇作品当时发表在黄土高原延安的《解放日报》。20 世纪 80 年代中期，有一次我陪同友人去天津探望孙犁，曾向孙犁讨教过这篇美文的写作问题。他说：“只当是画梦吧！人的一生梦是很多的，但只有最让你梦魂萦绕并拂之不去的感悟和记忆，才能画出它的魂魄来。”想来，身在延安的孙犁，面对黄土高原，心中还是难忘他童年的水乡风景——如此的艺术自白，让我理解大自然对一个文艺家的心灵雕塑，有多么深的力度！

大自然有时是无声的——无声的自然是一种大雅。大雅的恬静令人心旷神怡。我常常在柳宗元的绝句《江雪》中痴醉：

千山鸟飞绝，
万径人踪灭。
孤舟蓑笠翁，
独钓寒江雪。

这是一幅大雅图，是天地人谐和为一的静物世界。我想，当时一定是大自然的恬静安详，点燃了诗人的心灵之火，写出了这个“无声胜有声”的自然世界。

大自然有时是有声的——有声的自然是别样的音乐。它不同于人世间喧嚣的噪音，是大自然中的一种动态美：早春时冰河的断裂，深秋时北雁南飞，激流瀑布垂天而落，深山幽谷泉水叮咚……这些动感的画面和音响，同样为自然界所独有，它能引起人的千古幽思和人生咏叹，这不仅是艺术萌发的起点，又是艺术峰回路转的终极归宿。

记得青年时代，曾读过俄罗斯大作家屠格涅夫的《白净草原》。他笔下的一草一木，都成了鲜活的生灵，让人感悟到大自然的和弦，比任何音乐旋律都富有生气。俄罗斯大作家列夫·托尔斯泰，有一次坐马车驶过草原，看见车轮碾过的野草迅速地挺直了身腰，敏感地联想到从不屈服的高加索人反抗沙皇的英勇悲壮，创作出长篇小说《哈泽·穆拉特》。我国歌词作家乔羽，一天看见一只蝴蝶飞进他的窗子，见景生情写出了《思念》。无论那在车轮下挺直了身腰的劲草，还是那只闯进乔羽窗子的蝴蝶，都来自大自然。

除地球之外，人们还没有发现其他星球有生物存在。我们要珍惜我们的家园——它是物质的，也是精神的。

有重要的独创性贡献的科学家，常常是兴趣广泛的人……独创性常常在于发现两个或两个以上研究对象或设想之间的联系或相似之点，而原来以为这些对象或设想彼此没有关系。

——贝弗里奇

王梓坤

贵在一个“新”字

——略谈独立思考

要创新必须独立思考

“年轻人相信许多假东西，老年人怀疑许多真东西。”这是德国谚语，不是普遍真理，然而它指出了值得注意的倾向。历史上有些重大错误，就是这两种倾向相结合的产物。

本文选自2002年1月上海教育出版社《莺啼梦晓——科研方法与成才之路》。

作者王梓坤是数学家、教育家、科普作家。1929年4月出生，江西吉安人。1952年毕业于武汉大学数学系。1958年毕业于莫斯科（**Moscow**）大学数学力学系，获副博士学位。北京师范大学教授，曾任北京师范大学校长，南开大学教授，汕头大学数学研究所所长。主要研究马尔可夫过程，是国内开创这一领域研究的先驱。在概率论理论研究中，首创极限过渡的概率方法，代表作品有《布朗运动与位势》《概率与统计预报》等。除发表数学论文与专著外，还热衷于科学方法与人才培育的研究及科普写作，《科学发现纵横谈》是其代表作。曾荣获“国家自然科学奖”“国家教委科学技术进步奖”“全国新长征优秀科普作品奖”及“中青年有突出贡献专家”等称号。兼任《中国科学》《科学通报》和《数学物理学报》等编委，《数学教育学报》主编。曾发起倡议设立“中国教师节”。1991年当选为中国科学院学部委员（院士）。

青年人满怀希望，向往将来，进取心强，求知心切。正如梁启超在《少年中国说》中讲的：少年人如朝阳，如乳虎，如铁路，如白兰地酒，如春前之草，如长江之初发源。这些优点是极可宝贵的。不过，由于经验不足，思虑不周，受骗上当者，也大有人在。因此，自觉地培养独立思考能力，实是一件大事。

进一步说，许多实践活动的共同要求是“创新”：或者发现新事物，或者发明新器物，或者建立新理论，或者写出新作品。总之，贵在一个“新”字。而“新”，自然是前所未有的。因此，要创新，就必须善于独立思考。

说“独立思考”，好像与“向群众学习”相矛盾，隔群众越远越好；说“独立思考”，好像必须想入非非，越稀奇古怪越好。其实，都不对。善于思考的人，既能集中群众的智慧，又能超越前人的思想，在充分调查研究的基础上，通过分析综合，提出切合实际的真知灼见。相反，不向群中学习，不从实际出发，一味坚持错误的主观成见，决不会产生正确的思想。

历史上许多有贡献的人物，都很会独立思考，他们这种能力是怎样锻炼出来的呢？

他的疑问是无处不在的

笛卡儿是法国卓越的数学家、物理学家、生理学家和哲学家，是解析几何的首创人。他可以算是历史上最喜欢独立思考的人之一了。恩格斯曾高度评价他的成就：“数学本身由于研究变数而进入辩证法的领域，而且很明显，正是辩证法，哲学家笛卡儿使数学有了这种进步。”（《反杜林论》）还在少年时代，笛卡儿就有强烈的、永不满足的求知欲。他的学习热情很高，成绩优秀，

笛卡儿（1596—1650）

数学尤其出类拔萃。除了学校中的功课外,他还阅读了许多课外书籍。可是,在总结学习成绩时,他毫不自满,甚至犹豫了,以致怀疑自己学得的东西是否可靠。他说:“当我完成了一般的学习过程之后,就发现自己被许多疑难和错误困住了。从这些疑难和错误里,除开日甚一日地看清自己的无知以外,似乎并没有得到其他任何收获。”例如,“在哲学领域里,没有一条真理是能够不引起争论和怀疑的;而其他的科学又都从哲学里取得原理。”(《方法论》)因此,在笛卡儿看来,疑问是无处不在的。这说明在他的脑海里,独立思考的火焰正在炽热地燃烧。在一度彷徨之后,他忽然大彻大悟了。他说,他所得到的最好教训是“绝不可过分地相信自己单单从例证中所学到的东西”。那么,怎么办呢?他提出了四条思维的法则:

> 第一,任何东西在未认清确实是真的以前决不能认为是真的。也就是说,必须小心,避免轻率和偏见。我所接受的,应当是我认为十分明显而又清楚,绝对无可怀疑的东西。
>
> 第二,我要探讨的疑难问题,应当尽量加以划分,而且怎样能得到更好的解决方法,便怎样划分。
>
> 第三,有秩序地进行思维,首先从最简单的问题开始,按部就班地往前进,以达到最复杂的问题。甚至在实际上没有先后关系的事物中也要假设出一个顺序来。
>
> 第四,不论在任何地方,搜罗必须齐全,观察必须广泛,直到自己相信没有遗漏时为止。

以上是笛卡儿的思想方法,同时也体现了他对独立思考的重视,值得我们借鉴。他的缺点是独尊理性,否定感觉和经验的作用,怀疑得过了头,以致怀疑一切,甚至连他自己是否存在也认为大可怀疑。幸亏他发现“我正在思考”这件事是千真万确的,不必再怀疑了,由此才推论出自己的存在,于是写下了他的名句——我思故我在。今天我们对此未免觉得好笑,它却作为笛卡儿哲学的代表作而流传下来,看来还会流传下去,因为它简洁,当然也因为它富含哲理,传起来特别容易。如果有500万字,就困难多了,所以我们的思想必须明确精炼。

倘有余暇,何妨多读

从历史上看,善于独立思考的人,大都有三个特点:博学、善问、富于钻研精神并重视思想方法。笛卡儿如此,其他许多思想家无不如此。本文以下三节,便分别谈这三件事。

汉朝王充(27—约97),是我国古代著名的批判家。他写的《论衡》,专门批判古书和传说中的错误,立论有据,言之成理,表现了很高的独立思考的才华。他所以有成就,原因之一就是他博览群书,贯通百家。王充家贫,买不起书,只能常到书店看书。那时的书店比现在某些书店开明,可以让顾客阅读,结果造就了王充这样的人才。

爱因斯坦应该算是科学界最善于独立思考的巨人了。然而不要忘记,青年时代的爱因斯坦在物理学、数学等方面已打下了结实的基础,而且对一般的自然科学和哲学,也有浓厚的兴趣和丰富的知识。

有知识,才有比较;有比较,才能发现问题。动物病理学教授贝弗里奇说:

> 有重要的独创性贡献的科学家,常常是兴趣广泛的人……独创性常常在于发现两个或两个以上研究对象或设想之间的联系或相似之点,而原来以为这些对象或设想彼此没有关系。(《科学研究的艺术》)

知识渊博的人见解比较深刻,思考比较周密,而且对事物的发展前途常有远见,预测也比较准确。这样便大大减少了受骗上当的机会,使人生少走许多弯路。“双眼自将秋水洗,一生不受古人欺。”这秋水,就是知识之水,就是独立思考的波涛和浪花。

鲁迅说:

> 应做的功课已完而有余暇,大可以看看各样的书,即使和本业毫不相干的,也要泛览。譬如学理科的,偏看看文学书,学文学的,偏看看科学书,看看别个在那里研究的,究竟是怎么一回事。这样子,对于别人、别事,可以有更深的了解。(《读书杂谈》)

鲁迅(1881—1936)

可是,这不会影响专业学习吗?的确,我们的精力,主要应放在攻读专业上,从“精于一”开始,逐步扩大“根据地”而走向博。然而这不是说,学专业时其他的书一律不能看。那“应做的功课已完”的余暇虽少,但积少可以成多。看课外书刊,时间长了,接触面宽,了解的问题便多,于是就越看越有趣,越有趣就越想看,成了良性循环。这样,知识之球便越滚越大。反之,不博览,知识面便窄,懂的东西就少;懂得少,对许多事物便不感兴趣,从而也就越不想多看专业以外的书,于是便容易陷入恶性循环。不仅读书如此,世界上许多事物,发展下去,都有这两种循环的可能。我们应力争前者,千万不要卷入恶性循环的涡流中去。

“为什么”“怎么办”及其他

遇到任何事情,都要考虑“为什么”和“怎么办”。前者追究原因,后者提供对策。只有搞清原因,才能想出办法。办法通常是多样的,必须从中选出一个最好的来。美国前国务卿基辛格写了一本书,名叫《选择的必要》,他非常重视最佳方案的选择。

此外,“可能吗?”有时也很重要。1949 年前曾流传有人长年不吃东西;近年又宣传各种天外来客,诸如此类,惑人耳目。真是“当时黮黯犹承误,末俗纷纭更乱真”(王安石语)。更有甚者,一些政治骗子出于小集团的利益,把某些人和事吹得神乎其神,愚弄天下,尤其可恶。碰到这类事,就得采取科学态度,运用自然科学和社会科学的知识,多问几次“可能吗?”“合乎自然规律吗?”“合乎情理吗?”明代哲学家和教育家陈献章(1428—1500)说得好:

> 前辈谓学贵知疑,小疑则小进,大疑则大进。疑者,觉悟之机也。一番觉悟,一番长进。

读书时必须深思多问。只读而不想,就可能人云亦云,沦为书本的奴隶;或者走马看花,所获甚微。孔子说:“学而不思则罔,思而不学则殆。”清朝的郑板桥(1693—1765),诗词书画都很擅长,而且喜谈学习方法。他说:

> 学问二字,须要拆开看,学是学,问是问。今人有学而无问,虽读书万卷,只是一条钝汉尔……读书好问,一问不得,不妨再三问,问一人不得,不妨问数十人,要使疑窦释然,精理迸露。故其落笔晶明洞彻,如观火观水也。善读书者曰攻、曰扫。攻则直透重围,扫则了无一物。

他这段话,除最后一句外,都可赞同。对于自然科学,言攻则可,言扫则不可,除非是伪科学,才有扫的问题。否则,只能批判继承,推陈出新,一般不会“了无一物”。

书,无非是作者一次系统的、有充分准备的长篇发言,其中所讲,对的居多,错误也有。读书时反复思考,可以起到消化、吸收、运用和发现问题、跟踪追迹的作用。下列事项,可供读书时参考。

(1) 区分客观真理和主观成见,哪些是经过长期实践检验的事实、定理、定律或理论,哪些只是未经证实的传说、成见、信仰或迷信。对前者主要是虚心学习弄清道理,不要花很大精力去对着干。例如科学已证明不可能发明永动机,那就不必硬去造了。后者则不然,它们往往是前人硬塞在我们头脑里的一堆成见或捏造,例如“地球中心说”“物种不变论”等。许多科学大师都非常注意这种区分,牢牢抓住一些基本而又模糊不清的概念加以分析批判,终于导致重大的进展。例如爱因斯坦抓住“质量”“同时性”等概念,哥白尼批判“地球中心说”,都取得了辉煌的成就。在社会科学里,情况更为复杂,一些偏见和迷信,常被贴上真理的标签,用以欺骗人民,我们应当提高警惕。

(2) 研究正确的结论是怎样获得的,有哪些事实或理论根据。在证明中有哪些方法和技巧值得学习?能把它用到别的问题上去吗?我能不能再给出新的证明?

(3) 对某个结论我有些怀疑,我觉得它的证据不充分,甚至有漏洞、有问题,于是我试图举出反例或用实验来推翻它。

(4) 如果时间、地点、条件变了,某个结论还正确吗?需要作哪些修改?

(5) 某些概念、结论、定理、规律之间,有没有本质联系,它们与其他学科的内容有无类似之处?

(6) 现在有一个急需解决的问题,能从这本书中找到答案、方法或启示吗?

以上问题主要供念理科书时参考,至于其他学科,情况当然不完全一样。例如宋朝吕祖谦曾介绍他读历史书的方法:

> 观史如身在其中,见事之利害,时之祸患,必掩卷自思,使我遇此等事,当作何处之?如此观史,学问亦可以

进,知识亦可以高,方为有益。(《先正读书诀》)

各学科有各自的特点,自然不可一般而论,就是理科中各学科,深钻下去,也要分别对待,有所区别。

大用之则大成

在游泳中才能学会游泳。同样,在思考中才能学会思考。思考锻炼才智,脑子越用越灵。清初思想家唐甄(1630—1704)在《潜书》中说:

> 心,灵物也;不用则常存,小用之则小成,大用之则大成,变用之则至神。

要使思维深入,一是坚持刻苦钻研,二是注意思想方法。

人们追踪一种新事物,往往起源于好奇心。好奇心愈强,钻研劲头愈大,甚至遇到巨大困难也置之度外,一心一意要搞个水落石出。因此,好奇心是科学研究的重要条件之一,许多著名的科学家如爱因斯坦等都很重视它。的确,很难设想,一个对什么事情都觉得无所谓的人会有强烈的探索热情。

有些重大问题,需要长时间的苦战攻关。德国医学家、化学疗法奠基人欧立希失败了605次,才制成药物六〇六;居里夫妇从数吨铀矿残余物中提炼出只有几十毫克纯镭的氯化物。可以想象,他们付出了多么大的劳动。"用志不分,乃凝于神"(《庄子·达生篇》),"锲而不舍,金石可镂"(《荀子·劝学篇》),前人刻苦钻研的精神,时刻激励着我们前进。

长时间的刻苦钻研是成功之母,也是培养独立思考能力的基本条件。而且,若能辅以正确的思想方法,收效就会显著得多。

当我们的思维难以深入时,可以向群众学习,向书刊学习,但有时不如直接向大自然或社会请教,会更为有益,这就需要通过观察和试验。大自然常会教给我们一些完全出人意料的新事物。1928 年,英国人弗莱明正埋头于研究对付葡萄球菌的方法,他曾用了几年时间,仍然无计可施。一天,他忽然发现碟子里的葡萄球菌几乎全死亡了,同时附近又长出了一团团青绿色的霉花。他想,也许是这些霉菌杀死了葡萄球菌吧? 正是他这一重要观察和设想,导致了青霉素的发现。或者说,大自然告诉了人们灭菌的方法。可以毫不夸张地说,绝大多数的自然科学知识都是大自然教给我们的。自然科学如此,社会科学、文学艺术也如此。梁启超曾经介绍法国著名小说家莫泊桑(**Gay de Maupassant**,1850—1893)学习写作的方法,他说:

> 莫泊桑的先生教他,同时观察十个车夫的动作,作十篇文章把他们写出,每篇限一百字,这是从最难求出个性处刻意去求,这种个性发见得出,别的自然容易了。莫泊桑经过一番训练之后,文思大进,后来常常举以教人。(《饮冰室合集》)

法国作家莫泊桑

我想,老舍(1899—1966)也一定仔细观察和研究了许多车夫,才能写出他的名著《骆驼祥子》来。

科学研究中,常用的方法主要有两种: 一是从特殊到一般;一是从一般到特殊。

人生有限而宇宙无穷,我们所能观察到的,只是特殊的、少数的、局部的现象,从局部的观察结果出发,通过想象,提出有关无限整体的一般假说,然后证实这些假说,使之上升为理论。这就是由特殊到一般的方法,或称为归纳法。例如,万有引力定律是宇宙间的一般规律,但它的发现只是从几件事(物体下落、月球绕地球旋转等)开始的。大自然不善于保密,总要在一些事情上露出马脚,一些人熟视无睹;另一些有心人则顺藤摸瓜,从中探讨出一般规律。这种情况,就像优秀的侦察员破案一样,他只要依据少数线索,通过联想,便能抓到主犯。

从实际中抽象出一些基本而又有普遍性的概念和显然正确的公理,从公理出发,通过逻辑推理(包括数学演算)得出一批定理;再根据这些公理、定理或新的公理进行推理,又得出另一批新的定理。如是层层推理,往往可以走得很远,得出许多原先意想不到的结果。这种从一般到特殊的方法,也叫作演绎法。欧几里得几何学便是应用这种方法而取得巨大成功的例子。

当我走出飞机的时候,我在充满烟雾的空气中深深地吸了一口气,我的双眼开始出水了,我开始打喷嚏了,我觉得又像一个新的人了。

阿·布奇沃德

新鲜空气会要你的命

烟雾曾经一度是洛杉矶最大的吸引力,而现在则遍及全美国,人们都已习惯于这种被污染了的空气,以至呼吸别的空气反而感到很困难。

最近我到各处讲演,我停留的地方,其中之一就是亚利桑那州的费拉洛斯塔夫,那里海拔大约1000米。

走出机舱的时候,我立即就闻到一种特殊的气味。

“这是什么味道?”我问了一下接我的人。

“我什么也没有闻到。”他答道。

“有一种很明显的气味,这是我所不能适应的。”我说。

“啊,你讲的一定是新鲜空气。许多人从飞机走出来就呼吸到他们从未呼吸过的新鲜空气。”

本文选自《译林》1996年第2期。作者阿·布奇沃德系美国作家。1925年出生,《华盛顿邮报》著名的幽默专栏作家。有短篇科幻小说《地球上有生命吗》等。本文是一则幽默诙谐的故事,实则道出了人类的悲哀,我们在惊叹科学所带来的伟大奇迹时,也在默默承担着它所带来的负面效应。看似荒谬,却表现出一种深刻,缺失新鲜空气的我们真的能如文中的主人公一样吗?在追求高科技发展的同时,人类是否应该驻足回望,给自身保留些生存空间呢?反讽意味在作者煞有介事的叙述口吻中显得更加浓厚。本文由周雪英译。

“这会怎么样呢?”我不免有所顾虑地问。

“没关系。你刚才呼吸的就像别的空气一样,这对你的肺部会有好处的。”

“我也听说过这种说法,”我说,“不过,要是这是空气的话,我眼睛为什么不淌水呢?”

“对于新鲜空气,眼睛是不淌水的,这就是新鲜空气的优点;你还可以节省许多揩眼泪的优质纸。”

我环顾一下周围,各种物体一片清晰明澈,这可是一种奇特的感觉——我反而感到非常不舒服。

我的主人意识到这一点,他想使我消除顾虑,说:“请不必担心。反复实验证明你可以日日夜夜呼吸新鲜空气,对你的身体是不会有任何损害的。”

“你刚才所讲的,无非是想让我不要离开这里。”我说,“在大城市生活过的人,谁也不能长时间待在有新鲜空气的地方,他忍受不了。”

“好吧,新鲜空气要是烦扰你的话,你为什么不给鼻子搭上一块手帕而用嘴巴呼吸呢?”

“对了,我要试试。不过,如果我早知道要到一个除了新鲜空气便没有别的空气的地方的话,我就应该准备好一个外科手术用的口罩。”

他沉默地开着车。大约15分钟后,他问道:“现在你觉得怎么样?”

“是的,我想对了。现在可以肯定,我不打喷嚏了。”

“这里是不需要打什么喷嚏的。”这位陪同的先生承认说。他又问道:“你原来那地方是不是要打大量的喷嚏?”

“老是要打。有些日子,整天要打。”

“你喜欢打喷嚏吗?”

“打喷嚏并非必要,可是,要是你不打,你就会死亡。——请问,这一带为什么没有空气污染呢?”

心旷神怡的景色

“费拉洛斯塔夫大概吸引不了工业的光临。我猜想我们确实是落在时代的后头了。当印第安人相互使用通信设备的时候,我们费拉洛斯塔夫才开始嗅到仅有的一点烟尘;可是风似乎又把它吹跑了。”

新鲜空气实在使我感到头晕目眩。

“这周围没有内燃机汽车?”我问道,“让我呼吸几个小时也好。”

“现在不是时候。不过,我可以帮你去找一部载重汽车。”

我们找到了载重汽车的司机。我暗暗塞给他一张 5 美元的钞票。于是,他让我把脑袋凑近汽车的排气管半小时,我立即就恢复了充沛的精力,又能够和人家长谈了。

离开费拉洛斯塔夫,再也没有人像我这样高兴的了。我的下一站就是洛杉矶,当我走出飞机的时候,我在充满烟雾的空气中深深地吸了一口气,我的双眼开始出水了,我开始打喷嚏了,我觉得又像一个新的人了。

只有人能够认识到敬畏生命，能够认识到休戚与共，能够摆脱其余生物苦陷其中的无知。

——史怀哲

彭瑞高

不要理睬身上没毛的东西

听了许多民间传说，从没有这个传说给人那么多的不安。这是到云南第七天，一个雪花飞舞的下午，迪庆州藏学研究院王院长讲给我们听的——

人啊，原来都和动物一样，浑身上下都长满了毛，与动物不分彼此，大家相处得也很和睦。但是人啊，总是有点鬼，常做出些莫名其妙的事情来。他喝了聪明泉，神态就有些变化。这事要怪兔子，是它领着人找到了聪明泉。人啊，喝了这泉之后就更鬼了。他整天背着动物们，在聪明泉旁用刀子削削弄弄的。动物们很疑惑：人在干什么？乌鸦就说：我去看看。它飞到泉边一看：哎呀，人正在用刀子削弩弓呢！乌鸦还来不及叫出声来，就给人

本文选自2005年5月23日《文汇报 · 笔会》。作者彭瑞高系专业作家。生于1949年，江苏苏州人。1968年赴上海郊区插队务农，1989年毕业于华东师范大学中文系。大学毕业后历任乡村中学教师，县委宣传部干部，《上海文化年鉴》编辑，中共上海市委宣传部调研员。1970年开始发表作品。1985年加入中国作家协会。著有长篇小说《中锋之死》《球场上的流星》《女儿们的追求》《贼船》，散文随笔集《世纪末留言》《徘徊城乡间》等。

拔出箭来射死了。动物们见状后怒火万丈,吼叫着向人扑过去。尤其是飞鸟们争着为乌鸦报仇,一下子把人身上的毛都啄光了。老熊心软,赶紧把人护住,还把人脑袋掖在自己腋下,这才算保住了人的头发。动物们指着人发誓:大家记住,今后再也不要理睬这种身上没毛的东西了!

短短一则传说,却让人看到了林中百兽的怒吼、空中百鸟的怒目。人类的性格与命运,在这传说中竟被描绘得如此传神!人类总是鬼鬼祟祟、偷偷摸摸的,他们既缺乏诚信,又忘恩负义。对于天真无邪的动物,他们自诩为“万物之灵”。他们以为自己披上了一张人皮,就“开化”了,就高万物一等了,殊不知动物们自有神力,足以把他的体毛都无情地拔光!人类数典忘祖,躲在阴暗角落里,制造起虐杀动物、毁灭植物的武器来,他被百兽扑倒,被百鸟剃光,实在是咎由自取。依我看,老熊要不发慈悲,让动物们把人的头发也一一拔光才好!

人啊,真是要警醒一点才好哩。这么些年来,面对自然界,人们造的孽已经太多了。他们做下的那些事情,早已经超过了动物们和植物们忍耐的极限。请看——

自工业革命以来,人类的过度砍伐和捕杀,已使无数动植物遭到灭顶之灾。目前,世界上每天有 75 个物种灭绝。20 世纪 50 年代至 80 年代 30 年间,仅中国洞庭湖里的鱼种,就从 114 种减少到 80 种;青海湖区人口增长了 4 倍,而脊椎动物减少了 34 种,鹈鹕等鸟类 70 年代就已灭迹。

人类污染物的排放量,远远超过了环境自净能力,造成全球 11 亿人没有足够的饮用水,每周有 3 万人死于饮用水受污染所带来的疾病。大气污染每年造成 1100 万的急诊病人,17.8 万人由于大气污染危害过早死亡。尽管如此,人还在虐杀动植物,每年食蛇不下 6000 吨,光“一次性筷子”一年就“吃”掉大树 2500 万棵……

人再这么下去怎么办啊？他头上最后一撮毛发，是不是也要给飞鸟们拔光啊？我对这件事情总是忧心忡忡。看来，大家都要听一听王院长讲的那个民间传说才好。

人类能不能像“人之初”那样，重新跟动植物打成一片、和谐相处呢？我想，凭人类仅存的良知，应该是能做到的。我们虽然无法再回到“长毛”时代，但完全可以做到善待动物，善待植物。而做到这一点，只需要留有一点敬畏之心就够了。人要敬畏大自然，要知道大自然会报复，动植物也会报复。如果人类再不自省，再继续作孽，直至最后一只老熊在森林里哀嚎而死，最后一只羚羊在沙漠里饿毙，最后一条鲸鱼在海滩上翻起白肚子，那么，其时人类离开自己的末日也就不太远了。

我们的灵魂应该不断迁徙，修正心灵的恶浊，成就心灵的善良。

侯笑如

仰望天空的承诺

在坏消息多于好消息的今天，如果想稍稍振作一下精神，需要掐着手指头想一些美好的事情，真要算一下的话，我们这个世界还是有不少美妙的东西：美妙的绘画、摄影、电影。如果我们想再振作一些，还可以仰望天空五分钟，看一看自由飞过的鸟，听一听它们充满活力的鸣声，欣赏一下它们从天空飞过一瞬间留下的美丽弧线。所有这些美妙的东西都被集中在一部名为《迁徙的鸟》的电影里。

《迁徙的鸟》展现的是人和鸟的浪漫世界，人隐退在飞翔的鸟的背后观望，看鸟的人也在看自己。

渡渡鸟们的悲剧

人类和鸟的关系可以从中外文学作品中找到一些踪迹。让我们先来看一看美国作家刘易斯·卡洛尔的《爱丽丝漫游仙境》。

在《爱丽丝漫游仙境》中有一只可爱的渡渡鸟。喜欢做梦和幻想的爱丽丝吃了能让自己变大的点心，她变成一位身高九英尺的姑娘，连系鞋带都困难了。她于是哭了起来，不停地哭，直到哭

本文选自《群言》杂志2004年5月号。作者侯笑如系中华书局编辑、北京观鸟会副会长。

得流下的眼泪变成一个四英尺深、半个大厅大的眼泪池塘。后来她捡到大白兔的扇子扇凉，又无意间变得只有两英寸高，并且滑倒，跌进了自己九英尺高时哭成的眼泪池塘，在眼泪池塘里，她遇到了长得样子怪怪的渡渡鸟和其他鸟们。渡渡鸟是一只爱思考问题，常常会陷入沉思的鸟，它提出为了让掉进池塘的鸟们和爱丽丝能尽快弄干湿了的羽毛和湿了的衣服，应该进行会议式跑步比赛。它在地上画出了比赛路线，大家不用喊“开始”，可以随心所欲地开始与结束，大家跑了大约半个小时，羽毛和衣服大体上都干了，渡渡鸟就突然喊道：“比赛结束了！”渡渡鸟还说这场会议式赛跑大家都赢了，每个人都要有奖品，并且指定爱丽丝给奖品，因为和一群鸟比起来，爱丽丝是最重的。爱丽丝无奈将口袋里的糖分给了鸟们，渡渡鸟滑稽地将爱丽丝的一枚顶针赠给爱丽丝做奖品，爱丽丝虽然感到荒唐，却也只好无奈地接受了，并且还要装出郑重其事的样子。

迁徙的鸟

这个故事中的渡渡鸟给大家带来了无数的快乐，他的憨态可掬、他煞有介事的沉思以及所想出的奖励办法，他构想出的会议式赛跑，不仅成为对当时社会盛行的众多无聊会议的一个讽刺，也给看过这本书的无数读者带来了快乐。

如果你现在想看到渡渡鸟可爱的身影,已是不可能的事了,它已经成了在《爱丽丝漫游仙境》的插图中才能见到的鸟。活生生的渡渡鸟,在17世纪已经绝迹了。

在我们这个世界上消失了踪影的还有同样灭绝于10世纪的阔嘴鹦鹉、普通愚鸠和毛里求斯红秧鸡;绝迹于18世纪的罗岛地愚鸠;绝迹于19世纪的佛罗里达彩鹫、库莱布拉绿鹦鹉等;绝迹于20世纪以后的双领走鸻、凤头卡拉鹰等,灭绝的鸟类遍布亚洲、非洲、欧洲、美洲和大洋洲,目前还有400多种鸟正濒临灭绝。

一个物种的灭绝有多种复杂的原因,但近两百年来鸟类的灭绝速度加快了,灭绝的鸟类种数也在成倍增加,究其原因,人们对原生森林的乱砍滥伐、对动物包括对鸟的滥捕滥杀以及因人类活动频繁造成的湿地面积减少、鸟类生存和迁徙环境的恶化,这些都是鸟类种群消失的人为因素。应该说是人类的无克制行为直接造成了近两百年来灭绝鸟类种数增加的,人类对鸟类造成的伤害是毋庸置疑的。

在诗歌中仰望天空

人类对鸟类的伤害也激起了善良的人们的深思,人们开始抬起头来仰望天空翩翩飞过的鸟,从而带动了近百年来观鸟活动的开展。在欧美、日本等国家及中国香港、台湾地区,观鸟已成为一项大众化的活动。仅在美国,现在每年就有六千万人参加观鸟,比美国全国参加狩猎、钓鱼及高尔夫活动的人数总和还要多几倍。人们在仰望天空的时候,开始正视自己对这些翩翩飞舞、自由翱翔的动物曾经的伤害。在仰望中思考,在仰望中享受飞翔带来的快乐,在人们仰望的瞬间,才真正实现了人与自然的互相观望与和谐统一。

人类对天空鸟儿的观望在西方国家可能始于观鸟活动,但在中国却可以在历代诗歌中读出引人深思的历史痕迹。唐代诗人白居易有一首题为《鸟》的七绝,这首诗很能体现人类早期对自然、

迁徙的灵魂

对鸟的深沉的人文关怀："谁道群生性命微？一般骨肉一般皮。劝君莫打枝头鸟，子在巢中望母归。"诗中将鸟与人放在一个平等的位置上，认同了鸟的感情与人的感情的同一性：不能因为鸟儿小就打它，鸟与人同样有血有肉，同样要为人母、为人子，一样有母子情感互相依赖的需求，为什么你还要打枝头鸟呢？打它不也是打自己吗？这样的对鸟的怜惜的情感会和现代关爱鸟类的人产生共鸣。

中国古代文人中不乏对人生、对社会有着深刻思考的作家，仰望天空，观望鸟的生存状态，同时反身观照自己、反省自己的创作也不在少数。宋代欧阳修有一首《啼鸟》：

我遭谗口身落此，每闻巧言宜可憎。
春到山城苦寂寞，把盏常恨无娉婷。
花开鸟语辄自醉，醉与花鸟为交朋。
花能嫣然顾我笑，鸟劝我饮非无情。
身闲酒美惜光景，惟恐鸟散花飘零。
可笑灵均楚泽畔，离骚憔悴愁独醒。

认同鸟儿为友，诉说心中委屈；他的另一首《画眉鸟》则在仰望天空自由飞翔的鸟儿时生出无限的羡慕：

百啭千声随意移，山花红紫树高低。
始知锁向金笼听，不及林间自在啼。

杜甫的《春望》中一句“恨别鸟惊心”则用通感的手法将自己对国家命运的思虑与鸟儿的情感作了沟通，更是认同了人的情感在鸟儿身上是可以找到相通的地方的。中国古诗中对许多鸟儿都有不同角度的吟咏，雁、鸥、鹊、鹅，许多种鸟儿的身影都曾出现在中国古代诗歌作品中，这些浅吟低唱展现出人类早期仰望天空的心态：诗人在看鸟儿的身影时，也将自己心中的喜怒哀乐反射在鸟儿身上。

仰望天空的承诺

《迁徙的鸟》的第一句台词是：“鸟的迁徙是一个关于承诺的故事。”当人们仰望天空时，在高倍望远镜里看到的是一个别样的世界。当你第一次在望远镜里看到落在树梢头的最常见的麻雀时，你根本不相信那就是平时自己根本不放在眼里的“麻雀”。那清晰可见的羽毛滑顺地帖服在线条流畅的麻雀身上，麻雀突然飞起的一瞬间，那流畅的线条猛地动了起来，因为望远镜将麻雀拉得与自己很近，在麻雀猛地飞起来的时候，你的心也会随着动起来，仿佛随着麻雀飞向遥远的天边。人在看鸟的时候心很静，看鸟也是在看自己，是在把自己和鸟放在一个平等的位置上在观照、在审视自己的生存状态，在看鸟的那一刻也将自己看得透彻，这也是有的人看鸟上瘾的原因。

《迁徙的鸟》可以说将爱看鸟、喜欢反身观照自己的人的心态展现了出来——仰望天空也是在俯视自己，鸟完成的是地域的迁徙，人在看鸟的过程中完成的是心灵的迁徙，从不太纯净的心境迁徙到一个相对纯净的地方，完成的是灵魂的一次次蜕变。

壮观的百鸟迁徙

鸟在电影的最初发明阶段也是曾经立过功的。在电影发明的最初阶段，人们试制出许多种让影像动起来的机器和设备，其中在1825年发明的幻盘，是一张硬纸板的圆盘，纸盘一面画着小鸟，一面画着鸟笼，当圆盘转动时，小鸟就好像关在鸟笼里了。这可以说是鸟和人类合作、和平共处的一个例证。可惜的是，这样的例证并不太多，《迁徙的鸟》可以算作另一个例证。隐身在这部影片背后的“人”是一个正反两面性格的矛盾体——人是工业污染泥潭的制造者，人也是向疲惫的鸟递上食物的慈祥施予者。在表现人的这种矛盾过程中，创作者在思考，观众也在思考：是人的矛盾造就了这个世界的美好与丑恶共存，那么人的责任在哪里？我们是不是在浪漫了、任性了之后，就一切听之任之了呢？我们的浪漫是不是也应该给世界带来更多的理性与理智呢？浪漫之后不应该是摧毁，而应该是重建，应该是进步，正如古今中外善良的人们一如既往地对鸟儿、对自然，对一切生灵的尊重与关爱。

人类应该借《迁徙的鸟》完成一些承诺，如鸟般坚毅、无畏：我们的灵魂应该不断迁徙，修正心灵的恶浊，成就心灵的善良。

人类是大自然的一分子，需要向自然学习，聆听大地的声息，在不断和动物、田野的接触中吸取生命力。最重要的是，我们要恢复对大地的敬畏之情。我们不能征服自然，而只能和自然和谐相处。

鹿　子

愿地球最后一滴水不是眼泪

沙丘上的红柳伸出干枯的枝条，风沙刮过，发出沙啦啦的响声，好像着了火。一抱粗的胡杨树暴裂开枯黑的胸膛，浑身燃烧得只剩下一层干皮。这时候，如果有雨水落到它们的身上，融进它们的血脉里，生命会奇迹般地复苏，枯枝上会迸出嫩芽。在夏天沙表温度可达72℃的塔克拉玛干大沙漠里，就曾看到这种奇特的现象——死亡和重生共处于一棵胡杨树。

在沙海里行走、探险、勘测，最重要的是带足水。有一次，我在沙漠里见到十几天没喝水的物探队员，他们个个面色如沙，唇裂出血。问他们怎么出来的，他们说，全靠挖沙坑啃植物的根。只要看到有胡杨和红柳的地方，就可以朝下挖到湿漉漉的沙层，可以吸到一点儿水气，让快要干瘪的细胞重新膨胀。

水，乃是生命之源，这么简单的道理，人们用一代代生命为代价才获得。这也许可以追溯到汉代，那时，汉武帝发兵卒几万出玉

本文选自2003年5月号《群言》杂志。

门关到罗布泊地区,伐木造屋,烧草垦荒,大片的森林倒下。筑城堡,屯田,植被被破坏,水脉被挖断,一时的收获掩盖了长久的危机。据记载,当时西域人还不会蒸馍,中原去的屯垦将士把蒸好的白面馍馍送到老百姓手里时,引起了欢呼。褐色的麦子和金色的谷子在新开垦的土地上像波涛翻滚,代替了胡杨林的绿涛。

帝王伟绩和屯垦将军的丰功,载入史册,流传千年。可被砍伐的胡杨林,被焚烧的草场,被切断的水脉,只有默默无言地承受人类加给的暴虐与摧残。大自然果真是如此无能?果真任人宰割?也许,它的报复,只有在累及了子孙后代时,才震惊人类。在失去植被之后的数千年里,从内蒙古沙漠、草原刮来的东北风可以无遮拦地在光秃秃的大地上横冲直撞,刮干了剩余的植被,掩埋了新开垦的农田,最后连楼兰城、交河城、尼雅城这些在丝绸之路上显赫、繁荣的古城都整个儿地掩埋了。

如今,我们走在曾经绿荫密布、清流环绕的土地上,见不到一丝绿,听不到一声鸟鸣虫叫,满眼是干枯的死亡之色。幸存的胡杨树只有半截身子,上半截全被风沙削去,裂着千万条口子的树干挺立在干涸的盐碱地上,绝望地仰望苍穹。

碧波荡漾的罗布泊,20 世纪 60 年代仍然拥有近 6000 平方公里水域的大湖,在森林草原被破坏之后,在河流改道之后,也渐渐消失了。从有文字记载时起,它就拥有过许多美丽的名字:幼泽、盐泽、蒲昌海、楼兰海,到清代才开始用蒙语罗布淖尔这个名字,意思为多水汇集的湖泊。水是罗布泊的生命,可是才过了半个世纪,这里就连一滴水也没有了。平坦的湖底上满是白色的盐碱壳,昔日的芦苇、罗布麻也完全消亡了。

楼兰人坐着卡盆——独木舟,在罗布泊打鱼的情景已经成了神话,楼兰姑娘坐在湖边编苇席洗红麻的情景也像云一样地飘散了。你所能看到的除了白色的盐碱壳还是白色的盐碱壳,吉普车冲过去,屁股后面荡起长龙似的黄沙,经久不散。在一眼就可以望到地平线的古海的中心部分,可以看到水流逐渐消失留下的痕迹,一圈一圈如巨大的蜗壳上的螺纹,每一圈都记录着湖水蒸发干涸的泪痕。

走在干渴的大湖上,我想起了鄂尔多斯万里无人的砒砂岩地区,想起了干渴的黄土高原。那里也如同罗布泊,曾森林密布,至今仍存活着千年的油松王,不过只有一棵,孤零零地站在荒无人烟的砒砂岩上,凭吊死去的伙伴。

在黄土高原,有一个特别缺水的地方,拥有一个显赫的名字——定西。当年在汉武帝的指令下千万西征的将士曾从这里开拔到西域,去杀戮去征服去屯垦去开发去打通丝绸之路。威名赫赫的定西,也许在历史上暂时定了西边的土地,却为此付出了失去绿色失去生命之源——水的代价。

公元前300年,这里有千万座林木森森的山岭,有清水长流的河,羚羊和梅花鹿在山谷里奔跑。随着人类的烧山开垦,过度的放牧,林木减少,风沙频繁,正如老农说的那样,庄稼不会糊弄人,土地也不会糊弄人。肥沃的地表土被风刮跑了,雨水减少了,河水干涸了,有时来一场大雨,山上的土流下来,平坦的山坡被冲刷出千沟万壑,千百年来,人字形的沟壑,变成了黄土高原典型的地貌,像黄土地永远擦不去的泪痕。

当我来到定西时,这里已成了黄土高原最贫困的地区,成了吃联合国救济款的地方。这里所有的山全是光秃秃的,几万条流着泪的沟壑,人们拉着架子车在光山坡上修筑梯田,一层层台阶似的像天梯直达云端。刚收过秋的梯田里还留着黄黄的庄稼茬。

所有的河流都成了季节河,我们驱车过河滩时只看到咸菜卤色泛着泡沫的一摊浊汤。山上的老百姓靠雨水生活,当老天不下雨时,人们就得跑很远的山路到一个苦水井里去汲水。有时排上一天才能轮到,拿桶打不到,就把褂子脱下,系到井底,待褂子浸透了再提上来,拧到桶里。这一点活命水,还没等担回家就快蒸发完了。政府送水的大车来了,连枯树上的麻雀都知道跟着水车飞,山上的牛羊也跟在水车后面跑。

枯枝在诉说着过去的年月

干渴的定西人，宁愿守着光山秃岭也不愿意迁移到兰州以西的平原上去，他们创造了一种水窖文明，足以和吐鲁番的坎儿井媲美。不是可以打井吗？也许你会问。这里的地下水很深，深千尺也打不出水。人们就在地头和自家院里挖上几米深的水窖。这水窖的口圆圆的，像井口，肚子很大，像大水缸，打造起来很费工夫。我在村里见到许多这样的水窖，人们告诉我，一般挖两丈深一丈多宽，再抹上五厘米厚的红胶泥，每天用榔头砸一遍，要砸上一个月，然后抹上胡麻油和玉米面汤，待干了，就可以等待老天爷降甘霖。这样的水窖储存的雨水可以吃用一两年。村头街上也有水窖，常常在石板路的斜坡下，为了好接流下来的雨水。窖上压着石板，上了锁，为的是保护好水，不让别人偷。

在一个农家小院里，有一个水窖，里面落上了树叶杂草，可水还很清。一位老大爷用一只拳头大的小铁罐在一个煤油炉上煮水窖里的雨水，煮开一壶就往一只更小的茶壶里冲，再往小酒杯大小的茶杯里斟。他自斟自饮，好像喝的是琼浆玉露，啧啧有声。见我们进去，马上为我们斟茶。“用这么小的壶烧水，不麻烦吗？”我笑着问。“不麻烦。这叫罐罐茶，就喝这点滋味。”我喝了一口，苦得直咧嘴，过了一会儿，才品出点甜味。

老大爷告诉我们，他这一辈子，活到七十多了，才洗过脸。从小到老，就没洗过脸，更别提洗脚了，两只脚一搓，就算洗过了。现在有了水窖，喝水不愁，吃饭不愁，浇地也不愁了。中午，他们要为我们煮疙瘩汤，用豆面、小米面和小麦面搅在一起，待水开了，用筷子擀成一条一条，下到锅里，再放进白菜、干菜，熬上一会儿就成了。这样的疙瘩汤，在过去，根本别奢望吃到，平常只能喝点糊糊。老大爷是家中的长者，自然陪我们上炕坐在炕桌旁吃疙瘩汤，他吃了一大碗，最后用舌头一点点地把碗里粘的糊糊舔净了。他的体魄健壮的孙子站在炕下，见到他在舔碗，连忙把碗从他手中拿开了。年轻人也许没有这个古老的习惯，这是定西人在没有水的日子里养成的，不洗碗，而用舌头来舔净。我看在眼里，酸在心里。

在这个黄土高原最缺水的地方，人们对于一棵草一株花有着热烈的情感。在每家的院子里差不多都种着大丽花和芍药花，开放得艳丽非凡。就这难得蓄积起来的雨水，除了吃用外，还要用来浇花，是不是有点奢侈？可他们以为不。满眼的黄土坡黄土岭黄土窑，再没有点红花点缀，就像菜里缺盐一样没味儿。有了水窖，就有了取之不绝的水，大姑娘小媳妇脸上也滋润了，赶集时怀里抱着硕大的南瓜、冬瓜，老汉们赶着肥羊，年轻人赶着驴骡，鞭子甩得啪啪响。

这里最多的故事是关于水的。他们在喝着苦涩的罐罐茶的时候会轻松地讲起水的故事。一个新媳妇，看婆婆担水还没回来，就去山路上接，让婆婆先回家歇歇。婆婆回家等了一个时辰又一个时辰，不见新媳妇的身影。直到天黑，一家人点着松明去山路上寻找，才发现，一担水泼洒完了，媳妇无脸见公婆，跳崖寻了短见。有的人从生到死没洗过一次脸，一个大姑娘用手指在碗里蘸了点水擦了擦眼睛，被家人斥责为败家子。这一碗从桶里舀出的泥糊涂水澄了又澄，那是用来为一家人烧汤的活命水。滴水贵如血。

这里的人们说起过去，脸上总是露出明亮的笑容：那时候，河里的水清得能看见小鱼在里面游；那时候，山上的林子里雀儿唱得欢着哩；那时候，关川河的河水还是甜水，长流不断；那时候，在河边还有水磨；那时候……说话的人不过六七十岁年纪，说的"那时候"难道是他们的爷爷辈的事？不是，他们说，不过是他们小时候的事，距今五十多年吧。一位农学家告诉我，这并不是很久远的事,他在20世纪50年代来到定西时,山上还有林子,我们刚才见到的泛着盐卤色的干涸的河道当时水浪很大,车子开不过去。据县志记载,这里4500年前就有人类居住,公元前300年,山上的植被还很好,秦汉时期,山坡上还没有像现在这样的纵横的沟壑。

50年毁了定西一条河,秃了一群山,灭了一片林。这不禁使我想起一位到日本参观的农学家说,看到四国的森林面积占70%,想不到那里在20世纪60年代还到处是光山秃岭,水土流失严重。50年可以失去绿色,也可以重创绿色。

走在干涸的罗布泊古海上,走在定西干涸的河道上,我在想,人身体内60%以上是水分,要是得不到补充,全蒸发干了,人也就成了木乃伊。一条河失去了水就成了干沟,一座山失去了绿色也就失去了生命,变成了千沟万壑的黄土塬。一种文明呢,一个民族呢?如果长期脱水,长期干渴,会不会萎缩、干枯,乃至消失?世界四大文明古国,正如幼发拉底河和底格里斯河对于巴比伦,尼罗河对于埃及,恒河对于印度,黄河对于中国,哪个离得开大江大河,离得开水?在罗布泊北岸有个美丽的古国——楼兰,它的消失不就是和孔雀河改道绿林毁灭相关联吗?一个人会缺水致死,一种文明一个民族也会因为缺水而断裂而消失,像楼兰,像楼兰文明,像楼兰民族。

人类“征服自然”“人定胜天”的口号早被摒弃,当代绿色环保主义已经风靡全球。具有讽刺意味的是,这新近提出的口号,并不是当代人的发明,早在现代文明出现之前,古老的印第安人就提出,“人类是大自然的一分子,需要向自然学习,聆听大地的声息,在不断和动物、田野的接触中吸取生命力。最重要的是,我们要恢复对大地的敬畏之情。我们不能征服自然,而只能和自然和谐相处。”

但愿人们重新恢复对于大自然的敬畏之情,还荒漠以绿色,还江河以流水,大自然也会回报人类以甘霖。所有的现代文明在与万物共生中得以繁荣、衍生。愿地球上最后一滴水,不会是人类的眼泪!

人类是大自然的一分子，需要向自然学习，聆听大地的声息，在不断和动物、田野的接触中吸取生命力。最重要的是，我们要恢复对大地的敬畏之情。我们不能征服自然，而只能与自然和谐相处。

沈孝辉

生态旅游，我们准备好了吗？

生态旅游是对大自然充满尊重、敬畏与关爱，游人在欣赏自然美色的同时，也在聆听自然的呼声，关注和思考着环境问题。这是一种肩负着社会责任感的全新的旅游方式，既融入了环境教育，又有利于自然资源与生物多样性保护事业。生态意识、生态理念与生态道德，是生态旅游的核心。

当前，我国在生态旅游上存在着两方面的欠缺。一是来自旅游群体的层面，游客在旅游时不知道自己对环境究竟负有什么责任，许多人将生态旅游视为一种户外休闲娱乐活动，对吃、住、行、游、购、娱等传统旅游的六大要素要求较高。想玩得“舒舒服服”。一些人则希望在旅游途中也要获得都市中的享受，气不喘、汗不

本文选自《群言》杂志2003年7月号。作者沈孝辉系“中国人与生物圈国家委员会”委员、《绿色中国》杂志副总编、“自然之友”常任理事。早年在长白山工作，原始森林砍伐导致生态破坏的切身体验，使他毅然走上献身自然保护事业的道路。以后长期进行自然保护区、荒漠化、森林、湿地的调研，并在西欧、北美和南美进行旅行考察。自2000年始，沈孝辉还应邀参加了中国社科院主持的《中国环境与发展》的写作与研究。

出、泥不沾、雨不淋、日不晒就能观赏到世界顶级的美妙风光。这种物质享乐型的贵族化旅游,其实是一种很低层次的旅游,与生态游风马牛不相及。

另一方面,为了满足物质享乐型旅游的社会需求,并借此获得丰厚经济收益,不少地方政府、旅游开发商和旅游经营部门,都竭力加大基础设施建设的投资,热衷于在风景区内大兴土木,筑路修桥、架设缆车和兴建桑拿、舞厅之类一应俱全的星级宾馆、饭店,不仅助长了奢靡之风,更导致了许多风景名胜区景点的“商业化”“城市化”和“人工化”。这“三化”使自然度、自然美和自然资源均遭受到令人痛心的毁损。

敢在“泰”岁头上动土

泰山在中华民族的心目中是一座圣山,自古以来是“文官下轿”“武官下马”之地,就是“九五之尊”也得拾阶而上,几千年来受到严格保护,严禁樵采,“树当道者不伐”,就连山脚下的泰安城市规划中也有一条“城不上山,城不压山”的基本原则。正因如此,才使泰山的自然与人文景观历史上一直保存完好。然而近 20 年间,在“要把岱顶建成热闹非凡的天上城市”“要把自然的泰山改造成经济的泰山”这种思想的误导下,在已列入世界自然和文化遗产的泰山上大兴土木。泰山有三条索道,第一条中天门索道于 1983 年建成运营,著名的月观峰为此被炸掉三分之一峰面。1987 年,国务院批准的总体规划明确指出:“泰山索道是一项功不抵过的工程,为了挽回这项世界遗产的损失,建议等到索道承载使用期满后连同构筑物一起拆除。”谁知到了 2000 年,索道非但未拆,反而进行了大规模的扩建,载客量由每小时 300 人增至 1650 人。14 位著名专家、教授和院士曾就此联合发出紧急呼吁,要求立即停止索道扩建工程,但未被采纳。从中不难看出经济利益驱动力的强大与可怕。为了这次扩建,炸掉了 1.5 万立方米的主观面山体,并将沿途及岱顶的树木砍掉,在面积 0.6 平方公里的泰山顶上竟建成了一条店铺密集的商业街。北京大学世界遗产研究中心主任谢凝高教授称之为"一场浩劫,一场噩梦"。著名建筑保护专家、中国文物学会会长罗哲文教授批评说这是"对民族的历史表现出了极度的冷漠与无知"。

既然有人敢在"五岳之长"的"泰"岁头上动土,也就有人不怕在"震旦国中第一奇山"的黄山上做手脚。这又一个世界自然与文化双遗产地,同样被建了三条索道,核心景区内楼堂馆所数量众多,休闲中心、珠宝店、商场应有尽有。西海和北海景区是黄山精华所在,在西海景区海拔 2100 米处,有宾馆和招待所 21 处,床位近万张。为了满足供水需求,就地拦截山泉溪流修筑水库,水被输往宾馆的每一个房间,还通往耗水巨大的桑拿浴室和洗脚屋。宾馆饭店,每个人占有的空间大,用水多,耗电多,产生的污染和废弃物也就多。今黄山核心区的供水工程包括三座水库及 40 公里管道,过度开发不仅使水污染严重,而且影响了部分黄山松的生长,导致一些树的枯衰与死亡。不仅如此,还有人在光明顶上筑起了"全球通,通全球"的巨幅商业广告,成为最夺目的一道黄山"风景";而另一个景点玉屏楼则变成了水泥广场。黄山北海景区的万松林,今已成百松林,昔日繁茂的松树被四星级狮子林酒店、商店、职工公寓和宿舍所取代。溪涧纵横、林木葱茏、风景如画的桃花溪,已成为黄山风景区管委会及职工的生活区,从党政军、文教卫生、工商税务、邮政通讯、交通金融、学校医院到电视台、水电站,变电所、垃圾处理厂等一应俱全,俨然成为一座小城市。现黄山常住人口达 6 千多人。

张家界记吃不记打

较之黄山、泰山和庐山,张家界的旅游开发起步最晚,但大有后来居上之势。20 世纪 70 年代之前,张家界是湖南省大庸县的一个从事木材生产的国有林场,一直"养在深山人未识"。70 年代末被划为保护区,1982 年在这里建立了中国第一个国家森林公园，后又被列入世界自然遗产保护名录。从此，张家界的旅游开发显现出一股强劲的“后发优势”，如雨后春笋般冒出许多宾馆、饭店和大小不一的商业棚点，大兴土木使优美宁静的环境以惊人的速度遭到蚕食和破坏。时值1998年联合国教科文组织官员来检查时，充斥在武陵源景区内的建筑面积已超过了36万平方米；著名景点锣鼓塌容纳了一座“宾馆城”；被誉为“世界最美的峡谷”的金鞭溪，每天接纳1500吨污水。著名环保作家唐锡阳在谈到他前后三次去张家界的感受时说，1984年初识张家界，如一位“纯真恬静的野姑娘”，第二次去时发现“姑娘的脸上开始涂脂抹粉了”，1993年的张家界给他的印象是“姑娘已经浓妆艳抹，快变成摩登女郎了”。其后这位姑娘继续变得越发花哨，直到遭到了联合国教科文组织官员的批评：“武陵源景区现在是一个旅游设施泛滥的世界遗产地区”“在峡谷入口处和天子山这样的山顶上，城市化对自然界正产生难以估计的影响”。

于是，张家界政府痛下决心“整改”，从2001年10月起，共拆迁景区房屋约20万平方米，其中包括124家宾馆、酒店，同时将人为活动排出的污水全部进行了净化处理，估计为此要付出10亿元的代价。可这10亿元买来的教训不知道有多少人愿意记取？就在张家界大拆人工景观的同时，又有人投资1.2亿元在景区建造起了号称“世界第一户外观光电梯”的“百龙天梯”。这座电梯从设计之初就引起了专家的颇多非议，奇怪的是竟然也能一路顺利通过了“专家论证”和层层“审批”。不用说，百龙天梯运行不久又遭到联合国教科文组织官员的再度置疑，于是有关部门的负责人紧急“叫停”。

不幸的是事情至此并未结束，百龙天梯刚停三个半月，2003年1月15日，张家界市又举行了天门山索道工程的奠基典礼。该索道起于张家界市的城市花园广场，止于天门山顶北缘，全长7200米，计划投资1.8亿元，建成后将是世界上最长的空中索道。情况不同的是，天门山景区并不在世界自然遗产武陵源风景区的范围之内，是张家界市的一个属于省级的风景区。几年前曾经在此举办过飞机穿越天门洞的国际飞行表演，搞得不为世人所知的天门山名声大噪。其实天门山早在1985年已建成自然保护区，面积1200公顷，主要保护对象是珍稀树种珙桐、红榧以及山顶独特的森林生态系统，也就是被天门山旅游部门称作“空中原始花园”的那一部分核心区。建索道固然方便了游客，增加了地方财政收入，但这种大规模的旅游开发以及随之而来的高强度的游人活动，天门山顶原始景观的真实性和完整性必然遭到破坏。我国是世界上生物多样性最丰富的国家之一，已经列入世界自然遗产名录的地方需要加以严格保护，更多的生物多样性贮存在自然保护区与国家森林公园之中，它们虽未列入名录却一样是珍贵、脆弱、失而不可复得的自然遗产。

喀纳斯是否重蹈覆辙

新疆阿尔泰山的喀纳斯自然保护区的一些违章建筑尚未拆完，布尔津县政府又决定投资上亿元修筑一条几十公里长的环湖观光旅游铁路。喀纳斯，蒙古族语意为“美丽而神秘”，被人誉为“东方瑞士”，是国家级自然保护区。喀纳斯存在着我国唯一的以泰加林群落为主体的完整的生态系统。当地以放牧为生的图瓦人自古以来与大自然和谐相处，对原始环境干扰甚微，完全维持在大自然可迅速自行修复的范围之内，因而被中外学者视为世界罕见的一块人间净土。但是，阿尔泰山地处西北干旱、半干旱地区，生态脆弱，环境承载力有限。有人提出要将“阿尔泰山生态旅游称雄世界”的口号，这不仅是荒谬的，而且也是很不现实的。阿尔泰山和喀纳斯只能在不损害环境的前提下开展适度的生态旅游。目前最紧要的问题是制止环湖铁路的建设，保住喀纳斯这一块“最后的净土”。

在自然保护区应当采取“无为而治”的政策，人为干扰越少越好，即使是“生态建设”也会给它带来生态破坏。例如植树，有报道说要在喀纳斯植树1.5万株。其实，如果为了恢复退化的生态系统，使用自然力封育即可达到目的。而在保护区中植树造林，则是在自然生态系统中嵌入了人工生态系统，破坏了自然景观与生态系统的初始性，纯属画蛇添足的一大败笔！

他山之石可以为错

在发达国家，自然保护区和国家公园都是纳入社会公益事业，每年由政府投入大量资金。如美国在2000年有43亿美元用于国家公园，包括保护、科研、管理的开支。澳大利亚的维多利亚州国家公园局每年预算1.148亿澳元，主要来源是政府财政拨款和市政税收，而公园本身经营收入仅0.1亿元。新西兰也是如此，国家公园内的一切设施，包括道路、野营地、游景道和游客中心等均由政府投资建设。就是韩国，每年也有相当于人民币6亿元的资金用于国家公园管理。这些国家都将国家公园、自然保护区视为保护生态和生物多样性的科研基地，公众教育和生态旅游的基地，因而拒绝商业运作，不以营利为目的。

正是由于这种公益性质的正确定位，因此从规划建设到立法和管理上，一切与基本目标相抵触的活动，均在禁止之列，以保护自然保护区和国家公园的自然属性，竭尽全力维持它们的自然状态。

许多国家的国家公园法规定实行分区制："山上游，山下住"，即功能分开，把旅游服务设施安排在区外，使区内保持一个完整的真实的自然文化遗产。在澳大利亚和新西兰两国的国家公园内见不到宾馆饭店，有的只是供游人野营的古朴而简易的基地、高质量的游景道和各种向导性的指示牌，而且就是这些基本设施，也力图最大限度地减少对生态的干扰影响，并与周围的自然环境和谐统一。同时国家公园在组织旅游活动时，鼓励游人参与自然、体验自然、了解自然，并不搞什么贵族式的"豪华游"。

日本的富士山海拔3776米，高于我国的黄山、泰山和张家界。

人间净土喀纳斯

富士山不但不设缆车，就是上山公路也只修到两千多米，再往上走不分高低贵贱人人平等自己去爬，连台阶都不修筑。这不仅为了最大限度地保护富士山的本来面貌，恐怕还有一种民族感情上的因素，即对日本的这座圣山的敬仰与尊重。同时，这种徒步登山的活动也才能体现生态旅游的真谛。中美洲的哥斯达黎加是世界上生态旅游最先进的国家之一，他们将“无人工痕迹”作为国家公园扩大旅游市场的口号，这种理念使他们的旅游业在全世界享有很高声誉，并带来可观的经济效益。

美国政府规定，禁止在国家公园中搞豪华宾馆，只允许简易的过夜设施，但安全、卫生。美国国家公园的营地一般设置在公园的边缘或毗邻的森林中，游客的垃圾自行分类后投入加盖的铁箱内，食物残渣要求完全清理干净，防止野生动物翻拾，从而改变了其生活习性。韩国在户外旅游地也不搞豪华宾馆，多为通铺，每个铺位不到1米宽，或自带睡袋，或租用毛毯，卫生间是公用的。他们认为这样做可以有效地减少公园中的建筑用地，也减少污染，并与游人回归自然、净化心灵的目标相吻合。在韩国的国家公园没有垃圾桶，也看不见垃圾，因为废弃物都会自己带回去。韩国布基岛经济交通不发达，当地人索性在“简”上做文章，筑起一栋栋茅屋渔舍，古雅的草屋内只有一床一桌一灯一网。这种简陋有效地引起了人们怀古探幽的情趣，反而引来游客如潮。

在美国由于环境教育的普及，自觉保护生态和生物多样性的意识已经深入人心。例如美国人喜爱垂钓活动，政府为了保护水生生物对钓鱼和钓螃蟹有一系列的近乎苛刻的规定，几乎没有人不遵守。美国人使用的鱼饵是塑料制的，所以愿意上钩的鱼很少，钓上来的鱼多数也不拿走，而是及时放生。在这里，垂钓只是一项休闲活动。钓螃蟹的规定最具体，垂钓者首先必须识别公母，母的一律放回，公螃蟹则用尺子丈量，凡是不够标准的小螃蟹也要放回大海，丝毫不差。另外，美国学生在自然保护区和国家公园中从事教学实习活动时，也不采集生物标本，全心全意保护大自然的一草一木。这一切，难道不值得我们深思和学习吗？

地方旅游部门在喀纳斯保护区内大兴土木，修筑宾馆饭店

大自然不是快餐

现代人所处的科学技术时代，也是被思想家们担心的人类进化长河中最危险的时代。因为当技术代替人的许多行为时，人的生活方式则发生了退化，并导致了体质、生理机能和意志的退化。

大饱眼福有如大饱口福一样，是需要时间仔细品味、细嚼慢咽，才能吸收消化的。欣赏自然，感悟自然，就不能使户外旅行变成了一道道眨眼消逝的“快餐”。特别是在旅行社的安排下，游人有如被送上传送带，不可滞留也不可逆转，走马灯一样从一个景点奔赴另一个景点，人人行色匆匆，目不暇接，疲于奔命。哪里有时间和心情呼吸大地的气息，欣赏自然的美色，聆听荒野的天籁，辨识小草小花小鸟？更无法享受在林中、在湖畔、在草地上远离尘嚣的闲适与宁静。旅游者丧失了与自然亲近沟通和交流的过程与乐趣，反觉兴味索然，而旅游部门也由于方便的交通留不住游客，反而减少了收益。

因此，不论从游人还是从旅游部门而言，在自然保护区、森林公园和风景名胜区，都应当倡导徒步旅游或部分徒步旅游。旅游业是一个需要综合素质很高的行业，管理者不仅要精通营销策略，也要懂得旅游生态学，掌握旅游心理学。

自然文化遗产不能“再造”

当前，在旅游界流行着一些被学者们斥为“恶俗”的口号，什么“包装遗产”、什么“打造山水”，以及“创”什么品牌之类。殊不知自然与文化遗产因其具有科研或文化价值的独一无二、不可替代、不可再现的性质所决定是不可能被人为“打造”“包装”或“开创”出来的。人类远不具备大自然的神奇的创造力，在自然界的鬼斧神工面前，任何人工杰作均显得黯然失色。因此，对大自然越是“包装”就越不伦不类，越是“打造”就越面目全非。自然的美色就是它们与生俱来的“本色”，即所谓“原汁原味”，其品牌价值靠的是保护而不是画蛇添足的“创造”。对于自然遗产来说，人造景观的强行介入势必造成其性质的改变，从而削弱乃至丧失作为自然遗产的作用。对于文化遗产也是一样。文化遗产虽然是人造的，但却是历史遗留的，同样具有唯一性。阿富汗的巴米扬大佛被塔利班炸毁后，今有人在四川乐山世界自然与文化遗产保护区内按 1 比 1 的比例复制。这种造佛行为，让人们看到的不是文化和精神的传承，而是商业利益的驱动。自然与文化的遗产就是不能“再造”，造得再好也是复制品，称不上“遗产”。

公益性不可本末倒置

自然保护区、自然与文化遗产、国家森林公园的社会公益事业性质，应作为一切工作和研讨的出发点。然而，当公益性目标被漠视，经济性目标被夸大，自然保护区、自然文化遗产和国家森林公园便会被当作“摇钱树”，被强行介入人工异质的东西和过度开发，从而失去了真实性和完整性，也削弱乃至丧失了作为遗产地与保护地的科学文化价值和生态保护价值。在一些人从中牟利的时刻，也是国家与人类的遗产遭受到不可弥补损失的时刻。

截至 2002 年底，我国目前已有 28 处被列入世界自然与文化遗产，尚有几十处在申报的过程中；有 1757 处自然保护区，其中 22 处为世界生物圈保护区，197 处为国家级保护区；有 21 处湿地保护区列入国际重要湿地名录。

获得世界遗产、国际人与生物圈保护区以及其他“国际”“国家”级之类的名号，不仅是荣誉，更重要的是守信尽义务，从对人类负责和遵守国际公约的高度，履行保护遗产的承诺。在当前风靡全国的旅游开发的大潮中，如何有效保护、科学管理世界自然遗产、自然保护区和国家森林公园，是我们亟待解决的课题，也是我们面临的严峻考验。

科学艺术

我们必须把科学当作艺术，然后我们才能从科学得到完整的知识。

——［德］歌德

沈致远

科学是美丽的

在常人心目中，科学是深奥的、严格的、艰难的、枯燥的……提到科学家，眼前就浮现出爱因斯坦的形象——白发怒张、皱纹满面。科学怎么会是美丽的呢？不可思议！

事实是：科学不仅是美丽的，而且是旷世奇美，美不胜收。那么常人为什么没有感受到呢？责任在科学家，他们浸沉于科学美中其乐融融，忘记了与大众分享。但也有例外，李政道近年来频频

本文选自 2002 年 1 月上海教育出版社同名科学随笔集《科学是美丽的》。作者沈致远(1929—2020)江苏溧阳人。1960 年从浙江大学毕业后留校任教。1980 年应邀赴美国，先在纽约理工大学任访问科学家，1990 年受聘于杜邦公司从事微波电子学方面的研究开发工作。2003 年退休后，致力于探索统一场论。业余爱好读书、写作与思考。著有科学随笔集《科学是美丽的》《科学是大众的》《科学是求真的》。本文旨在告诉人们：科学不仅是美丽的，而且是旷世奇美。大众要有赏析美的眼光。希望科学家们在沉浸于美的同时，不忘与大众分享。

撰文著书,极力提倡科学美。他还请了著名画家李可染、吴作人、吴冠中等作画描绘物理世界的内禀美。这些作品最近结集成书,名为《科学与艺术》,引起了科学界和艺术界的注目。

乍看下图中那位载歌载舞的女郎,可能以为是当红的歌星,其实她是旧金山大学的天文物理学家琳达·威廉斯(**Lynda Williams**)。

她从小爱好歌舞,进入大学攻读天体物理学,为科学大千世界中的奇瑰美景所吸引,决定利用业余时间传播科学美。威廉斯对《纽约时报》记者说:“天体物理是最美丽的。还有什么比宇宙的诞生更美丽?还有什么比黑洞、多重宇宙和交响共鸣着的宇宙流更美丽?”威廉斯说得好!让我们继续下去:还有什么比原子中“云深不知处”的电子云更具朦胧美?还有什么比生命之源叶绿素中的“绿色秘密”更具神秘美?还有什么比“生命之梯”**DNA** 回旋曲折的双螺旋更具活力美?还有什么比“纳米”世界中用原子砌成的纤巧结构更具精致美……

科学之美,美不胜收!

天体物理学家琳达·威廉斯在舞台上载歌载舞

威廉斯为科学美所启迪,开始以科学题材写诗。《纽约时报》于2000 年 6 月 4 日发表了她的一组科学诗,我将其中两首译成中文发表在《诗刊》2000 年 11 月号，下面是其中一首《碳是女孩之最爱》：

碳是女孩之最爱
黄金确实很宝贵
但不会燃起你心中之火
也不会使火车长啸飞驰
碳是地球上一切生命之源
它来自太空的陨石
构成一切有机物质
在大气层中循环往复
钻石煤炭石油
总有一天会用完
能构成一切的将是碳纳米管
碳是女孩之最爱

“钻石是女孩之最爱”是美国流行的谚语。钻石是碳元素的一种特殊的结晶形态，威廉斯从科学观点将该谚语扩其意而用之，由钻石推广到碳的各种形态，写出了这首诗。较之原谚语，这是艺术的升华，意境大为提升。女孩爱钻石，无非是爱钻石首饰之光华夺目、价值连城，用以炫耀自己雍容华贵的外表美。威廉斯以诗的语言，赞美各种形态碳的实用价值及其对生命循环的重要性，表现的是科学研究的内涵美。

威廉斯科学诗的题材还包括瑰丽的天文奇景、玄妙的基本粒子以及生命科学，等等。她的诗充满着感情，例如一首小诗《爱之力》（译诗载《诗刊》2000 年 11 月号）：

物理学家发现宇宙有四种力
强力弱力引力电磁力
但我发现了一种新的力凌驾一切

我谨向你提议
爱的统一理论

爱之力凌驾一切！这种跨越科学和艺术的浪漫情怀大概是女科学家特有的领悟。

吟之不尽，继之以歌舞。威廉斯将自己的科学诗配曲后，载歌载舞登台表演。在加州理工学院举行的一次天体物理学国际会议上，她在霍金、惠勒、索恩等科学大师面前，演唱了自己作词并按英国著名的甲虫乐队《黑鸟之歌》调子谱曲的《黑洞之歌》：

黑洞在死寂的夜空中旋转
转着转着逸出了视线
直到发生了碰撞
我们正等待着你的引力波出现

这次会议是庆祝黑洞理论和引力波探测先驱索恩教授60华诞，威廉斯对流行歌曲《黑鸟之歌》作一字之改，不是很风趣而又切题吗？

威廉斯还专为中学生作科学歌舞表演，她关切地说："十几岁的女孩们为了吸引男孩，不顾一切放弃学业，这很危险，尤其在这高科技时代。"为此她编了一支歌，题为《物质化女孩》：

男孩们只知吻我拥抱我
我认为他们跟不上时代
如果他们不懂得谈论量子力学
我就从他们身旁走开

她在舞台上手持话筒边唱边跳，背后天幕上灯光映出20世纪的50位著名女科学家的肖像。威廉斯说："我希望女孩们会从这些杰出女性得到启发。"

威廉斯的科学歌舞生涯也并非一帆风顺。她曾向"物理学中的女性"会议的组织者要求安排一场科学歌舞表演，却被拒绝，理由是"不合适"。她失望地说："我想呼喊：嗨！女士们！为我们所进行的革命添加一点幽默感。"威廉斯曾在一次有上千人参加的高能物理国际会议上表演，其中有些人不谙英语，不能领会她表演中的幽默，一批人中场离席。幸亏有俄国科学家捧场，上台给威廉斯献花。

她在天文学家集会上的表演则完全是另一番景象，与会者和着威廉斯的歌声一起尽情欢唱，并且跃上座椅翩翩起舞。威廉斯说："作为天文学家，你必须具有幻想和好奇心。"其实何止是天文学家，不具有幻想和好奇心的人根本不可能成为有创意的科学家。有创意的科学家和优秀的艺术家具有相同的气质——反传统，求新求异。

不仅物理学是美丽的，数学也是非常美丽的。早在古希腊和罗马时代，艺术家就发现了人体的曲线美。现代派的雕塑家和画家以他们的作品表现了几何形体的视觉美，在毕加索晚期作品中频频出现的"怪异"人像——两个鼻子、三只眼睛等，据说其灵感来自数学中超越现实三维空间的抽象高维空间。数学家以迭代方程在复数平面上产生的"分形"图案之千变万化、奇幻迷离，使艺术家也叹为观止。

科学追求真理，揭示宇宙万物的真相及其运动变化的规律。真正的科学家都懂得：真理是简单的，而且越是深层次的适用范围越是普遍的真理就越简单。简单、深刻、普遍三位一体，这就是科学美之源泉。

科学家在追求真理的过程中，锲而不舍，孜孜以求。常人往往认为是苦，其实他们虽然辛苦却乐在其中。科学家顿悟和突破后的快感乃先睹为快——享受前人从未见过的瑰丽美景。

希望经过科学家和艺术家的通力合作，使科学的瑰丽美景能为更多人所共享。

科学是美丽的。你同意吗?

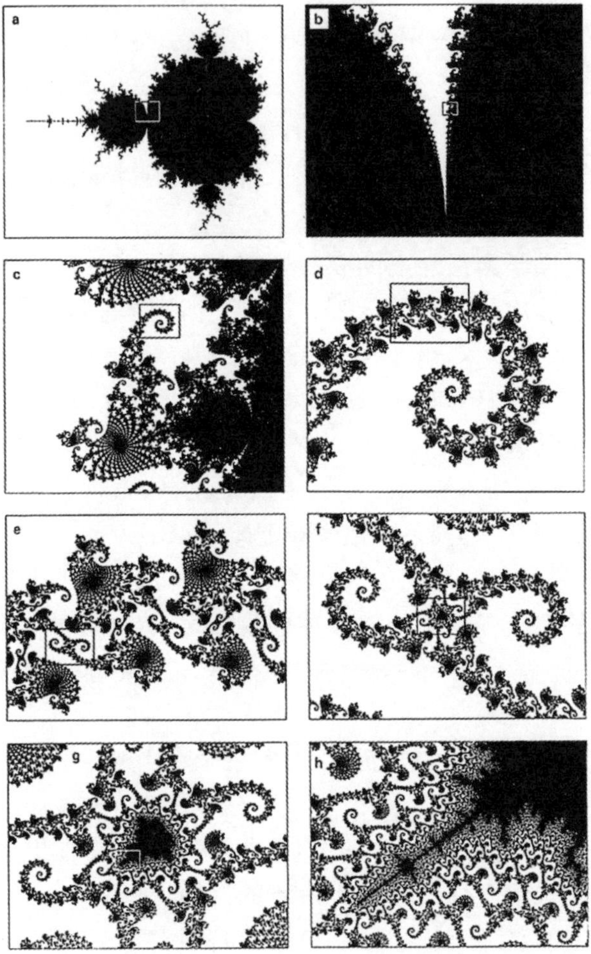

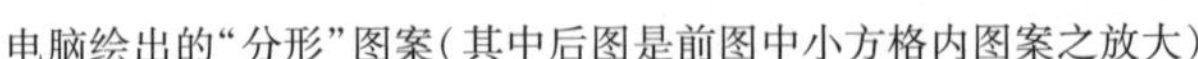

电脑绘出的“分形”图案(其中后图是前图中小方格内图案之放大)

许多人在阿尔卑斯山谷中乘汽车兜风，匆匆忙忙急驰而过，无暇一回首以流连风景，于是这丰富华丽的世界便成为一个了无生趣的囚牢。

朱光潜

“慢慢走，欣赏啊！”
——人生的艺术化（节选）

一篇生命史就是一种作品。从伦理的观点看，它有善恶的分别，从艺术的观点看，它有美丑的分别。善恶与美丑的关系究竟如何呢？

就狭义说，伦理的价值是实用的，美感的价值是超实用的；伦理的活动都是有所为而为，美感的活动则是无所为而为。比如仁义忠信等等都是善，问它们何以为善，我们不能不着眼于人群的幸福。美之所以为美，则全在美的形象本身，不在它对于人群的效用（这并不是说它对于人群没有效用）。假如世界上只有一个人，他就不能有道德的活动，因为有父子才有慈孝可言，有朋友才有信义

本文作者朱光潜（1897—1986）是美学家、文艺理论家、翻译家。字孟实，安徽省桐城市人。1922 年毕业于香港大学文科教育系。1930 年获英爱丁堡大学文科硕士学位，1933 年获法国斯特拉斯堡大学博士学位。回国后曾任北京大学教授，四川大学教授、文学院院长，武汉大学教授、教务长。1946 年后任北京大学教授、文学院代院长、中国美学学会会长。毕生从事美学教学和研究，重建了中国传统美学的理论体系和思维方式，是我国现代美学的开拓者和奠基者之一。学贯中西，博古通今，所著《文艺心理学》《谈美书简》《诗论》等专著具有开拓意义。《谈美书简》一书所涉甚广：审美态度、审美距离、美感与快感、艺术与游戏、天才与灵感等十多个话题，但最终归结为本文所述的“人生的艺术化”这一核心命题。

可言。但是这个想象中的孤零零的人,还可以有艺术的活动,还可以欣赏他所居的世界,还可以创造作品。善有所赖而美无所赖,善的价值是“外在的”,美的价值是“内在的”。

不过这种分别究竟是狭义的。就广义说,善就是一种美,恶就是一种丑。因为伦理的活动也可以引起美感上的欣赏与嫌恶。希腊大哲学家柏拉图和亚里士多德讨论伦理问题时,都以为善有等级,一般的善虽只有外在的价值,而“至高的善”则有内在的价值。这所谓“至高的善”究竟是什么呢?柏拉图和亚里士多德本来是一走理想主义的极端,一走经验主义的极端,但是对于这个问题,意见倒一致。他们都以为“至高的善”在“无所为而为的玩索”(**Disinterested Contemplation**)。这种见解在西方哲学思潮上影响极大,斯宾诺莎、黑格尔、叔本华的学说都可以参证。从此可知西方哲人心目中的“至高的善”还是一种美,最高的伦理的活动还是一种艺术的活动了。

朱光潜教授

“无所为而为的玩索”何以看成“至高的善”呢?这个问题涉及西方哲人对于神的观念。从耶稣教盛行之后,神才是一个大慈大悲的道德家。在希腊哲人以及近代莱布尼兹、尼采、叔本华诸人的心目中,神却是一个大艺术家,他造出这个宇宙来,全是为着自己要创造,要欣赏。其实这种见解也并不减低神的身份。耶稣教的神只是一班穷叫花子中的一个肯施舍的财主佬,而一般哲人心中的神,则是以宇宙为乐曲而要在这种乐曲之中见出和谐的音乐家。这两种观念究竟哪一个更伟大呢?在西方哲人眼里,神只是一片精灵,他的活动绝对自由而不受限制,至于人则为肉体的需要所限制而不能绝对自由。人愈能脱肉体需求的限制而作自由活动,则离神亦愈近。

“无所为而为的玩索”是唯一的自由活动,所以成为最上的理想。

这番话似乎有些玄妙,在这里本来不应说及。不过,无论你相信不相信,有许多思想却值得当作一个意象悬在心眼前来玩味玩味。我自己在闲暇时也欢喜看看哲学书籍。老实说,我对于许多哲学家的话都很怀疑,但是我觉得他们有趣。我以为穷到究竟,一切哲学系统也都只能当作艺术作品去看。哲学和科学穷到极境,都是要满足求知的欲望。每一位哲学家和科学家对于他自己所见到的一点真理(无论它是否为真理)都觉得有趣味,都用一股热忱去欣赏它。真理在离开实用而成为情趣中心时就已经是美感的对象了。“地球绕日运行”“勾方加股方等于弦方”一类的科学事实,和《米罗爱神》或《第九交响曲》一样可以摄魂震魄。科学家去寻求这一类的事实,穷到究竟,也正因为它们可以摄魂震魄。所以科学的活动也还是一种艺术的活动,不但善与美是一体,真与美也并没隔阂。

艺术是情趣的活动,艺术的生活也就是情趣丰富的生活。人可以分为两种:一种是情趣丰富的,对于许多事物都觉得有趣味,而且到处寻求享受这种趣味;一种是情趣枯竭的,对于许多事物都觉得没有趣味,也不去寻求趣味,只是终日拼命和蝇蛆在一块争温饱。后者是俗人,前者就是艺术家。情趣愈丰富,生活也愈美满,所谓人生的艺术化就是人生的情趣化。

“学得有趣味”就是欣赏。你是否知道生活,就看你对于许多事物能否欣赏。欣赏也就是“无所为而为的玩索”。在欣赏时,人与神仙一样自由,一样有福。

阿尔卑斯山谷中有一条大汽车路,两旁景物极美,路上插着一个标语劝告游人说:“慢慢走,欣赏啊!”许多人在这车如流水马如龙的世界过活,恰如在阿尔卑斯山谷中乘汽车兜风,匆匆忙忙急驰而过,无暇一回首以流连风景,于是这丰富华丽的世界便成为一个了无生趣的囚牢。这是一件多么可惋惜的事啊!

朋友,在告别之前,我采用阿尔卑斯山路上的标语,在中国人习用语“慢慢走”之后加上三个字奉赠:“慢慢走,欣赏啊!”

科学和艺术是相互补充的。前者能满足我们的理性追求，后者能满足我们感情的渴望。而且有些人生的体验只有借助于艺术才能表述出来。

赵鑫珊

爱因斯坦与艺术

“我从六岁起就跟人学小提琴……真正开始懂音乐还是在我 13 岁左右，爱上了莫扎特奏鸣曲之后。”有一次，爱因斯坦这样回顾往事。

沉浸于美妙旋律中的爱因斯坦

本文选自生活·读书·新知三联出版社 1985 年版《科学·艺术·哲学断思》。作者赵鑫珊系当代学者，散文家。

在他13岁时,又爱上了几何学和康德[①]哲学。因为欧几里得几何[②]的清晰性和可靠性使他激赏不已。此外,当他读完了《纯粹理性批判》,康德又成了他最喜爱的哲学家。

从此以后,科学、艺术和哲学作为一个整体便成了他一生的三大支柱,成了他的血和肉。

平常我们谈论较多的是作为科学家的爱因斯坦,而对艺术家和哲学家的爱因斯坦则较少提到,尤其是对爱因斯坦与艺术的关系,几乎没有触及、发掘。这不论对美学界、科学界和教育界认识爱因斯坦,都是一大憾事。实际上,探讨爱因斯坦与艺术的关系,至少有两重意义:揭示科学与艺术的互补性和统一性;加深我们对艺术本质的认识。

在所有的艺术中,爱因斯坦最推崇西方古典音乐,对巴赫、莫扎特和贝多芬的作品,他尤其酷爱。有一次,有人问他对巴赫有何见解,爱因斯坦回答说,关于巴赫的作品和生平,我们只有聆听它,演奏它,敬他,爱他,而不要发什么议论!

爱因斯坦几乎每天都要拉琴。在他紧张思索光量子假说[③]和广义相对论[④]的日子里,每当他遇到了困难,他就放下笔,拿起琴弓。那优美、和谐、充满了想象力的旋律,有助他对物理学的深思,引导他在数学王国里作自由、创造性的遐想。对他的科学创见和思想闪光,音乐往往起了催化作用。

爱因斯坦不仅是一名有造诣的小提琴家,而且还能弹一手好

---

① 康德(1724—1804)是德国哲学家,18世纪德国古典哲学的代表人物之一。代表作有《纯粹理性批判》《实践理性批判》《判断力批判》等。

② 欧几里得几何是古希腊数学的杰出成就之一,指欧几里得(约公元前300年)的《几何原本》和其他同样风格的著作中的材料。它构造了几何的一种公理化演绎体系,从来源于经验的公认的原则推理出一些相当深刻的定理,其中一些至今仍是数学中的重要部分。

③ 光量子假说指爱因斯坦提出的光子假说:一个光子的能量为$h\upsilon$,h为普朗克常数,υ为光的频率。

④ 广义相对论是相对论的一部分,是一种引力理论,由爱因斯坦于1905年创立狭义相对论以后经10年研究后提出,是现代物理学的理论基础。

爱因斯坦工作过的地方

钢琴。最意味深长的动人情景是,他常常同普朗克[①]在一起演奏贝多芬的作品。弹钢琴者是量子论创始人普朗克,演奏小提琴者,则是相对论创始人爱因斯坦。量子论与相对论共同构成了20世纪物理科学两大支柱。在科学上,他们共同描绘了物理学的一幅优美的图景,在音乐艺术中,他们同样能奏出扣人心弦的乐曲。在这两位理论物理学大师的心目中,科学的美和艺术的美是相通的,是世界最高最美的两个侧面。只有科学的美,没有艺术的美,是残缺的;反之亦然。

除音乐外,爱因斯坦还推崇文学。他热爱莎士比亚、歌德、海涅、陀思妥耶夫斯基和萧伯纳。在他青年时代,他常常同友人在一起朗诵海涅的《哈尔茨山游记》,大家知道,高斯[②]是十八、十九世纪德国伟大数学家,可是爱因斯坦心目中,陀思妥耶夫斯基比高斯更重要。听听他自己的话吧:“陀思妥耶夫斯基给我的东西比任何科学家给我的都要多,比高斯还多!”爱因斯坦如此重视文学艺术的作用,对我们搞教育和自然科学的人来说,不是可以引起深

① 普朗克(1858—1947)是德国物理学家,因提出量子假说而获得1918年诺贝尔物理学奖。

② 高斯(1777—1855)是德国数学家,与阿基米德、牛顿并称为历史上最伟大的数学家。

思吗？

对于爱因斯坦，文学艺术的作用决不仅仅是娱乐和消遣。他对艺术的执着追求，恰如他献身于物理学一样，乃是出于精神生命的需要，出于他的人生观和世界观，出于一种“死生之地，存亡之道，不可不察”①的必要性。

在《我的世界观》一文中，爱因斯坦写道：

> 我从来就不把安逸和享乐看成是生活目的本身——这种伦理基础，我叫它猪栏的理想。照亮我的道路，并不断给我新的勇气去愉快地正视生活的理想，是善、美、真……要不是全神贯注于那个在艺术和科学研究领域永远也达不到终点的对象，那么人生在我看来也就是空虚的。

在他的心目中，艺术和科学之所以具有永久的魅力，并不是因为它们是两个闪闪发光、可以放在口袋里永远占有的金币，而是两个无限的、永远也没有终点的世界。从事艺术和科学的最大乐趣不是占有，而是不断地追求。有人以“将进酒，杯莫停！……但愿长醉不复醒”为人生最大乐趣，对于爱因斯坦，“销万古愁”的方法不是举杯长醉，而是无止境地从事科学、艺术活动。在他漫长而多艰的一生里，音乐和物理学都是一种莫大的精神安慰。

此外，他极力推崇文学艺术，也是因为他深深懂得它们的伦理价值。爱因斯坦认为，文学艺术的最大价值就在于能提高人们的精神境界。他确信：“个人的生命只有当它用来使一切有生命的东西都生活得更高尚、更优美时才有意义。”而大艺术家在这方面的作用往往要胜过科学。也许这便是他对陀思妥耶夫斯基的作品

---

① “死生之地……不可不察”引自《孙子兵法·始计第一》：“兵者，国之大事，死生之地，存亡之道，不可不察也。”

给予高度评价的原因。值得我们注意的是,爱因斯坦同卡夫卡这位生前无名、死后殊荣的奥地利作家也有过交往。卡夫卡说:“我总是企图传播某种不能言传的东西,解释某种难以解释的事情。”卡夫卡把文学艺术看成是探索世界秘密的决定性手段的见解,恐怕在爱因斯坦心中引起强烈的共鸣。因为这位伟大科学家一再宣称:音乐和物理学领域中的研究工作在起源上尽管不同,却被共同的目标联系着,这就是对企图表述未知的东西,它们的反应是不同的,可是它们互相补充着。至于艺术上和科学上的创造,那么,摆脱日常生活的单调乏味,和在这个充满着由我们创造的形象的世界中寻找宽慰的愿望,才是最强有力的动机。这个世界可以由音乐的音符组成,也可以由数学公式组成。在这些伟大的科学家眼里,世界本来是丰富的。

这无疑充分表述了爱因斯坦同艺术之所以具有密切关系的深厚根源。的确,科学和艺术是相互补充的。前者能满足我们的理性追求,后者能满足我们感情的渴望。而且有些人生的体验(如一种朦胧的、只可意会不可言传的情绪)只有借助于艺术才能表述出来。

肖邦在夜曲中所陈述的情感,凡·高在画布上所表达的心绪,以及陈子昂的“前不见古人,后不见来者;念天地之悠悠,独怆然而涕下”,就绝不是相对论和量子论能说清楚,讲明白的。

在爱因斯坦看来,科学和艺术之所以值得追求,还因为它们体现了一种绝对和谐的美。“三角形的三个高交于一点”,这一几何命题就具有高超的逻辑美,它在人们心中所激起的美感同贝多芬的《田园交响曲》在人们心中激起的美感是相通的,等价的。真正追求科学美的人,往往也会极力推崇艺术的美。正因为这样,爱因斯坦才经常把科学的伟大成就比作是“思想领域中最高的音乐神韵”,并把美国著名实验物理学家迈克耳孙①称之为“艺术家”(的

① 迈克耳孙(1852—1931)是美国物理学家。制作精密的光学仪器迈克耳孙干涉仪,并用它进行光谱学和计量学方面的研究,1907年获诺贝尔物理学奖。

确,大数学家和大物理学家在某种意义上都是艺术家)。

在爱因斯坦看来,科学和艺术之所以是相通的,还在于两者均要以丰富的想象力为心理背景。倘若没有诗人般的想象力,爱因斯坦怎能以惊人的洞察力阐明相对性原理?他自己就一再强调:“想象力比知识更重要。”艺术的想象力,往往会刺激科学所必需的想象力。我想,这也是爱因斯坦左脚踏在科学上,右脚踏在艺术上的原因之一。

近年来,常听到人们提出这样一个问题:为什么我国不能造就出一位爱因斯坦?原因也许是多方面的。一般说来,造就一位爱因斯坦需要有广阔而深邃的文化背景。其中艺术素养便是一大因素。如果爱因斯坦对艺术的美无动于衷,人们有充分理由可以怀疑他心中是否能树立起科学(真理)的美学标准。而没有这种标准,他就难以在科学上作出划时代的贡献。

音乐、绘画和文学诚然不会直接教你如何去解微分方程,却能拓展你的文化背景,丰富你的想象力,提高你的审美感和精神境界,从而有助于你成为爱因斯坦。

不少伟大的数学家,以文学、音乐来培养自己的气质,与古人神交,直追数学的本源,来达到高超的意境。

丘成桐

数学与中国文学的比较

很多人会觉得我今日的讲题有些奇怪,中国文学与数学好像是风马牛不相及的,我却来讨论它。其实,这关乎个人的感受和爱好,不见得其他数学家有同样的感觉,“如人饮水,冷暖自知”。每个人的成长和风格跟他的文化背景、家庭教育有莫大的关系。我幼受庭训,影响我至深的是中国文学,而我最大的兴趣是数学,所以将它们做一个比较,对我来说是相当有意义的事。

中国古代文学记载最早的是诗三百篇,有风雅颂,既有民间抒情之歌,朝廷礼仪之作,也有歌颂或讽刺当政者之曲。至孔子时,文学为君子立德和陶冶民风而服务。战国时,诸子百家都有著述,在文学上有重要的贡献,但是诸子如韩非却轻视文学之士。屈原开千古辞赋之先河,毕生之志却在楚国的复兴。文学本身在古代

本文选自《传记文学》2006年第1期。作者丘成桐系数学家。1949年生于广东汕头市,1966年进入香港中文大学数学系,大三时被一代几何学宗师陈省身发现,破格成为美国加州大学伯克利分校的研究生。22岁时获博士学位。现任美国哈佛大学教授,美国科学院院士、中国科学院首批外籍院士、俄罗斯科学院外籍院士等。丘成桐解决了一系列猜想和重大课题,以他的研究命名的卡拉比-丘流形在数学与理论物理上发挥了重要作用。1982年,年仅33岁的丘成桐教授荣获有数学诺贝尔奖之称的“菲尔兹奖”,以后又相继获罗克阿瑟奖(1985)、克拉福德奖(1994)、美国国家科学奖(1997)、沃尔夫数学奖(2010)、马赛尔·格罗斯曼奖(2018)等奖项。

社会没有占据到重要的地位。司马迁甚至说：“文史、星历，近乎卜祝之间，固主上所戏弄，倡优畜之，流俗之所轻也。”一直到曹丕才全面肯定文学本身的重要性：“盖文章，经国之大业，不朽之盛事。”即便如此，曹丕的弟弟曹植却不以为文学能与治国的重要性相比。他写信给他的朋友杨修说：“吾虽德薄，位为蕃侯，犹庶几戮力上国，流惠下民，建永世之业，留金石之功。岂徒以翰墨为勋绩，辞赋为君子哉。”

至于数学，中国儒家将它放在六艺之末，是一个辅助性的学问。当政者更视之为雕虫小技，与文学比较，连歌颂朝廷的能力都没有。政府对数学的尊重要到近年来才有极大的改进。西方则不然，希腊哲人以数学为万学之基。柏拉图以通几何为入其门之先决条件，所以数学家得到崇高地位，数学在西方蓬勃发展了两千多年。

数学之基本意义

数学之为学，有其独特之处，它本身是寻求自然界真相的一门科学，但数学家也如文学家般天马行空，凭爱好而创作。故此，数学可说是人文科学和自然科学的桥梁。

数学家研究大自然所提供的一切素材，寻找它们共同的规律，用数学的方法表达出来。这里所说的大自然比一般人所了解的来得广泛，我们认为数字、几何图形和各种有意义的规律都是自然界的一部分，我们希望用简洁的数学语言将这些自然现象的本质表现出来。

数学是一门公理化的科学。所有命题必须由三段论证的逻辑方法推导出来，但这只是数学的形式，而不是数学的精髓。大部分数学著作枯燥乏味，而有些却令人叹为观止，其中的分别在哪里？

大略言之，数学家以其对大自然感受的深刻肤浅来决定研究的方向，这种感受既有其客观性，也有其主观性，后者则取决于个人的气质。气质与文化修养有关，无论是选择悬而未决的难题，或者创造新的方向，文化修养皆起着关键性的作用。文化修养是以数学的功夫为基础，自然科学为副，但是深厚的人文知识也极为要紧，因为人文知识也致力于描述心灵对大自然的感受，所以司马迁写《史记》除了“通古今之变”外，也要“究天人之际”。

刘勰在《文心雕龙·原道篇》说：文章之道在于“写天地之辉光，晓生民之耳目”。刘勰以为文章之可贵，在于尚自然，贵文采。他又说：

> 人与天地相参，乃性灵所集聚，是以谓之三才，为五行之秀气，实天地之灵气。灵心既生，于是语言以立。语言既立，于是文章着明，此亦源于自然之道也。

《文心雕龙·风骨》云：“诗总六义，风冠其首，斯乃化感之本源，志气之符契也。”

历代的大数学家如阿基米德、牛顿莫不以自然为宗，见物象而思数学之所出，即有微积分的创作。费马和欧拉对变分法的开创性发明也是由于探索自然界的现象而引起的。近代几何学的创始人高斯认为几何和物理不可分，他说：

> 我越来越确信几何的必然性无法被验证，至少现在无法被人类或为了人类而验证，我们或许能在未来领悟到那无法知晓的空间的本质。我们无法把几何和纯粹是先验的算术归为一类，几何和力学却不可分割。

20世纪几何学的发展，则因物理学上重要的突破而屡次改变其航道。当狄拉克把狭义相对论用到量子化的电子运动理论时，发现了狄拉克方程，以后的发展连狄拉克本人也叹为观止，认为他的方程比他的想象来得美妙，这个方程在近代几何的发展起着关键性的贡献，我们对旋子的描述缺乏直观的几何感觉，但它出于自然，自然界赋予几何的威力可说是无微不至。

广义相对论提出了场方程，它的几何结构成为几何学家梦寐以求的对象，因为它能赋予空间一个调和而完美的结构。我研究这种几何结构垂三十年，时而迷惘，时而兴奋，自觉同《诗经》《楚辞》的作者或晋朝的陶渊明一样，与大自然浑然一体，自得其趣。

捕捉大自然的真和美，实远胜于一切人为的造作，正如《文心雕龙》说的："云霞雕色，有逾画工之妙。草木贲华，无待锦匠之奇，夫岂外饰，盖自然耳。"

在空间上是否存在满足引力场方程的几何结构，是一个极为重要的物理问题，它也逐渐地变成几何中伟大的问题。尽管其他几何学家都不相信它存在，我却锲而不舍，不分昼夜地去研究它，就如屈原所说："亦余心之所善兮，虽九死其犹未悔。"

我花了五年工夫，终于找到了具有超对称的引力场结构，并将它创造成数学上的重要工具。当时的心境可以用以下两句来描述："落花人独立，微雨燕双飞。"（宋·晏几道《临江仙·梦后楼台高锁》）

以后大批的弦理论学家参与研究这个结构，得出很多深入的结果。刚开始时，我的朋友们都对这类问题敬而远之，不愿意与物理学家打交道。但我深信造化不致弄人，回顾十多年来在这方面的研究尚算满意，现在卡拉比－丘空间的理论已经成为数学的一支主流。

数学的文采

数学的文采，表现于简洁，寥寥数语，便能道出不同现象的法则，甚至在自然界中发挥作用，这是数学优雅美丽的地方。我的老师陈省身先生创作的陈氏类，就文采斐然，令人赞叹。它在扭曲的空间中找到简洁的不变量，在现象界中成为物理学界求量子化的主要工具，可说是描述大自然美丽的诗篇，直如陶渊明"采菊东篱下，悠然见南山"的意境。

从欧氏几何的公理化到笛卡儿创立的解析几何，到牛顿、莱布尼茨的微积分,到高斯、黎曼创立的内蕴几何,一直到与物理学水乳相融的近代几何,都以简洁而富于变化为宗,其文采绝不逊色于任何一件文学创作,它们发轫的时代与文艺兴起的时代相同,绝对不是巧合。

数学家在开创新的数学想法的时候,可以看到高雅的文采和崭新的风格,例如欧几里得证明存在无穷多个素数,开创反证法的先河。高斯研究十七边形的对称群,使伽罗瓦群成为数论的骨干。这些研究异军突起,论断华茂,使人想起五言诗的始祖苏(武)李(陵)唱和诗以及词的始祖李太白的《忆秦娥》。

数学中的赋比兴

中国诗词都讲究比兴。钟嵘在《诗品》中说:“文已尽而意有余,兴也。因物喻志,比也。”

数学家丘成桐

刘勰在《文心雕龙》中说:“故比者,附也。兴者,起也。附理者切类以指事,起情者依微以拟议。起情故兴体以立,附理故比例以生。”

白居易:“噫,风雪花草之物《三百篇》中岂舍之乎?顾所用何如耳,设如北风其凉,假风以刺威虐也,雨雪霏霏,因雪以愍征役也……比兴发于此而义归于彼。”他批评谢朓诗:“‘余霞散成绮,澄江净如练。’丽则丽矣,吾不知其所讽焉,故仆所谓嘲风雪,弄花草而已,文意尽去矣。”

有深度的文学作品必须要有“义”、有“讽”、有“比兴”。数学亦如是。我们在寻求真知时,往往只能凭已有的经验,因循研究的大方向,凭我们对大自然的感觉而向前迈进,这种感觉是相当主观的,因个人的文化修养而定。

文学家为了达到最佳意境的描述,不见得忠实地描写现象界,例如贾岛只追究“僧推月下门”或是“僧敲月下门”的意境,而不在乎所说的是不同的事实。数学家为了创造美好的理论,也不必依随大自然的规律,只要逻辑推导没有问题,就可以尽情地发挥想象力。然而文章终究有高下之分,大致来说,好的文章“比兴”的手法总会比较丰富。

中国《古诗十九首》,作者年代不详,但大家都认为是汉代的作品。刘勰说:“比采而推,两汉之作乎。”这是从诗的结构和风格进行推敲而得出的结论。在数学的研究过程中,我们亦利用对比的方法去寻找真理。我们创造新的方向时,不必凭实验,而是凭数学的文化涵养去猜测去求证。

举例而言,三十年前我提出一个猜测,断言三维球面里的光滑极小曲面,其第一特征值等于2。当时这些曲面例子不多,只是凭直觉,利用相关情况模拟而得出的猜测,最近有数学家写了一篇文章证明这个猜想。其实我的看法与文学上的比兴很相似。

我们看《洛神赋》:“翩若惊鸿,婉若游龙。荣曜秋菊,华茂春松。髣髴兮若轻云之蔽月,飘飖兮若流风之回雪。”由比喻来刻画女神的体态。又看《诗经》:“高山仰止,景行行止。四牡騑騑,六辔如琴,覯尔新婚,以慰我心。”也是用对比的方法来描写新婚的心情。

我一方面想象三维球的极小子曲面应当是如何的匀称,一方面想象第一谱函数能够同空间的线性函数比较该有多妙,通过原点的平面将曲面最多切成两块,于是猜想这两个函数应当相等,同时第一特征值等于2。

当时我与卡拉比(**Calabi**)教授讨论这个问题,他也相信这个猜测是对的。旁边我的一位研究生问为什么会做这样的猜测,不待我回答,卡拉比便微笑说“这就是洞察力了”。

数学上常见的对比方法乃是低维空间和高维空间现象的对

比。我们虽然看不到高维空间的事物,但可以看到一维或二维的现象,并由此来推测高维的变化。我在当研究生时企图将二维空间的单值化原理推广到高维空间,得到一些漂亮的猜测,我认为曲率的正或负可以作为复结构的指向,这个看法影响至今,可以溯源到 19 世纪和 20 世纪初期曲率和保角映射关系的研究。

另外一个对比的方法乃是数学不同分支的比较。记得我从前用爱氏结构证明代数几何中一个重要不等式时,日本数学家宫冈(**Miyaoka**)利用俄国数学家博戈莫洛夫(**Bogomolov**)的代数稳定性理论也给出这个不等式的不同证明,因此我深信爱氏结构和流形的代数稳定有密切的关系,这三十年来的发展也确是朝这个方向蓬勃地进行。

事实上,爱因斯坦的广义相对论也是对比各种不同的学问而创造成功的,它是科学史上最伟大的构思,可以说是惊天地而泣鬼神的工作。它统一了古典的引力理论和狭义相对论。爱氏花了十年工夫,基于等价原理,比较了各种描述引力场的方法,巧妙地用几何张量来表达引力场,将时空观念全盘翻新。

爱氏所用的工具是黎曼几何,乃是黎曼比他早五十年发展出来的,当时的几何学家唯一的工具是对比,在古典微积分、双曲几何和流形理论的模拟后得出来的漂亮理论。反过来说,广义相对论给黎曼几何注入了新的生命。

20 世纪数论的一个大突破乃是算术几何的产生,利用群表示理论为桥梁,将古典的代数几何、拓扑学和代数数论比较,有如瑰丽的歌曲,它的发展势不可挡,气势如虹,“天之所开,不可当也”。韦伊(**A. Weil**)研究代数曲线在有限域上解的问题后,得出高维代数流形有限域解的猜测,推广了代数流形的基本意义,直接影响了近代数学的发展。筹学所问,无过于此矣。

伟大的数学家远瞩高瞻,看出整个学问的大流,有很多合作者和跟随者将支架建立起来,解决很多重要的问题。曹雪芹创作《红楼梦》时,也是一样,全书既有真实,亦有虚构;既有前人小说如《西厢记》《金瓶梅》《牡丹亭》等的踪迹，亦有作者家族凋零、爱情悲剧的经验，通过各种不同人物的话语和生命历程，道出了封建社会大家族的腐败和破落。《红楼梦》的写作影响了清代小说垂二百年。

《西厢记》和《牡丹亭》的每一段写作和描述男女主角的手法都极为上乘，但是全书的结构则是一般的佳人才子写法，由《金瓶梅》进步到《红楼梦》则小处和大局俱佳。

这点与数学的发展极为相似，从局部的结构发展到大范围的结构是近代数学发展的一个过程。往往通过比兴的手法来处理。几何学和数论都有这一段历史，代数几何学家在研究奇异点时通过爆炸的手段，有如将整个世界浓缩在一点。微分几何和广义相对论所见到的奇异点比代数流形复杂，但是也希望从局部开始，逐渐了解整体结构。数论专家研究局部结构时则通过素数的模方法，将算术流形变成有限域上的几何，然后跟大范围的算术几何对比，得出丰富的结果。数论学家在研究朗兰兹理论时也多从局部理论开始。

好的作品需要赋、比、兴并用。钟嵘《诗品》："直书其事，寓言写物，赋也。宏斯三义，酌而用之，干之以风力，润之以丹采，使味之者无极，闻之者动心，是诗之至也。若专用比兴，患在意深，意深则词踬。若但用赋体，则患在意浮，意浮则文散……"

在数学上，对非线性微分方程和流体方程的深入了解，很多时候需要靠计算器来验算。很多数学家有能力做大量的计算，却不从大处着想，没有将计算的内容与数学其他分支比较，没有办法得到深入的看法，反过来说只讲观念比较，不作大量计算，最终也无法深入创新。

有些工作却包含赋、比、兴三种不同的精义。近五十年来数论上一个伟大的突破是由英国人伯奇（**Birch**）和斯温奈顿 - 戴尔（**Swinneton - Dyer**）提出的一个猜测，开始时用计算器大量计算，找出 **L** 函数和椭圆曲线的整数解的联系，与数论上各个不同的分支比较接合，妙不可言，这是赋、比、兴都有的传世之作。

数学家对事物看法的多面性

由于文学家对事物有不同的感受，同一事或同一物可以产生不同的吟咏。例如对杨柳的描述：

温庭筠："柳丝长，春雨细……"

吴文英："一丝柳，一寸柔情，料峭春寒中酒……"

李白："年年柳色，灞陵伤别。""风吹柳花满店香，吴姬压酒唤客尝。"

丘成桐在演讲

周邦彦："柳阴直，烟里丝丝弄碧，隋堤上，曾见几番，拂水飘绵送行色……长亭路，年去岁来，应折柔条过千尺。"

晏几道："舞低杨柳楼心月，歌尽桃花扇底风。"

柳枝既然是柔条，又有春天时的嫩绿，因此可以代表柔情，女性体态的柔软（柳腰、柳眉都是用柳条来描写女性），又可以描写离别感情和青春的感觉。

对事物有不同的感受后，往往通过比兴的方法另有所指，例如"美人"有多重意思，除了指美丽的女子外，也可以指君主：屈原《九章》"结微情以陈词兮，矫以遗夫美人"。也可以指品德美好的人：《诗经・邶风》中的"云谁之思，西方美人"，苏轼《赤壁赋》中的"望美人兮天一方"。

数学家对某些重要的定理，也会提出很多不同的证明。例如勾股定理的不同证明有十个以上，等周不等式亦有五六个证明，高斯则给出数论对偶定律六个不同的看法。不同的证明让我们以不同的角度去理解同一个事实，往往引导出数学上不同的发展。

记得三十年前我利用分析的方法来证明完备而非紧致的正曲率空间有无穷大体积后，几何学家格罗莫夫（Gromov）开始时不相信这个证明，以后他找出我证明方法的几何直观意义后，发展出他的几何理论，这两个不同观念都有它们的重要性。

小平邦彦（**Kunihiko Kodaira**）有一个极为重要的贡献叫作“消没定理”，是用曲率的方法来得到的，它在代数几何学上有奠基性的贡献，代数几何学家都不断地企图找寻一个纯代数的证明，希望对算术几何有比较深入的了解。

对空间中的曲面，微分几何学家会问它的曲率如何，有些分析学家希望沿着曲率方向来推动它，看看有什么变化，代数几何学家可以考虑它可否用多项式来表示，数论学家会问上面有没有整数格点。这种种主观的感受由我们的修养来主导。

反过来说，文学家对同一事物亦有不同的歌咏，但在创作的工具上有比较统一的对仗韵律的讲究，可以应用到各种不同的文体。从数学的观点来说，对仗韵律是一种对称，而对称的观念在数学发展至为紧要，是所有数学分支的共同工具。另外，数学家又喜欢用代数的方法来表达空间的结构，同调群乃是重要的例子，由拓扑学出发而应用到群论、代数、数论和微分方程学上去。

数学的意境

王国维在《人间词话》中说：

> 词以境界为最上。有境界，则自成高格……有造境，有写境，此理想与写实二派之所由分。然二者颇难分别，因大诗人所造之境必合乎自然，所写之境亦必邻于理想故也。有有我之境，有无我之境。“泪眼问花花不语，乱红飞过秋千去。”……有我之境也。“采菊东篱下，悠然见南山。”……无我之境也。有我之境，以我观物，故物皆着我之色彩。无我之境，以物观物，故不知何者为我，何者为物……无我之境，人惟于静中得之。有我之境，于由动入静时得之。故一优美，一宏壮也。自然中之物，互

相关系,互相限制。然其写之于文学及美术中也,必遗其关系限制之处。故虽写实家亦理想家也。又虽如何虚构之境,其材料必求之于自然,而其构造亦必从自然之法律。故理想家亦写实家也。

数学研究当然也有境界的概念,在某种程度上也可谈有我之境、无我之境。当年欧拉开创变分法和推导流体方程,由自然现象引导,可谓无我之境。他又凭自己的想象力研究发散级数,而得到 **zeta** 函数的种种重要结果,开三百年数论之先河,可谓有我之境矣。另外一个例子是法国数学家格罗滕迪克(**A. Grothendieck**),他著述极丰,以个人的哲学观点和美感出发,竟然不用实例,建立了近代代数几何的基础,真可谓有我之境矣。

在几何的研究中,我们发现狄拉克在物理上发现的旋子在几何结构中有魔术性的能力,我们不知道它内在的几何意义,它却替我们找到几何结构中的精髓。在应用旋子理论时,我们常用的手段是通过所谓消没定理而完成的,这是一件很微妙的事情,我们制造了曲率而让曲率自动发酵去证明一些几何量的不存在,可谓无我之境矣。以前我提出用爱因斯坦结构来证明代数几何的问题和用调和映像来看研究几何结构的刚性问题也可作如是观。不少伟大的数学家,以文学、音乐来培养自己的气质,与古人神交,直追数学的本源,来达到高超的意境。

《文心雕龙·神思》说:“文之思也,其神远矣。故寂然凝虑,思接千载;悄焉动容,视通万里。吟咏之间,吐纳珠玉之声;眉睫之前,卷舒风云之色,其思理之致乎。”

数学的品评

好的工作应当是文已尽而意有余,大部分数学文章质朴无文,流俗所好,不过两三年耳。但是有创意的文章,未必为时所好,往往十数年后始见其功。

我曾经用一个崭新的方法去研究调和函数,以后与几位朋友一同改进了这个方法,成为热方程的一个重要工具。开始时没有得到别人的赞赏,直到最近五年大家才领会到它的潜力。然而我们还是锲而不舍地去研究,觉得意犹未尽。

我的老师陈省身先生在他的文集中引杜甫诗"文章千古事,得失寸心知。"而杜甫就曾批评初唐四杰的作品:"王杨卢骆当时体,轻薄为文哂未休,尔曹身与名俱灭,不废江河万古流。"

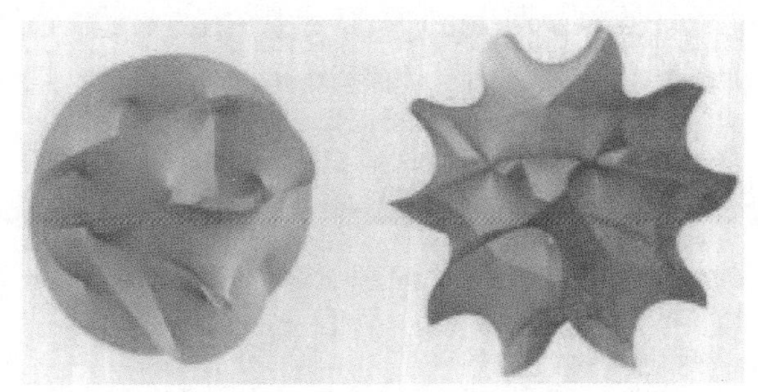

卡拉比-丘空间示意图

时俗所好的作品,不必为作者本人所认同。举个例子,白居易留传至今的诗甚多,最出名之一是《长恨歌》,但他给元微之的信中说:"及再来长安,又闻有军使欲聘倡伎,伎大夸曰:'我诵得白学士《长恨歌》,岂同他伎哉。'……诸伎见仆来,指而相顾曰:'此是《秦中吟》《长恨歌》主耳。'自长安抵江西,三四千里……每每有咏仆诗者,此诚雕虫之技,不足为多,然今时俗所重,正在此耳。"

白居易说谢朓的诗丽而无讽。其实建安以后,绮丽为文的作者甚众。亦自有其佳处,毕竟钟嵘评谢朓诗为中品,以后六朝骈文、五代《花间集》以至近代的鸳鸯蝴蝶派都是绮丽为文。虽未臻上乘,却有赏心悦目之句。

数学华丽的作品可从泛函分析这种比较广泛的学问中找到,虽然有其美丽和重要性,但与自然之道总是隔了一层。举例来说,从函数空间抽象出来的一个重要概念叫作巴拿赫空间，在微分方程中有很重要的功用，但是以后很多数学家为了研究这种空间而不断地推广，例如有界算子是否存在不变空间的问题，确是漂亮，但在数学大流上却并未激起任何波澜。

在20世纪70年代，高维拓扑的研究已成强弩之末，作品虽然不少，但真正有价值的不多，有如“野云孤飞，去留无迹”。文气已尽，再无新的比兴了。当时有拓扑学者做群作用于流形的研究，确也得到某些人的重视。但是到了80年代，值得怀念的工作只有博特（**Bott**）的局部化定理。能经得起时间考验的工作寥寥无几，政府评审人才应当以此为首选。历年来以文章篇数和被引用多寡来做指标，使得国内的数学工作者水平大不如人，不单与自然隔绝，连华丽的文章都难以看到。

数学的演化

王国维说：“四言敝而有楚辞，楚辞敝而有五言，五言敝而有七言，古诗敝而有律绝，律绝敝而有词。盖文体通行既久，染指遂多，自成陈套。豪杰之士亦难于中自出新意，故往往遁而作他体以发表其思想感情。一切文体所以始盛终衰者，皆由于此，故谓文学今不如古，余未敢信。但就一体论，则此说固无以易也。”

数学的演化和文学有极为类似的变迁。从平面几何至立体几何，至微分几何等，一方面是工具得到改进，另一方面是对自然界有进一步的了解，将原来所认识的数学结构的美发挥尽致后，需要进入新的境界。江山代有人才，能够带领我们进入新的境界的都是好的数学。上面谈到的高维拓扑文气已尽，假使它能与微分几何、数学物理和算术几何组合变化，亦可振翼高翔。

我在香港念数学时，读到苏联数学家盖尔范德（**I. Gelfand**）的看法，用函数来描述空间的几何性质，使我感触良深，以后在研究院时才知道。代数几何学家也用有理函数来定义代数空间，于是我猜想一般的黎曼流形应当也可以用函数来描述空间的结构。但是为了深入了解流形的几何性质，我们需要的函数必须由几何引出的微分方程来定义。可是一般几何学家厌恶微分方程，我对它却情有独钟，与几位朋友合作将非线性方程带入几何学，开创了几何分析这门学问，解决了拓扑学和广义相对论一些重要问题。在 1981 年时我建议友人哈密顿(**Hamilton**)用他创造的方程去解决三维拓扑的基本结构问题，二十多年来他引进了不少重要的工具，运用上述我和李伟光在热方程的工作，深入地了解奇异点的产生。两年前俄国数学家普雷尔曼(**Perelman**)更进一步地推广了这个理论，很可能完成了我的愿望，将几何和三维拓扑带进了新纪元。

八年前我访问北京，提出全国向哈密顿先生学习的口号，本来讨论班已经进行，却给一些急功近利的北京学者阻止，在国外也遇到同样的阻力，中国几何分析不能进步都是由于年轻学者不能够自由发展思想的缘故。广州的朱熹平却锲而不舍，他的工作已经远超国内外成名的中国学者。

当一个大问题悬而未决的时候，我们往往以为数学之难莫过于此。待问题解决后，前途豁然开朗，看到比原来更为灿烂的火花，就会有不同的感受。

这点可以跟《庄子 · 秋水篇》比较：“秋水时至，百川灌河。泾流之大，两涘渚崖之间，不辨牛马。于是焉，河伯欣然自喜，以天下之美为尽在己。顺流而东行，至于北海。东面而视，不见水端。于是焉，河伯始旋其面目，望洋向若而叹曰：‘野语有之曰：闻道百，以为莫己若者，我之谓也。且夫我尝闻少仲尼之闻，而轻伯夷之义者，始吾弗信，今我睹子之难穷也。吾非至于子之门，则殆矣。吾长见笑于大方之家。’”

科学家对自然界的了解，都是循序渐进，在不同的时空自然会有不同的感受。有学生略识之无后，不知创作之难，就连陈省身先生的大作都看不上眼，自以为见识更为丰富，不自见之患也。人贵自知，始能进步。

庄子：“今尔出于崖涘，观于大海，乃知尔丑，尔将可与语大理矣。”

我曾经参观德国的哥廷根大学，看到19世纪和20世纪伟大科学家的手稿，他们传世的作品只是他们工作的一部分，很多杰作都还未发表，使我深为惭愧而钦佩他们的胸襟。今人则不然，大量模仿，甚至将名作稍为改动，据为己有，尽快发表，或申请院士，或自炫为学术宗匠，于古人何如哉。

数学的感情

为了达到深远的效果，数学家需要找寻问题的精华所在，需要不断地培养我们对问题的感情和技巧，这一点与孟子所说的养气相似。气有清浊，如何寻找数学的魂魄，在乎我们的文化修养。

白居易说：“圣人感人心而天下和平，感人心者，莫先乎情，莫始乎言，莫切乎声，莫深乎义……未有声入而不应，情交而不感者。”

严羽《沧浪诗话》：“盛唐诸公唯在兴趣，羚羊挂角，无迹可求。故其妙处，透澈玲珑，不可凑拍，如空中之音，相中之色，水中之影，镜中之像，言有尽而意无穷。”

我的朋友哈密顿先生，一见到问题可以用曲率来推动，他就眉飞色舞。另外一位澳洲来的学生，见到与爱因斯坦方程有关的几何现象就赶快找寻它的物理意义，兴奋异常，因此他们的文章都是清纯可喜。反过来说，有些成名的学者，文章甚多，但陈陈相因，了无新意。这是对自然界、对数学问题没有感情的现象，反而对名位权利特别重视。为了院士或政协委员的名衔而甘愿千里仆仆风尘地奔波，在这种情形下，难以想象他们对数学、对自然界有深厚的感情。

数学的感情是需要培养的，慎于交友才能够培养气质。博学多闻，感慨始深，堂庑始大。欧阳永叔说：“人间自是有情痴，此恨不关风与月。”“直须看尽洛城花，始与东风容易别。”能够有这样的感情，才能够达到晏殊所说：“昨夜西风凋碧树，独上高楼，望尽天涯路。”

浓厚的感情使我们对研究的对象产生直觉，这种直觉看对象而定，例如在几何上叫作几何直觉。好的数学家会将这种直觉写出来，有时可以用来证明定理，有时可以用来猜测新的命题或提出新的学说。

但数学毕竟是说理的学问，不可能极度主观。《诗经》中的《蓼莪》《黍离》，屈原的《离骚》《九江》，李陵与苏武的河梁送别，陈思王的归藩伤逝，李后主的忆江南，宋徽宗念故宫，俱是以血书成、直抒胸臆，非论证之学所能及也。

数学的应用

王国维说：“诗人对宇宙人生，须入乎其内，又须出乎其外。入乎其内，故能写之。出乎其外，故能观之。入乎其内，故有生气。出乎其外，故有高致。美成能入而不出。白石以降，于此二事皆未梦见。”“词之雅郑，在神不在貌。永叔、少游虽作艳语，终有品格。方之美成，便有淑女与娼妓之别。”

数学除与自然相交外，也与人为的事物相接触，很多数学问题都是纯工程上的问题。有些数学家毕生接触的都是现象界的问题，可谓入乎其内。大数学家如欧拉、傅里叶、高斯、维纳、冯·诺伊曼等都能入乎其内，出乎其外，既能将抽象的数学在工程学上应用，又能在实用的科学中找出共同的理念而发展出有意义的数学。反过来说，有些应用数学家只用计算器作出一些计算，不求甚解，可谓二者皆未见矣。

傅里叶在研究波的分解时，得出傅里叶级数的展开方法，不但成为应用科学最重要的工具，在基本数学上的贡献也是不可磨灭的。近代孤立子的发展和几何光学的研究，都在基本数学上占了一个重要的位置。

应用数学对基本数学的贡献可与元剧比较。王国维评元剧：“其作剧也，非有藏之名山，传之其人之意也。彼以意兴之所至为之,以自娱娱人。关目之拙劣,所不问也;思想之卑陋,所不讳也;人物之矛盾,所不顾也。彼但摹写其胸中之感想与时代之情状,而真挚之理与秀杰之气,时流露于其间。"

例如金融数学旨在谋利,应用随机过程理论,间有可观的数学内容。正如王国维评古诗"何不策高足,先据要路津,无为久贫贱,轗轲长苦辛",认为"无视其鄙者,以其真也"。伟大的数学家高斯就是金融数学的创始人,他本人投资股票而获利;克莱因则研究保险业所需要的概率论。

然而近代有些应用数学家以争取政府经费为唯一目标,本身无一技之长,却巧立名目,反诬告基本数学家对社会没有贡献,尽失其真矣。有如近代小说以情欲、仇杀、奸诈为主题,取宠于时俗,不如太史公《刺客列传》中所说:"自曹沫至荆轲五人,此其义或成或不成,然其立意较然,不欺其志,名垂后世,岂妄也哉。"应用数学家不能立意较然,而妄谈对社会有贡献,恐怕是缘木求鱼了。

数学的训练

好的数学家需要领会自然界所赋予的情趣,因此也须向同道学习他们的经验。然而学习太过,则有依傍之病。顾亭林云:"君诗之病在于有杜,君文之病在于有韩、欧。有此蹊径于胸中,便终身不脱'依傍'二字,断不能登峰造极。"

今人习数学,往往依傍名士,凡海外毕业的留学生,都为佳士,孰不知这些名士泰斗的文章与自然相隔千万里,画虎不成反类犬矣。李义山说:"刘郎已恨蓬山远,更隔蓬山一万重。"很多研究生在跟随名师时,做出第一流的工作,毕业后却每况愈下,就是"依傍"之过。更有甚者,依傍而不自知,由导师提携指导,竟自炫"无心插柳柳成荫",难有创意之作矣。

有些学者则倚洋自重,国外大师的工作已经完成,除非另有新意,不大可能再进一步发展。国内学者继之,不假思索,顶多能够发表一些二三流的文章。极值理论就是很好的例子。由伯克霍夫

(**Birkhoff**)、莫尔斯(**Morse**)到尼伦伯格(**Nirenberg**)发展出来的山路理论,文意已尽,不宜再继续了。

推其下流,则莫如抄袭,有成名学者为了速成,带领国内学者抄袭名作,竟然得到重视,居庙堂之上,腰缠万贯而沾沾自喜,良可叹也。

数学家如何不“依傍”才能做出有创意的文章?

屈原说:“纷吾既有此内美兮,又重之以修能。”

如何能够解除名利的束缚,去欣赏大自然的直觉毫无拘束地表露出来,乃是数学家养气最重要的一步。

贾谊说:“独不见夫鸾凤之高翔兮,乃集大皇之野。循四极而回周兮,见盛德而后下。彼圣人之神德兮,远浊世而自藏。使麒麟可得羁而係兮,又何以异虖犬羊。”

媒体或一般传记作者喜欢说某人是天才,下笔成章,仿佛做学问可以一蹴而就。其实无论文学和数学,都需要经过深入的思考才能产生传世的作品。柳永说:“衣带渐宽终不悔,为伊消得人憔悴。”

一般来说,作者经过长期浸淫,才能够出口成章,经过不断推敲,才有深入可喜的文采。王勃《滕王阁序》,丽则丽矣,终不如陶渊明《归去来辞》、庾信《哀江南赋》、曹植《洛神赋》诸作来得结实。文学家的推敲在于用字和遣词。张衡两京、左思三都,构思十年,始成巨构,声闻后世,良有以也。数学家的推敲极为类似,由工具和作风可以看出他们特有的风格。传世的数学创作更需要有宏观的看法,也由锻炼和推敲才能成功。

曹丕说:“古人贱尺璧而重寸阴,惧乎时之过已。而人多不强力;贫贱则慑于饥寒,富贵则流于逸乐,遂营目前之务,而遗千载之功。日月逝于上,体貌衰于下,忽然于万于迁化,斯志士之大痛也。”

三十年来我研究几何空间上的微分方程,找寻空间的性质,究天地之所生,参万物之行止。乐也融融,怡然自得,溯源所自,先父之教乎。

过去一提美学就是艺术，艺术中当然有美，技术与美似乎没有关系。其实，技术也可以是美的。

宗白华

谈技术美学

技术美学是一门很有前途、大有可为的实用性美学。这门新学科对国家“四化”建设的实际作用是不能低估的。谁都要劳动，谁都要使用器具，谁都要在劳动和使用生活器具中陶冶自己的情感、审美趣味。技术美学或工业设计艺术在物质文明和精神文明中能发挥积极的作用。

钱学森同志发表文章，提倡科学技术与文学艺术结成联盟，这恐怕就是技术美学和工业设计的真谛吧！但是，懂科学又懂艺术的人并不多。过去一提美学就是艺术，艺术中当然有美，技术与美似乎没有关系。其实，技术也可以是美的。在我国技术与艺术的结合就更不够了。懂得美学与艺术的不懂科学技术，懂得科学技术的又不懂美学和艺术，你缺一条腿，我缺另一条腿，你干你的技术，我干我的艺术，所以，设计的产品要么不好看，不招人喜欢，要么就过于华丽、装饰累赘，摆着虽然也好看，用起来却不方便。这个矛盾怎么才能解决好呢？外国早就注意并研究了，也取得了很好的成绩。而在我国过去没有足够的重视，研究者很少，很不够。

本文选自《文艺研究》1986 年第 4 期，系黎韶摘自张帆的《开拓美学新领域——宗白华谈技术美学》。

起码说我们这些老美学工作者研究得很不够。时代总是要给人带来局限性的,我们那时研究美学注重艺术,实用品注重研究工艺美术。时代不同了,时代总要提出新的课题,现在的人造物大量是机械化的工业技术产品,怎么使技术与艺术两种因素结合起来呢?这是一个具体而又细致的新的问题。你要把两种因素结合在具体的物上。为什么有的产品美,有的不美呢?这里总还有一个美的规律问题。总结现代物质生活和产品的经验,找到美学上的规律,再指导人造物的设计。这个学科亟待研究又不能着急,要扎扎实实地研究。

研究这方面的问题不能忘了同社会学的关系。因为人对物的尺寸需要是社会性的需要,不光是纯生理上的需要。中国古籍上讲"器"与"礼"是不能分开的。君主用什么,诸侯用什么,士大夫用什么,平民用什么,不同等级的人有其标志不同地位的式样、尺寸、色彩、质料,等等,都有严格的等级规定。有一出戏叫《打銮驾》,西宫娘娘冒用了东宫娘娘的銮驾,打算阻止包拯陈州放粮,包公看准了她越"礼",就给砸了。说明这里既有器物参照人体尺寸制作的问题,还有一个器物制作符合官阶等级的需要问题,使用功能中有社会功能,有象征功能。古代说的当然是工艺制品。就技术美学与人体工程学的关系来说,技术产品除大众化的东西外,也不能完全排除不同人使用器物的社会功能和象征功能的问题,不过含义有所变化而已。

随着科学技术的发展,工业的发展,人们生活条件的改变,审美观念、审美趣味当然不会停留在原来的水平上而必然有变化,有发展。不过形式美学确实有它的继承关系,人们对美的追求,对美的鉴赏力,也有继承关系。而且人们总是喜欢多样化的,划一的东西看厌了,就会追求新鲜的、个别的、有差别的东西。民族的东西看多了,就会追求看一看外国的东西。大工业的划一的东西用多了,喜欢一点古色古香的手工东西。例如,现在青年人喜欢外国产品的造型,这也很正常,一是确实好看,二是新鲜。以后,我国的科学技术、工业生产上去了,生活提高了,像现在喜欢外国造型的产品用得普遍了,划一的东西多起来了,青年人也还会追求多样化的,不仅喜爱现代工业产品有更多的花色品种,而且也喜欢用古色古香的工艺品来点缀、搭配自己的现代生活,充实自己的审美需要。只要是美的形式就不会被消灭的,当然它又总是要推陈出新的。所以,技术美学、工业设计、工艺美学、工艺美术,都是有发展前途的。

艺术和科学的共同基础是人类的创造力,它们追求的目标都是真理的普遍性。

——李政道

方正怡

科学与艺术的会合

——李政道的艺术情

一

1926年11月25日,李政道出生于上海一个多子女的大家庭,祖籍江苏苏州。天资聪明的李政道从小就特别勤奋,酷爱读书,勤于思考。王淦昌院士曾深情地回忆:在浙大求学时,李政道的勤奋好学是出了名的,老师布置的功课他很快就做完了,他央求:"王老师,我觉得您布置的功课不够味,能不能再出些题目让我做?"

1946年经吴大猷教授推荐,李政道获奖学金赴美深造。他的勤奋、刻苦、善学、多思,令创造性思维突飞猛进,短短几年,就和杨振宁一起推翻了被视为亘古经典的"宇称守恒律"——在弱相互作用下宇称不守恒。1957年他俩荣获诺贝尔物理学奖。那年,李政道

李政道出席"2006上海国际科学与艺术展"开幕式(方鸿辉摄)

本文选自上海教育出版社2012年2月版《院士怎样做人与做事》。

才31岁。

1972年9月19日，在阔别大陆26年后，李政道踏上了魂牵梦萦的故土。难能可贵的是，那时正值“文革”，李政道每逢见到国家领导，总直言相谏：科学和教育乃立国之本，得赶快抓起来！于是，在李政道的大力推动下，中国科技大学的少年班办起来了，中美联合招考物理研究生（**CUSPEA**）工作开展了，中国的博士后制度建立起来了，北京正负电子对撞机拔地而起了，中国高能物理研究有起色了……他还开创了一条将科学与艺术相结合、科学与人文相贯通的学问之道。

二

1999年11月3日，为庆祝中国科学院成立50周年，李政道受邀作了深刻而又不失幽默的讲演——《物理学的挑战》。讲坛的大屏幕上打出了演讲的提纲和大量精美的图片。李政道以科学与艺术的贯通来作为讲演的结束语，这是令听众万万没有料到的。

“今天，我们庆祝中国科学院建院50周年，我想向大家展示几幅画。”打在大屏幕上的第一幅画是李可染先生特意为中国高等科学技术中心举办的“相对论性重离子碰撞国际学术研讨会”所

李可染先生创作的《核子重如牛，对撞生新态》

作的标题为“核子重如牛,对撞生新态”的国画。

1999 年,美国布鲁克海文国家实验室建成了当时世界上能量最高的重离子加速器——相对论性重离子对撞机(**RHIC**)。在高能量下,两个金核中的物质互相穿越,所携带的相当部分能量却留下来了,人们希望以此激发真空。真空是一个没有物质的状态,真空却充满了能量的涨落,其复杂的动力学状态被表现出的静态所掩盖起来。两个迅速背向飞离的原子核间的区域,有很短时间没有物质(与通常的真空相同),却被激发。这种激发的复杂性同宇宙 100 多亿年前产生的最初瞬间——大爆炸时,情况相似。为称颂人类有可能通过 **RHIC** 来探索宇宙的起源和真空的复杂性,李可染教授作了这幅画。

“你看,这两头牛画得非常之好。牛完全是静的,对角相峙,而这相峙之态蕴含着巨大的能量。它们没有外向的动态,可是你能感觉到它们内部有动态。如此才能产生‘核子重如牛,对撞生新态’啊! 这幅画是李老最后几幅画之一。他曾跟我说,这以前他一生从来没有画过一幅表现争斗和矛盾的画,他画的牛永远是和平的,不过现在为了科学一定要跟自然界作斗争,‘对撞生新态’的牛是需要的。这是李老为科学家而画的,他画中的‘争斗’是外向很静的,但里面充满了力量,充满了新态。”李政道以科学的内涵来诠释艺术精品,令听众耳目一新。

李政道展示的第二幅画是米开朗琪罗在梵蒂冈教堂天顶上创

米开朗琪罗创作的《上帝创造人》

作的“上帝创造人”的壁画。按西方宗教的信仰,人是神的形象造成的,可是也可以反过来,神是人用自己的形象制造出来的。李政道仔细剖析了这幅画的特色:“你们看,人的手指与上帝的手指之间有一个空隙,这个空隙里面好像也充满了要创造的新粒子。”话音未落,听众们都会心地笑了。到底是科学家,有如此通透的创新理念。其实,自从米开朗琪罗画了这幅画以后,西方再也没有人画这类创世纪的画了,毕竟这幅“上帝创造人”已达到艺术顶峰了。

常沙娜教授创作的《创天》

李政道应用类比的逻辑思维,又对称地展现了第三幅画,是常沙娜教授创作的“东方创世纪”——《创天》。常沙娜教授的这幅画作,以双手托出宇宙的表现形式,展示了人以智慧创造世界。画面若虚若实,将其与米开朗琪罗的画对照,体现了阴阳反差,后者比较硬,前者比较柔和,这是中外艺术的不同,东西方思维的差异。李政道鞭辟入里的话语,听众为之叹服。

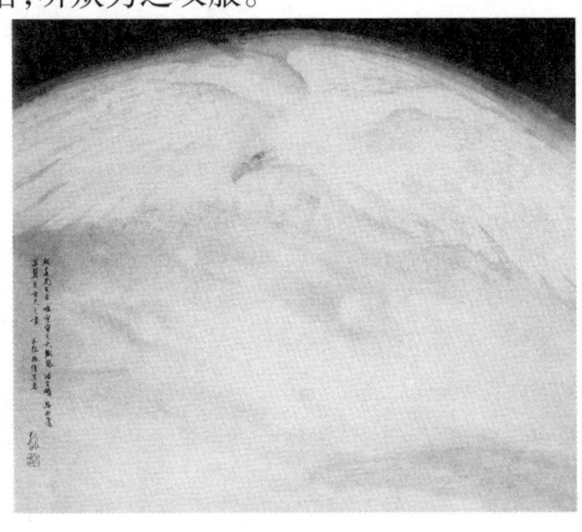
刘巨德教授创作的《大鹏》

最后,李政道意境幽深地展示了刘巨德教授创作的《大鹏》,指出其表述的是宇宙开始的大爆炸。宇宙的过去与未来,始终是人类一直在苦苦求索的大课题。李政道有板有眼地诵读了庄子的《逍遥游》:“北冥有鱼,其名为鲲。……化而为鸟,其名为鹏,鹏之背不知其几千里也,怒而飞,其翼若垂天之云……背负青天而莫之夭阏。”

全场屏息静听。从《逍遥游》意境中脱出,李政道稍作停顿后指出:“这个‘鹏’就代表大爆炸,这个鸟就象征整个宇宙,它跟宇宙一起产生出来。我把庄子的这一段的大意译成英文:

Boundless Freedom (the Big Bang)
Praise the bird that named Peng.
Whose body extended several thousand miles long.
When Peng flew, glorious to behold,
His wings were the clouds in the sky,
And all heaven rode on his back,
Nothing could contain him.

我把‘鹏’译成 **Peng**, **Peng** 的音跟大爆炸的英文 **Big Bang** 的 **Bang** 的音有点像。我祝中国科学院的将来也具有这样的大爆炸——科学的将来!”

全场对李政道的精彩演讲爆发出雷鸣般的掌声。

其实,听众对李政道掀起的科学与人文相结合的“李旋风”早有所闻,早有所感,然而如此真切地聆听他的生动诠释倒是头一回。报告会散场后,人们依然沉浸在科学与艺术融合的意境之中。

三

自 1987 年以来,中国高等科学技术中心在李政道亲自领导下每年都组织一两次较大规模的国际学术会议,邀请各个学科领域的学者作最新的学术报告,还组织了数十次规模不等的专题“工作月”,请国内外前沿科技领域有相当学术地位的学者(尤其是年轻学者)一起交流和工作。构建这样的平台能让国内外学者进行广泛交流并有相当一段时间的沟通,对国内学者及时了解相关领域的最新进展,取得了很好的效果。李政道深谋远虑地筹划的这一系列学术会议,不但邀请世界一流的中外科学家和中国青年学者参与,而且每次会议都诚邀知名画家根据会议的科学主题发挥艺术想象力,勾画艺术精品力作。这些画家包括李可染、吴作人、黄胄、华君武、吴冠中、常沙娜、袁运甫等艺术大家,也包括才气横溢的刘巨德、鲁晓波、陈雅丹等中青年画家。

李政道的本意决非仅仅追求一种用绘画来诠释科学的特定领域的美感及其形态,更在于力求探索在“一个更深奥的意境中进行科学和艺术间的对话”。

由李可染先生创作的《晓阳辐射科学光》曾用作“同步辐射光的应用国际学术研讨会”招贴画主题图

如吴作人教授为1988年5月由中国高等科学技术中心举办的“二维强关联电子系统国际学术研讨会”,创作了《无尽无极》的主题画,以“现代太极图”诠释了老子《道德经》中的“道生一,一生二,二生三,三生万物”的哲学观点,寓意如此繁杂的现象均始于

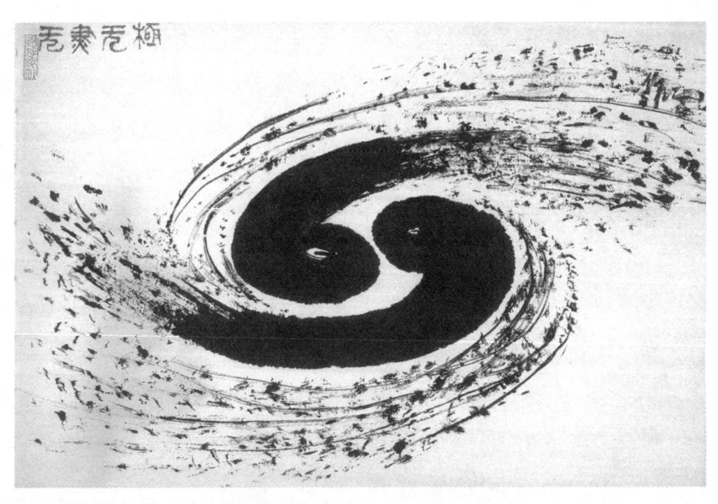

由吴作人创作的《无尽无极》曾用作“二维强关联电子系统国际学术研讨会”招贴画主题图

简单的“道”;也寓意世界是动态的,宇宙的全部动力、物质、能量均产生于静态的阴阳二极的对峙;太极貌似静态结构,实质孕育巨大势能,可转变为整个宇宙的动能。现在,吴作人教授的这幅现代太极图已成了北京正负电子对撞机的标志图案。由此可见李政道独具匠心。这些作品都闪耀着艺术家的创新思维,也给科学家在欣赏美的同时,展开形象思维的空间。

此外,在李政道亲自率领下,作为非官方的学术机构——高等科学技术中心,于 1993 年和 1995 年分别与炎黄艺术馆、《科技时报》社合作举办了“科学与艺术”研讨会。作为科学顾问的李政道,还参与勾画了 2004 年至 2006 年连续三年成功举办的“上海国际科学与艺术展”。在快节奏的科研生活中,李政道力图让艺术走出象牙塔,让科学家去拥抱艺术,力促科学与艺术架起桥梁,相互沟通,相互启迪。

四

传统的观念认为:科学强调客观理性,重实证,重逻辑推理,主要靠理智,以抽象思维为主来探索自然界的奥秘;而艺术则强调主观感受,重想象,重美感表述,主要靠激情,以形象思维为主来探索人类感情的奥妙。因此,在常人看来,科学与艺术是风马牛不相及的,怎么让它们来沟通?

李政道认为:常人忘却的恰恰是作为人类文化长河源头的科学与艺术都依赖于人类的社会实践,都依赖于人的头脑中创造力火花的闪现;也忘却了创新是科学和艺术的共同灵魂,因为它们都追求真、善、美的普遍真理。

如果说,科学家是在千方百计地设法解释以前大家所不理解的现象;那么,艺术家则形象生动地设法描述大家早就理解了的东西。艺术与科学追求的都是简单、对称、和谐的美学原理。说得绝对一点:艺术的规律都是科学的。难怪清华大学的刘巨德教授会慧眼独到地说:"与科学相比,艺术是通向宇宙的另一条大路。大凡有所贡献的艺术家,其心灵无不上通天宇,下达人性;为高扬自然生命精神和人性生命精神的和谐而努力;为建造人类真、善、美的精神家园而献身。他们共同以崇高的人性精神爱抚自然,又以博大的宇宙精神爱抚人性;他们在造化的恩宠中,与天同乐于动,与地同悲于失。"

若将艺术家特有的美感、幻想、和谐等灵智,以及直觉、想象、形象等思维方式,作为一种通用素养融入科学之中,那么对科学创新必然会带来意想不到的推动。

有人问爱因斯坦:"死亡意味着什么?"

爱因斯坦毫不犹豫地回答:"就是再也听不到莫扎特的音乐了!"

可见,科学巨匠的精神世界也得靠艺术来滋养。

因此,李政道教授见解独到地说:"艺术和科学的共同基础是人类的创造力,它们追求的目标都是真理的普遍性。

艺术,例如诗歌、绘画、音乐等,用创新的手法去唤起每个人的意识或潜意识中深藏着的、已经存在的情感。如李白(701—762)

在《把酒问月》中写道：

青天有月来几时？我今停杯一问之。
人攀明月不可得，月行却与人相随。
……
今人不见古时月，今月曾经照古人。
古人今人若流水，共看明月皆如此。
唯愿当歌对酒时，月光长照金樽里。

而三百多年后，苏轼(1036—1101)在《水调歌头》中写道：明月几时有？把酒问青天。……人有悲欢离合，月有阴晴圆缺，此事古难全。但愿人长久，千里共婵娟。

在咏诵这些诗的时候，它们的相似之点和不同之处同样感动着读者。尽管李白、苏轼生活的时代和今天的社会已经完全不同了，但这些几百年乃至一千年前的诗在今天人们的心中仍然能够引发强烈的感情共鸣。

同样，我们现在阅读莎士比亚的著作，或者观赏莎士比亚的戏剧，不论是原文或译文，也有着和几百年前英国的读者和观众相似的情感共鸣。情感越珍贵，反响越普遍，跨越时空、社会的范围越广泛，艺术也就越优秀。

科学，例如天文学、物理学、化学、生物学等，对自然界的现象进行新的准确的抽象，这种抽象通常被称为自然定律。定律的阐述越简单，应用越广泛，科学也就越深刻。尽管自然现象不依赖于科学家而存在，但对自然现象的抽象和总结是一种人为的，并属于人类智慧的结晶，这和艺术家的创造是一样的。”

科学和艺术的关系是同智慧和情感的二元性密切相关的。对艺术的美学鉴赏和对科学观念的理解都需要智慧，随后的感受升华与情感又是分不开的。没有情感的因素和促进，我们的智慧能够开创新的道路吗？而没有智慧的情感能够达到完美的意境吗？

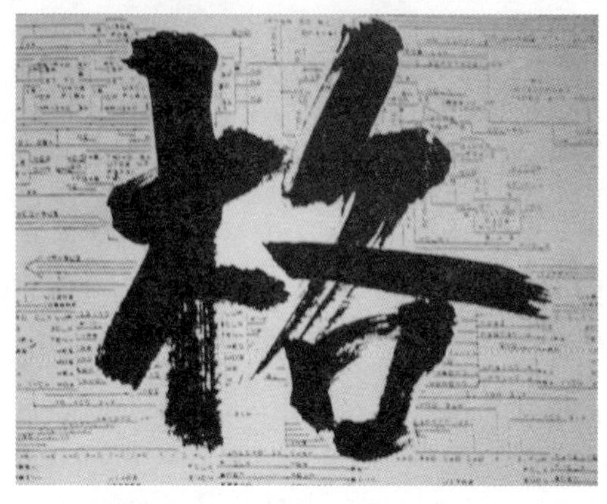

由李政道创作的《格》曾用作“用并行计算机的格点规范理论国际学术研讨会”招贴画主题图

因此，科学和艺术是不可分的，两者都在寻求真理的普遍性。普遍性一定植根于自然，而对自然的探索则是人类创造性的最崇高的表现。诚如一个硬币的两面，科学和艺术源于人类活动最高尚的部分，都追求着深刻性、普遍性、永恒和富有意义。

从李政道充满哲理的诠释中，我们不难理会：艺术的本质是用新的方法激发人的内在情感，好的艺术作品确实可以引起人的共鸣和情感交融。这种情感是超越时间的，诚如今天诵读一千多年前大诗人李白的作品仍为之激动；这种情感也是超越空间的，莎翁的作品无论译成哪种语言均能引起全世界各个国家人们的共鸣；当然这种情感也是超越社会背景的。

艺术追求创新，追求简捷，追求美。科学的本质在于追求自然界的规律，人类用思维和实验去发现并归纳先于人类而存在的客观规律，去把它抽象和正确地表达出来，这就是人的创造力。当然，归纳的方法越简单，影响和表述自然界的现象越广泛，那么作为自然界组成部分的人类，对社会的推进和改变也就越巨大，科学也就越深刻。

常人对科学与艺术联姻的最大障碍乃是对“科学是美丽的

吗”的诘问。因为在人们的心目中，科学是深奥的、严格的、艰辛的、枯燥的；一提到科学家，眼前不由自主地会浮现出爱因斯坦那白发怒张、满面皱纹的沉思形象；一提到科学成果，老年人会毛骨悚然地回忆起战争狂人借用现代技术发动的两次血淋淋的世界大战，会联想到广岛笼罩过的蘑菇云和切尔诺贝利核冬天的肃杀凄怆，而年轻人则会不由自主地想起“9·11 事件”中恐怖组织挟持的是充满现代技术的航空器，甚至担忧生化技术、基因工程一旦掌握在科学疯子手中会给人类带来的灭顶之灾……科学怎么会是美丽的？

简直不可思议！

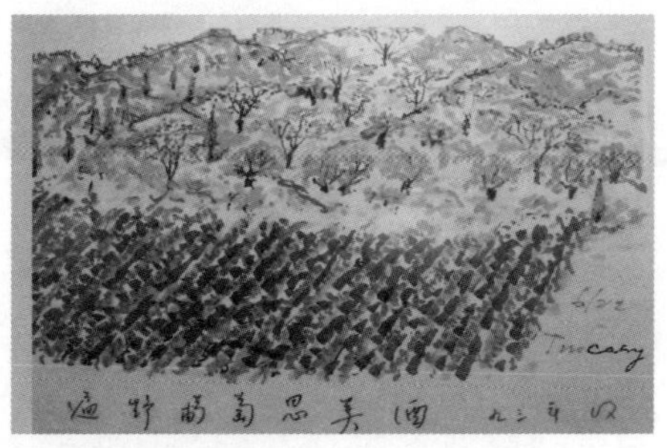

李政道画作之一

看来，将科学与技术混为一谈是造成对“科学是美丽的”理解障碍之最大根源。

科学旨在“求真”，毫无功利，它代表了人类的最高智慧，旨在探索自然界和人类社会的发展规律，寻找物质和思维的本源。科学研究的精神、思想和方法通过自然哲学去影响人文理念。诸如 19 世纪科学上的三大发现——细胞、能量守恒与转化定律、进化论，就直接导致了自然辩证法的诞生；爱因斯坦发现的相对论则从根本上改变了人类的时空观；现代宇宙学及物质结构的观点，又让人们逐渐明白：我们是谁，来自哪里，又要去哪里；宇宙是怎么创生的；物质是如何构成的……总之，科学能让人类走出愚昧，科学也推动了技术的进步，从而让人的生活更加和谐与美好，当然科学还推动了人类社会的发展。

只有“求利”的技术才具有既给人类带来福祉，又可能给人类带来祸害的双重性。诸如核技术的创生，既可和平利用，又可制成核武器以毁灭人类。因此，技术才是一柄双刃剑。技术的利刃在斩妖劈魔的同时，也实实在在地高悬在文明人类的头上。人们已经理智地意识到:技术行善可以造福人类,作恶将使人类遭受灭顶之灾。技术的进步又常令人类利令智昏地在自然界面前显示其“主人”的地位和“主导”的才能,而缺失对自然界应有的敬畏之心。直面霸权的失控、战争的残酷、环境的恶化、生态的破坏、资源的枯竭、人口的爆炸、生存的困难……人们从心底本能地呼唤:我们需要“科学的春天”,绝不该陷入“寂静的春天”。看来,反对或节制技术作恶的不可或缺的武器乃是人文与艺术。技术只有坚持“以人为本”才能寻找到自身发展的“本源”。这种警醒标示着人类文明的一大进步,这种认识又划清了科学与技术的界限,也才能还“科学是美丽的”以清白。

其实,“科学的美丽”不仅体现在有人文情怀的科学研究者的心灵是美丽的,他们受到好奇心、责任心的驱使,为推动人类的文明进程,尽可能早地摆脱愚钝趋于理智,明知科学的入门处乃是地狱的入口处,依然心无旁骛,锲而不舍,甘愿以苦作舟,甚至赴汤蹈火;还体现在科学研究者所具有的思想方法与精神风貌是美丽的,科学研究要求所有参与者具有探索求新、怀疑求实、实验求本、批判求诚、独立求真、源理求深的独特精神;而科学定理与规律的表述都毫无例外地体现了简单、对称与和谐的美学原理;再说,科学探究的对象更具有旷世奇美,美不胜收,不是吗?试问有什么能比宇宙诞生更具震撼美?有什么能比原子中“云深不知处”的电子云更具朦胧美?有什么能比生命之源的叶绿素中的“绿色秘密”更具神秘美?又有什么能比“生命之梯”**DNA** 回旋曲折的双螺旋更具活力美?还有什么能比纳米世界中用原子砌成的纤巧结构更具精致美?……

科学之美,令人赞叹!

五

李政道挚爱科学,并非功利地认其“有用”,而是洞察到科学中充满简单、对称、和谐的内在美。他通透地理解:科学不仅蕴含着真理，同时拥有至高的美感，其快乐、兴奋以及超出人类所能体味的卓越和非凡的感觉，这些在艺术中普遍存在的感觉在科学中同样能找到。李政道说：“一个人要创造就得有情感，艺术对科学的影响不是简单地说画一张画，就变成科学，科学的研究基础是观察、归纳和总结自然界的规律，这些都是需要理智的。但是，鼓舞这些强烈理智的推动力是基于情感。同样地，艺术家用创新的方法激发人类普遍性的内在情感，可是这些创新的方法和观念是和理智分不开的。”

李政道能有这样通透的理性思维，也得益于他自小受到浓浓的人文熏陶。爱看“闲书”，爱提问题几乎是每一位成功科学家的共同“基因”，也是李政道具有的“基因”。

李政道画作之二

1946 年 9 月，李政道抓住吴大猷教授推荐而获留美奖学金的机遇，来到芝加哥大学。当时李政道怀揣西南联大的肄业证书，但他觉得自己已掌握了经典物理学，对量子力学亦已初通，以为能顺顺当当地读研究生了。可是，20 世纪 40 年代的美国，没有大学文凭，进研究院几乎是不可能的。芝加哥大学倒是个例外，它能接受没有正式文凭的学生，但有一个相当苛刻的条件：该生必须熟读过 **Hitchin** 校长指定的几十本西方文化的古今名著，并通过对这些名著的考试。当年的李政道别说熟读，就连这些名著的书名和作者都从来没听说过。好在他具有一般理科学生通常缺乏的深厚人文涵养。于是，他灵机一动，向芝加哥大学研究生院招生办公室负责人解释：自己曾读过东方文化中的不少经典名著，诸如孔子、孟子、老子、庄子等，对这些东方圣贤的学说有些造诣，而这些东方经典与 **Hitchin** 校长指定的西方经典是相当的。校方觉得李政道言之有理。两个月后，在芝加哥大学物理系主任的努力下，李政道被正式录取为研究生。李政道成才道路上这关键的一步，正是得益于青年时期文理相通的努力。从此，李政道更自觉地、有意识地将科学与人文贯通作为行动的目标了。

自20世纪70年代回大陆访问后，他眼见大陆基础教育与大学教育中的一系列问题，尤其是学生知识单一，文理过早分科，一味注重"学答"而轻视"学问"……都令他深感忧虑。怎么办？身体力行。李政道以自己走过的人生之路、成才之道，向人们展示科学与人文的"道"与"理"是相同或相通的。其相同或相通的根源，就在于对真、善、美的追求：科学求真，真中含美；文艺唯美，美不离真；人文尚善，真善美一。从治学的角度李政道呼吁培养通识之才，修炼通人之学，即横跨学科，博学多艺；倡导对学问不仅明其学，且要通其道，为学求通是关键，要将"理"与"道"贯通，将不同学术领域打通。好在学科间的相关性和互渗性给善于思考、乐于求知的人类带来打通的"金钥匙"。

2006年是李政道先生八十大寿。他献出近年来亲自创作的八十幅绘画作品，以此展示一名科学家的浓浓艺术情，进一步倡导科学与艺术结缘的理论与实践，也让人们更清晰地理解："越往前走，艺术越是要科学化，同时科学也要艺术化。两人从山麓分手，又在山顶会合。"

美真是到处都有，只需有罗丹的眼睛、罗丹的心。

邵　丹

毁灭的美

文艺青年容易骄傲;因为他们总爱好宣扬个性,个性强与骄傲总有点关联。这点背景介绍是必需的。很早就自诩为文艺青年的我,第一次听到有人将数学与美联在一起,吃惊程度任君想象。那位先生自称对文艺毫无兴趣,也的确一无长才,提起数学来,忽然一往情深(那种能打动天下所有多情女子的情深方式,目光望到天空的尽头,语气飘到前生来世):“数学,哎呀,越往深里越美啊!”我首先就理解他是指数学方程式对称之美,当然我不可能理解他。他热爱的是解题到最后,溪山回环,柳暗花明,众星拱月,那一个简明无比的结果。

我在美国的硅谷,参观过不少公司,最怕看到的是这总裁、那科技长的办公室里应付差事般挂着的几幅质量平平的名作复印品,又多是蒙德里安或当代某画家的花鸟风景。想想还是工程师可爱,俗,并不掩饰,一心想着电脑和股市。只有一家公司,我进入某重要机房前,一面墙的巨幅印刷品,变化多端却绝对曲折有致的线条,严格控制的色彩,虽是几何构图,竟让我联想起德国冬去春来的一刻,人生四五十岁的反省。一问,竟是某芯片局部线路图。不禁来了兴致,问是否也可“拷贝”一份。对方眨眨眼睛,很真诚

本文选自2006年7月16日《文汇报·笔会》。

地说:“不能外传,不能让竞争对手看见。是过去的芯片,但设计原理还看得出来。”

美真是到处都有,只需有罗丹的眼睛、罗丹的心。这年头文艺泛滥,多种媒体都正面临严肃挑战。作家们连色情都试过了,终于患了失语症。画家们连宣传招贴画都玩过了,一时找不到下一个出口。倒是热爱文艺的人,忽然发现原来电路板或是病毒显微图亦美轮美奂,新鲜得很。

关于病毒显微图需补充一下。也是偶然的机会,发现网络上有张美丽如歌特式教堂玫瑰花窗的图案,连忙点击进去,是一篇关于哈佛医学院结构病理学尖端研究的报道。屏幕上,报道边第一幅插图并未吸引我,是一团蓝色褐色的铁条铁丝,随意扭着,并不难看,线条安排有点节奏。典型的当代装置艺术的作品,不求意义——跟病理学有何关系!编辑也是个糊涂虫,填了版面再说。

把光标往下拉,看到玫瑰花窗了。也更像宇宙深处梦的沉淀。先说色彩吧,孔雀蓝天蓝冰蓝,紫酱红珊瑚红粉红,杂以嫩绿草绿橘黄鹅黄,点以乳白雪白。如此缤纷容于一标准的五边形里,中心与五个角是蓝花,从中心向边缘晕出,一层层的,千朵万朵,红黄为主调的花盘。现实生活中想象不到如此美丽的花,摄影师想拍也拍不到的景象。

花下一排小小注释:“病毒核:由 **X** 光晶体显影技术测出。”刚才那幅现代装置艺术作品是另一病毒的蛋白质再现。

这么美丽的病毒,你怎么忍心杀?

就像那么美丽的旋风图案,怎么舍得它消散?

曾读过一篇报道,说美国气象局里的龙卷风专家们,见一个旋风爱一个,就像爹妈又生个可爱的宝宝,取个名字,然后看着风的气流图,扫过北美大陆,消散了。有些还跟着风跑,记录风的变化,以供研究。某旋风甚凶,经济损失以亿计,但据说专家们都爱,更有人跟着风跑,情迷到想扑入风的中心。有专家痴痴道:“真美啊。”

想想自己的爱与骄傲,相形就有一点寒碜了。

世界上是否有这样一种人，他具备了非凡的才智、惊人的大脑，他知道：如何探讨，如何思考，如何创造；学识与功业兼备，科学与诗人并茂？

——张香桐

秦伯益

从这里开始

1947年金风初起，简陋的课桌上两架显微镜一高一低。一个镜下有水一滴，一个镜下是切薄了的洋葱皮。同学们排着队，等待、猜测、好奇，不知镜下是啥东西？只见水滴中游浮的草履虫在嬉戏，洋葱皮上的细胞整整齐齐。这是许志仁老师为我们安排的第一个生物学实验设计，它使我第一次窥视了细胞和组织的奥秘，它第一次引起了我对生命物质的兴趣，它使我第一次思索着生命科学中的无数个谜。

药理学家秦伯益（方鸿辉摄）

四十年过去，阴晴晦霁。我学医，研究新药，探幽入微。从组织、细胞到分

本文原载《无锡市辅仁——二中校庆纪念文集》，1988 年，16 页。《人民日报》1990 年 4 月 11 日第 8 版转载。作者秦伯益系军事医学科学院药理学家，中国工程院院士，科研之余，爱读书与思考，已出版《漫说科教》《美兮九州景：秦伯益游记》科学人文随笔集等。

子、量子,从细胞、组织到器官、整体。从现在预测未来,从未来追溯过去。从国内到国外,从地面到天空、海底。从战时到和平,从高原到极地。从个体到社会群体,从亲代到子孙后裔。预防、治疗和保健;科研、医疗、教学和管理。时而步履艰难,时而一切顺利。有挫折,有委屈;有荣誉,有奖励。在生命科学的殿堂里,我忽而愁,忽而喜;忽而大彻大悟,忽而扑朔迷离。成败得失,荣辱是非;经风历雨,甘苦难计。我竟乐此不疲,爱得入迷。而这一切,却都起步于那只草履虫,那片洋葱皮。

老师的指点,老师的启迪。教师工作的社会效益到底该从哪里算起?

附:张香桐先生赠诗——致秦伯益

我有个老习惯很难改掉,晚饭后总要读《人民日报》《从这里开始》我豁然看到,像一颗明珠在纸上闪耀。诗,被赋予了新的内容、新的面貌,谁说这不是改革、谁说这不是创造?记得有一个记者曾向我问道,请把科学、艺术和文学作个比较。我引述了一个西

神经生理学家张香桐在家中学习与思考(方鸿辉摄于2000年)

方哲人的遗教，作为我的回答，也是我的信条。

科学家的职责是发现，发现自然界的奥妙；艺术家的目的是创造，创造出优美的形貌，动人的曲调；而文学家则是心灵的工程师，把亿万人的思想感情重新塑造。世界上是否有这样一种人，他具备了非凡的才智、惊人的大脑，他知道：如何探讨，如何思考，如何创造；学识与功业兼备，科学与诗文并茂？

张香桐

1990年4月14日

诗中有科学，不论中外，都是古已有之。说明诗与科学很早就已相互渗透并交融在一起了。

王振东

微风动柳生水波
——韦应物诗中的力学现象

笔者曾写过数篇由韦应物诗切入的“力学诗话”文章，现将韦应物涉及力学现象（及咏物）的18首诗篇归在一起进行赏析和讨论。

韦应物的人生经历

韦应物（约735—约792），京兆杜陵（今陕西西安东南）胄贵里人。其高祖韦挺，唐太宗时历任吏部侍郎、黄门侍郎、御史大夫等官。曾祖韦待价，系武后朝的宰相，官至吏部尚书。从祖父辈开始，家道逐渐式微。但其父韦銮、伯父韦鉴及其子，均以擅长绘画驰名于世，唐人张彦远的《历代名画记》中有记载。韦应物约生于唐玄宗开元二十三年（735），天宝八年（749）左右，15岁时，因是官宦世家子弟，成为玄宗的御前侍卫，陪侍从游宴。后进入太学读书，外派为县令、参军等地方官职，罢官时曾寄居洛阳同德寺，鄠县（今陕西户县）沣上的善福精舍等佛寺。其中值得提到的是建中三年（782）夏出任滁州（今安徽滁州）刺史，兴元元年（784）冬罢

本文选自《自然杂志》2006年第3期。作者王振东系天津大学力学系教授。

任,闲居滁州西涧。贞元元年(785)秋出任江州(今江西九江)刺史,贞元三年入朝为尚书左司郎中。贞元四年冬出任苏州(今江苏苏州)刺史,贞元七年罢任,寄居于苏州永定寺,不久卒于苏州。一次又一次地出任,一次又一次地罢官,闲居佛寺,这就是韦应物走过的人生道路。

韦应物生活的时代,正值安史之乱前后,唐王朝由盛转衰的历史时期。韦应物作为一个中、下级官吏,面对兵乱不息、满目疮痍的现实,又多次罢官归隐,还经历了疾病缠身、中年丧偶等不幸。一连串的打击使韦应物越来越厌倦充满机心与倾轧的官场,向往自由舒适的田园生活,并向佛门寻找精神上的安慰和寄托。因此,他的中、晚年,特别是辞栎阳县令,居沣上善福精舍以后,创作了数量较多的山水田园诗。其诗歌淡泊宁静,反复诉说了自己对尘世的厌倦和对山林与佛门的向往。

韦应物的诗歌题材十分广阔。他去世不久,白居易就推崇韦应物的五言诗"高雅闲淡,自成一家之体"(《与元九书》)。朱熹谓"其诗无一字做作,直是自在"(《晦庵说诗》)。后人更将他和陶渊明合称"陶韦",和柳宗元并称"韦柳",又和王维、孟浩然、柳宗元合称"王孟韦柳"。严羽《沧浪诗话》列举唐诗各体,其中就有"韦柳体"。

韦应物的山水田园诗朴实平淡,反映了他对美好的自然和平凡日常生活的热爱,并把它与恶浊的尘世对立起来,从中求得精神上的愉悦和解脱。韦善于观察并捕捉大自然物候的微妙变化,以简朴清丽的语言,白描的手法,细致鲜明地以诗句描述了其观察到的自然现象和景物,并用其表达各种情感,其中多首涉及力学现象。

关于流体运动中物体的稳定性

独怜幽草涧边生,上有黄鹂深树鸣。
春潮带雨晚来急,野渡无人舟自横。

这首《滁州西涧》系韦应物出任滁州刺史时所写，是一篇脍炙人口的七绝，被收录于《唐诗三百首》及各种唐诗集之中。历代文人均将其视为优美山水田园诗的代表作，实际上这洗练的诗句里凝聚了诗人对力学现象的洞察力。“春潮带雨晚来急，野渡无人舟自横”，意思是郊野渡口拴着的一条无人驾驭的小船，在晚潮加春雨形成的小河湍急的流动中，横在河里，随波荡漾。这里形象又真实地描绘了在河中荡漾的小船，因要处于一个稳定的平衡位置，它总要横在河中。这里涉及流体运动中物体的稳定性问题，与近代导向船舰、飞行器在航行中运动稳定性的深入的学问有关，是近代航海航空航天技术的理论基础之一。

《滁州西涧》书艺

“野渡无人舟自横”，唐代诗人韦应物对船体稳定性入细入微的观察，仅仅用了七个字便活脱脱地勾画了出来，不仅使我们获得了美的享受，而且还从中体味出对自然规律的认识，而这却早在距今一千二百多年以前就有了。

关于流体运动致声

“声音”一词有两重意思：客观的声波（或声振动）和人主观的声感觉（即响声）。声波是在任何弹性媒质（气体、液体、固体）中传播的扰动（压力、应力、质点速度、质点位移等的变化，或其中几种量的同时变化）。弹性媒质的质点发生振动，以波的形式向四面八方传播开来，就在人的听觉器官上引起了声响的感觉。

野渡无人舟自横

韦应物有两首思考流体运动致声的诗：

其一是涉及思考流体运动为什么会引起巨大声响问题的五言古诗，《听嘉陵江水声寄深上人》

凿崖泄奔湍，称古神禹迹。
夜喧山门店，独宿不安席。
水性自云静，石中本无声。
如何两相激，雷转空山惊。
贻之道门归，了此物我情。

其二是对海水为什么会产生惊涛，为什么突然会发出怒吼的响声，提出疑问的五言古诗，是《赠卢嵩》

百川注东海，东流无虚盈。
泥滓不能浊，澄波非益清。
恬然自安流，日照万里晴。
云物不隐象，三山共分明。
奈何疾风怒，忽若砥柱倾。
海水虽无心，洪涛亦相惊。
怒号在倏忽，谁识变化情？

韦应物这两首诗，不仅形象地描述了流体运动致声的现象，而且还对流体运动为什么会致声，深入思考并提出了疑问："水性自云静，石中本无声。如何两相激，雷转空山惊。""海水虽无心，洪涛亦相惊。怒号在倏忽，谁识变化情？"云静的水和无声的石为什么相拍激就会发出巨大的声响？海水为什么会产生惊涛，为什么突然会发出怒吼的响声？这使诗人不得其解，所以在诗的结尾喊出了："谁识变化情？"

韦应物还有一首五言绝句《咏声》

万物自生听，太空恒寂寥。
还从静中起，却向静中消。

对声波的传播现象也作了形象地描述。

关于流体运动的不稳定性

流体运动的不稳定性，是指某种形态的流体运动受到某一扰动后，不能恢复到原来形态的运动情况。当风吹向平静的水面时，马上会在水面上引起细小的波浪。如果风持续地吹（或风足够大），则会产生波长较长的波浪，并向着风的下沿方向传播下去。这一问题，就是流体力学中著名的“风生波”问题。韦应物有好几首诗均涉及他所观察到的风生波的现象。如：

《野次听元昌奏横吹》

立马莲塘吹横笛，微风动柳生水波。
北人听罢泪将落，南朝曲中怨更多。

野次即郊外，横吹是乐府横吹曲辞，出自北方的军中音乐，多在马上演奏。诗首句写奏乐者的姿态，接下来以景写声，描绘了眼前景色。乐声如微风使柳枝摇曳，使池塘表面水波荡漾，掀起了听者情感的波澜。哀怨的笛声，使来自北方的诗人思乡之情油然而生，不禁潸然泪下。

《送汾城王主簿》

少年初带印，汾上又经过。
芳草归时遍，情人故郡多。
禁钟春雨细，宫树野烟和。
相望东桥别，微风起夕波。

表达了诗人傍晚送客远行、告别时对友朋依恋难舍的深情厚谊。送到东桥这个地方，相互道别，望着客人远去，这时诗人的心境，已如“微风起夕波”那样不平静了。

《夕次盱眙县》

落帆逗淮镇，停船临孤驿。
浩浩风起波，冥冥日沉夕。
人归山郭暗，雁下芦洲白。
独夜忆秦关，听钟未眠客。

叙说了诗人黄昏日暮在盱眙县（唐代属楚州，今属江苏省）泊舟孤驿时的见闻与感受，这时风也吹得河面上兴起了波浪。

关于润湿与不润湿的现象

在自然界、工程技术和日常生活中，液体对固体的润湿和不润湿现象都有重要的意义和作用。

秋荷一滴露，清夜坠玄天；
将来玉盘上，不定始知圆。

这首五言绝句《咏露珠》，生动地描绘了秋夜由天空掉下的一个露滴，落到展开的碧绿的荷叶面上，成为晶莹透亮的水珠，滚来滚去，煞是好看。“不定始知圆”是说，由于看到露珠在荷叶面上滚来滚去，方知它是圆球形。其实，秋荷上的露珠并不一定是从天空掉下来的，秋天的后半夜空气湿度大、温度低，在荷叶上凝结的露水，也可形成露珠。但由现代科学来看，韦应物这首诗正是描述了一滴露珠在荷叶面上不润湿的力学现象。

在笔者以前写过的两篇关于润湿现象的诗话文章中，仅提到韦应物这首关于不润湿的诗，其实他的诗作中也有多首涉及了润湿现象：

《京师叛乱寄诸弟》

上怀犬马恋，下有骨肉情。
归去在何时，流泪忽沾缨。

以泪沾缨表达了情深意长、真挚感人。

《赋得暮雨送李胄》

楚江微雨里，建业暮钟时。
漠漠帆来重，冥冥鸟去迟。
海门深不见，浦树远含滋。
相送情无限，沾襟比散丝。

“漠漠帆来重，冥冥鸟去迟”，描述了微雨中的帆和鸟。“重”“迟”二字写了船帆和鸟羽均为雨所沾湿。末二句点明送别，诗人情动于中，潸然泪下，眼泪沾湿了衣襟，好比那散丝密雨一般。

《紫阁东林居士叔缄赐松英丸捧对欣喜盖非尘侣之所当服辄献诗代启》

碧涧苍松五粒稀，侵云彩去露沾衣。
夜启群仙合灵药，朝思俗侣寄将归。
道场斋戒今初服，人事荤膻已觉非。
一望岚峰拜还使，腰间铜印与心违。

紫阁是终南山的一座山峰，在今陕西户县东南。这是时任鄠县令的诗人给居士叔的代书信诗，首二句写到了居士叔在碧涧苍松间采摘五粒松时，露水沾湿了衣裳的情景。

《七夕》

人世拘形迹，别去间山川。
岂意灵仙偶，相望亦弥年。
夕衣清露湿，晨驾秋风前。
临欢定不住，当为何所牵？

七夕是我国古代的传统节日，相传每年农历七月初七夜，牛郎、织女要渡银河相见，一年只有一夕相会。“夕衣”二句叙写了自己露湿衣裳，独立中宵，愁思百结地疑问：人间固然别多聚少，天上神仙又为何事牵缠，不能久住？

这几首诗中的湿、沾均是指润湿的意思。

关于地球自转产生昼夜交替

地球是个不发光也不透明的球体，因此，任何时候只能有一半面对着太阳，向着太阳的半球是白天，背着太阳的半球是黑夜。随着地球不停地自转，昼夜也就不断地交替。地球昼夜交替的周期为一日。正是由于地球昼夜交替的周期不长，使得地面白昼增温不至于过分炎热，黑夜冷却也不至于过分寒冷，从而保证了地球上生命有机体的生存和发展。韦应物的

《咏夜》

明从何处去，暗从何处来。
但觉年年老，半是此中催。

《咏晓》

军中始吹角，城上河初落。
深沈犹隐帷，是朗先分阁

表达出对昼夜交替的思考，并显然蕴含了诗人对人生有限而

宇宙无穷哲理的感叹。

四首咏物诗

韦应物曾写了一些对自然物体的咏物诗,从以下四首可以反映他对大自然的喜爱。

(1) 中国古代对玉的理解,与对人的道德品质的追求是融为一体的。用玉的品质比拟人的道德、人格。“宁为玉碎,不为瓦全”的崇高牺牲精神,即是以玉的纯洁高尚为喻,不愿做丑陋的小人。无论是道家、儒家、佛家,都认为神灵的玉能给予力量和智慧,并以达到平安的人生,历代王朝也都将玉器作为财宝收藏与玩赏。韦应物所写

《咏玉》

乾坤有精物,至宝无文章。
雕琢为世器,真性一朝伤。

也体现了这种对玉的理解境界。诗人谈的哲理是:天下最宝贵的宝物是朴实无华的,一旦追求华丽,便失去了本性,也就不是至宝了。做人也应该保持本性,不要随波逐流,一旦随波逐流,也就一钱不值了。

(2) 水晶是结晶特别完美的二氧化硅,经常是纯净透明,晶莹闪亮,很惹人喜爱,是我国历史悠久的珠宝品种之一。我国古代也称水晶为“水玉”“水精”,以及“玉晶”“千年冰”“菩萨石”“放光石”等多种名称。韦应物所写

《咏水精》

映物随颜色,含空无表里。
恃来向明月,的皪愁成水。

反映了他对水晶的喜爱。

（3）珊瑚是一种海生圆筒状腔肠动物，名叫“珊瑚虫”，在白色幼虫阶段便自动固定在先辈珊瑚的石灰质遗骨堆上。珊瑚的化学成分主要为 $\mathbf{CaCO_3}$，以微晶方解石集合体形式存在，成分中还有一定数量的有机质，形态多呈树枝状，上面有纵条纹。每个单体珊瑚横断面，有同心圆状和放射状条纹，颜色常呈白色，也有少量蓝色和黑色。宝石级珊瑚为红色、粉红色、橙红色。红色是由于珊瑚在生长过程中，吸收海水内 1% 左右的氧化铁而形成的，黑色是由于含有有机质。珊瑚自古即被视为祥瑞幸福之物，代表高贵与权势，是幸福与永恒的象征，故备受尊崇和喜爱，不仅王侯巨贾多将其作装饰用，许多西藏的喇嘛高僧亦多持珊瑚所制之念珠，而古代的王公大臣，上朝所穿戴的帽顶及朝珠亦多用珊瑚来做成。韦应物虽对珊瑚的生成了解并不多，但他在

《咏珊瑚》

绛树无花叶，非石亦非琼。
世人何处得，蓬莱石上生。

诗中也按自己的理解，对珊瑚作了形象描述和表示了向往。

（4）琥珀是由千万年前植物所分泌出来的树脂，经过地壳变动而深埋地下，逐渐演化而成的一种天然化石，也是深受人们喜爱的一种装饰艺术品。品种有金珀、虫珀、石珀、花珀、水珀、蜡珀等，尤以含有完整昆虫或植物的琥珀为珍贵。韦应物的

《咏琥珀》

曾为老茯神，本是寒松液。
蚊蚋落其中，千年犹可觌。

就特别赞赏了含有完整昆虫的琥珀珍品。

人们在惊叹埃舍尔作品丰富想象力时，往往忽略其数学内涵，而这恰恰是埃舍尔创作的动机。

王 庚

埃舍尔作品的数学趣味

荷兰著名画家埃舍尔(**M. C. Escher**)无疑是将科学与艺术完美结合的典范。他的作品趣味无穷，令人赏心悦目，是数学艺术的奇葩。人们从中惊叹他的丰富想象力，却往往忽略了其数学内涵，而这恰恰是他创作的动机。

埃舍尔1898年出生于荷兰洛瓦当的一个水利工程师家庭。在中学里，埃舍尔并不是一名好学生，两次留级，只有绘画的成绩还好一点。1919年，他进入哈勒姆的建筑与美术学校学习建筑，后又改学绘画。埃舍尔受到严格训练，很快掌握了木刻技术。开始时的职业是风景画家，1937年以前，他描绘意大利南方和地中海沿岸的城市和乡村风光，也有少量的肖像画和动植物画。如果他在这方面继续努力下去，很可能在同时代的版画家中寻得一体面的席位。可是不久埃舍尔的作品开始心理化，不再只从外部视觉中吸取美感，而热衷于对规律性、数学结构、连续性、无限性以及画面潜在冲突的追求。他在一条前人没有走过的路上辛勤地探索着。于是，当时的评论界对他失去了热情，他的画也卖不出去，因为知音寥寥无几。然而，埃舍尔非常沉着，无视周围的压力而继续

本文选自《科学》杂志2004年5月号。作者王庚系南京财经大学应用数学系教授。

他的追求。到了20世纪50年代,终于有数学家、晶体学家、物理学家对他的作品产生了浓厚兴趣,他们从中看到了某些定律的再现。于是,他的作品被高价抢购,刊登在各种科技类书籍杂志上,受到热烈的赞扬。美术评论界也先倨后恭起来。

1970年,他住在勒昂的一个艺术家协会里。在那里,年老的艺术家都有自己的画室,免费享受一切。1972年3月20日,埃舍尔在那里与世长辞,终年74岁。

莫比乌斯带

从埃舍尔的构思和创作中可以看出他是一位长于思维的人,其作品的几何学特性体现了很多数学概念:无穷大、相对性、反射与反演,以及一个三维物与其在二维表面上的绘图之间的关系等。最重要的是对称概念,是他作品的核心。四种对称和相似性,连同对无穷大的无休止强烈爱好,成为他作品的实质。

莫比乌斯带 I

《莫比乌斯带 I》是埃舍尔非常著名的木刻作品。19世纪德国数学家默比乌斯(**A. F. Möbius**)第一次应用这种带子是为了表明拓扑学上的一些观点。制作最简单的莫比乌斯带,只需用一根很长的长方形纸条把一头扭转180°与另一头粘起来即可。于是,这条带子只有一条边和一个面。就是说,若想在这条带子的“外面”涂颜色,结果却把整条带子的“内外”都涂上了颜色。用数学语言说,这便是单侧曲面的单侧性。

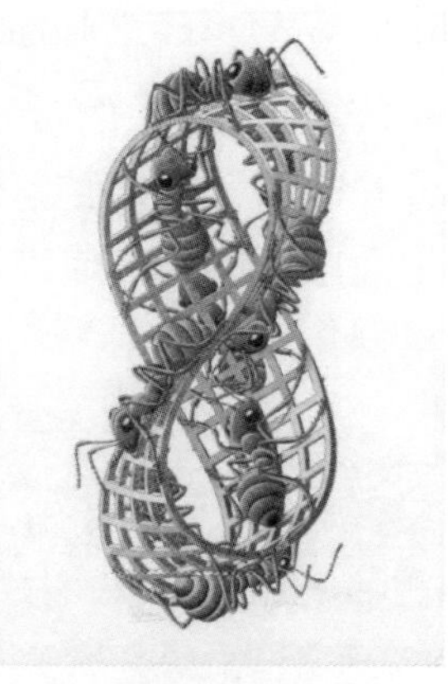

莫比乌斯带 II

在《莫比乌斯带II》中,九只大蚂蚁爬在这条带子上,如果沿着蚂蚁的路线找下去,只能找到一个面。如果沿带子的纵向中央将其一剪为二，许多人认为这将分离为两条带子，然而不，带子没有分离，仍然只有一条，只是长了许多而已。但是，如果沿着距纸带一条边三分之一宽度远的直线纵向剪开一个莫比乌斯带，便得到两个缠绕在一起的环：一个是真正的莫比乌斯带；另一个是有两个半纽结的二面环！难怪莫比乌斯带已成为能够想到的最诱人的数学创造物之一，一种秘密完全隐藏在其缠绕表面之后的几何魔术成果。

埃舍尔是在与一位英国数学家的一次偶然相见之后，才开始注意莫比乌斯带的，可惜他后来忘记这位数学家是谁了。这次偶然会面显然很富成果，激励了埃舍尔的创作热情。埃舍尔爱好形状怪诞的图案，他的作品中充满了生命：在《莫比乌斯带Ⅱ》中是大蚂蚁；而《莫比乌斯带Ⅰ》中，一对抽象动物（可能是蛇）沿着看似分开的莫比乌斯带的两个部分互相追逐；还有一个由正好互为镜像的两组（黄色和灰色）骑马人组成的队列，两组骑马人沿着一条扭曲的环形带的两个面朝相反方向行进（《骑士图》），这也是一条真正的莫比乌斯带，但它有两个面和两条边；事实上，当沿着中心线纵向剪开单面莫比乌斯带时，得到的东西就是它。将矩形带扭转 360°之后把其两端连接起来，也可以得到它。为了增加复杂性，《骑士图》中的带子在图画的中心连接起来，从而接通了两个分开的面，使这两组马能够相遇。埃舍尔是一名天才，他擅长刻画生活中模棱两可或出乎意料的事情，数学的莫比乌斯带为他的艺术创作才能找到了一片肥沃的土地。

骑士图

骑马的人（平面的规则划分Ⅲ）

无止境的循环

埃舍尔与无穷大有关的作品分成三类：无止境循环；平面的规则分割；极限。

瀑布（永恒运动）

上升和下降

在“无止境循环”中，埃舍尔通过在二维画布上画出永恒运动这个使现实世界中一代代发明家和空想家感到困惑的东西，表现了他对节奏、规律性和周期性的强烈爱好。这些图画总是使用某种精妙的螺旋图案或者隐藏的“秘诀”，体现着某些奇异风格，好像埃舍尔喜欢取笑自然规律一样。用他自己的话说：“我禁不住嘲笑我们所有不动摇的必然性，比如说，故意地混淆二维和三维、平面和空间，或者取笑万有引力，是一种极为有趣的事。”我们已经看到他如何使用莫比乌斯带的拓扑特性，描绘一队骑马人或者一群在无止境的循环中互相追逐的大蚂蚁。在版画作品《瀑布（永恒运动）》中，他巧妙地改变了建筑物轮廓的形状，结果呈现出一种荒诞的情景：一股水流沿着一条封闭的环行道无止境地流着。水从左上方倾倒下来，推动了轮子，然后水在水渠里继续流动。是往上流，又好像是平着流。终于水又回到了原地，再次从上面倾倒下来推动轮子。就这样,埃舍尔在二维世界里实现了一种以自身能量为能源的机器的“永恒运动”。在版画作品《上升和下降》中,埃舍尔精心使用了透视画法规律,画出一队爬上楼梯的士兵;他们一直往上爬,结果却发现回到了出发点!有人还为士兵们制作了台词,士兵们说:“是的,是的,我们往上爬呀爬呀,我们想象我们在上升;每一级约十英寸高,十分使人厌倦——它到底会把我们带到哪里?哪里也没有去;我们一步也没走远,一步也没升高。”

平面的规则分割

“平面(在有些情况下是空间)的规则划分”,已经成为埃舍尔的标志。无休止地重复单一的基本图案,不重叠也不留任何空白的可能性,向他提出了一个无法抗拒的挑战:“它仍然是一个极有吸引力的活动,一种我已经上瘾的真正癖好,而且我有时发现很难使自己离开它。”但是,与他受到极大启发的伊斯兰图案不同的是,埃舍尔的基本图案很少是抽象的,相反,它们是可以辨认的事物——人、鸟、鱼和取自日常生活的无生命物体。埃舍尔在下面的话中表达了他对纯粹抽象的厌恶:“摩尔人是使用全等图形填充一个平面的大师……伊斯兰教禁止画‘图像’。在他们的棋盘镶嵌术中,他们只把自己局限于有抽象几何形状的图形……我发现这种限制格外令人难以接受。正是我自己的模式成分的可辨认性,才是我对这个领域的兴趣从未停止的原因。”

埃舍尔拥有以具体的、可辨认的物体描绘数学概念的能力,可能是他最大的天赋。例如,可以比较一下《珀加索斯》和《骑马的人》,前者是公元前6世纪的希腊图案(珀加索斯是希腊神话中生有双翼的飞马);后者出自埃舍尔之手。这两幅图正好属于相同的对称群,两幅图都允许两次平移:一次沿着每一行,另一次横跨两行。希腊图案尽管从美学角度讲令人喜爱,但不是特别有趣;而埃舍尔的图案因为有一系列填充整个图形的“珀加索斯”,而显得生动活泼。更仔细地观察,可以发现每一匹黑色的“珀加索斯”周

珀加索斯

围有四匹相同的白色“珀加索斯”，反之亦然！事实上，这幅画可以用两种同样有效的方法解释：在白色背景下飞行的黑色“珀加索斯”或者是在黑色背景下飞行的白色“珀加索斯”。这说明了埃舍尔喜爱的另一个主题——对偶性。《骑马的人》通过精心使用对称原理而得到对偶效果；两匹上下相邻的“珀加索斯”（不管是黑色的还是白色的）之间的“空白”空间正是同一匹“珀加索斯”的复制品——只是颜色相反。

极　限

“极限”，表达埃舍尔对完整无缺的无穷大符号的渴望：他试图找到一种方法即从中心向外部的不断缩小过程来体现无穷。所幸的是他从加拿大几何学家考克塞特（**H. M. Coxeter**）的著作《几何学导论》的插图中找到了这种方法。从理论上说考克塞特的插图与庞加莱的非欧几何学模型有关，埃舍尔却立刻认识到了它的美学价值。通过考克塞特的插图，埃舍尔演绎出了四种最成功的作品。埃舍尔本人对作品《圆的极限Ⅲ》是这样评述的：“在彩色木版画《圆的极限Ⅲ》中，《圆的极限Ⅰ》中的缺点大部分被克服。我们现在只有‘直通’系列，而且属于一个系列的所有鱼都有相同

圆的极限Ⅲ

圆的极限Ⅳ

的颜色,并且沿着一条从一边到另一边的圆形路线首尾相连游动。离中心越近,它们变得越大。为了使每一行都与其周围形成完全的对比,需要四种颜色。当所有这些成串的鱼像来自无穷远距离的火箭,以角从边界射出并且再次落回到它射出的地方时,没有任何单个的成员到达边缘。因为边界是'绝对的虚无'。然而,如果没有其周围的空虚,这个圆形的世界也不会存在。这不仅仅是因为'内部'的先决条件是'外部',而且还因为正是在这个'虚无'的外部,建立起这个框架的弧的中心点以几何的精确性被确定在那里。"

其他任何人能如此简洁地表达庞加莱模型的实质吗?埃舍尔给考克塞特寄去一份《圆的极限Ⅲ》,然而考克塞特的答复令他困惑不解:"我收到一封来自考克塞特的关于我送给他的彩色鱼画的满腔热情的信。他花了三页解释我实际做了些什么……十分可惜的是我什么也不懂,绝对丝毫不理解这些解释……"考克塞特曾经请埃舍尔听他的一个关于非欧几何学的讲演,并且相信他能够跟上这个话题。然而,考克塞特的努力仍未达到目的,从埃舍尔的话中可以推测出这一点。

双色木刻作品《圆的极限Ⅳ》是埃舍尔心目中的 $\mathbf{L}^2$(罗巴切夫斯基平面),这是根据考克塞特的建议画的图,图中的黑色魔鬼与白色天使嵌满了整个面,这些黑色魔鬼看起来大小不同,但长度都是合同的,白天使也一样。数学家证明过,罗氏几何中没有相似形,凡相似者必合同,从埃舍尔的画里看得很清楚。人们通常用欧几里得的概念来做罗巴切夫斯基平面的模型,不过其中"距离"和"直"这些基本概念要重新理解。称这个模型为 $\mathbf{L}^2$,其中上标"2"指空间的维数。("$\mathbf{L}^2$"读为"L2",不是"L 的平方"。)在欧几里得平面 $\mathbf{E}^2$ 上,$\mathbf{L}^2$ 有两种标准的表示法,即射影模型和保形模型(保角模型)。在这两种情况下 $\mathbf{L}^2$ 都是以 $\mathbf{E}^2$ 中的圆盘——单位半径的圆的内部来表示的。依照射影模型,罗巴切夫斯基几何中的"直线"是用弦来表示的,即通过圆盘的一段直线,它在 $\mathbf{E}^2$ 中是直的。依照保形模型，罗巴切夫斯基的“直线”画成通过圆盘的弧，对于 $\mathbf{E}^2$ 的几何来说，它是圆弧，并与 $\mathbf{S}^1$（即圆周）相交成直角。圆盘内两点 $\boldsymbol{A}$，$\boldsymbol{B}$ 之间的罗巴切夫斯基“距离”可用一个简单的公式给出，值得注意的是，它在每个模型里都具有几乎完全一样的形式。

虽然射影模型具有明显的优点，即把罗巴切夫斯基的“直线”描绘正确，但保形模型却具有稍微精细些也许是更有意义的优点，即能把罗巴切夫斯基“角”描绘正确。它有使微小的图形不受歪曲的效果，只要在每一点作适度的放大即可。还有，在这个模型里罗巴切夫斯基“圆”总是正确地描绘为圆。埃舍尔作过一些非常优美的木刻，用惊人的方式说明这些事实（插图《圆的极限Ⅳ》正是其中之一），是 $\mathbf{L}^2$ 的保形模型的精确表示。注意靠近边缘的地方虽然图形变得非常小而拥挤，其形状仍然大致保持不变。每个图形被检查的部分愈小，其形状保持得愈好。这就是保形表示的意义：任意小的图形精确保形，只是尺度不同。

罗巴切夫斯基世界是个无穷大的世界。《圆的极限Ⅳ》中的每个魔鬼都有相等的罗巴切夫斯基面积，并有无穷多个魔鬼。边界圆周 $\mathbf{S}^1$ 表示 $\mathbf{L}^2$ 的无穷远。

奇幻的想象世界

白昼与黑夜

最后，再来欣赏一下埃舍尔的两幅奇特的版画：《白昼与黑夜》和《另一个世界》。《白昼与黑夜》是一张博得广泛声誉的木刻作品。作品上方是黑、白相错的菱形土地。目光投向上方，土地变成了鸟，黑鸟和白鸟互相填补。左边的白昼风景正好是右边黑色风景的反射。从左至右是白昼到黑夜的渐变过程，从下至上是土地到飞鸟的渐

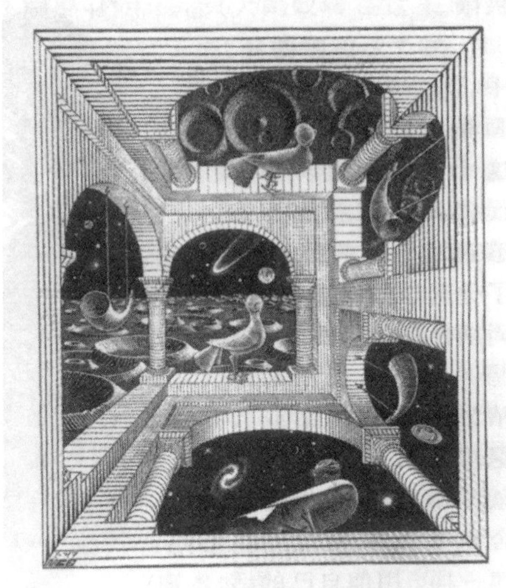

另一个世界

变过程。十分巧妙的是白鸟和黑鸟的外轮廓是互为连接、紧密排列的，各向相反的方向飞去。对称形的构图颇有装饰味，画面既美又耐人寻味，似乎可以从中领会到生物与天地不可分割的关系以及自然嬗变的交替与循环。

《另一个世界》似乎是在宇宙飞船上所看到的星空景象，但又像置身于一间梦幻般的古旧建筑物中。房子有三个不同的视点，房间的中心既像房间上半部的底点，又像房间下半部的顶点。从三个不同角度看房子外面的景色——好像是月球上的环形山及宇宙星空。窗口的人头鸟和类似牛角的东西更增添了画面的神秘感。

埃舍尔的版画展现着一个神奇的世界、一个神秘莫测的谜。他的作品给予我们的不仅是美感，还能使人们从错觉中得到想象、发现和启示（即“数学趣味”）。科学家们（特别是数学家）甚至可以通过埃舍尔的画找到自己设想的概念或原理，也就不足为奇了。

不断学习、探索与审美，既是修身养性的胜境，也是事业成功的源头活水。

方鸿辉

人生几何学几何

——谷超豪的诗性数学人生

诗人与数学家似乎是风马牛不相及的两类人。

诗歌属艺术门类，基本上是情感的产物。作诗无疑要靠形象思维，因此诗人必须具备自由驰骋的思想，有天马行空的想象，会无中生有的创造。数学则属自然哲学，是一门严谨的工具学科。数学所探寻的是自然界本质的原理与规律，是数与形的表达，必然是理性思考与逻辑推理的结果。

本文选自上海教育出版社2012年2月版《院士怎样做人与做事》。谷超豪系数学家。1926年5月15日生于浙江永嘉。2012年6月24日逝于上海。1948年毕业于浙江大学数学系，1953年起在复旦大学任教，1957年赴苏联莫斯科大学进修，获科学博士学位。复旦大学教授。1980年当选为中国科学院数学物理学部委员（院士）。历任复旦大学副校长、中国科技大学校长。主要从事偏微分方程、微分几何、数学物理等方面的研究和教学工作。在一般空间微分几何学、齐性黎曼空间、无限维变换拟群、双曲型和混合型偏微分方程、规范场理论、调和映照和孤立子理论等方面取得了系统、重要的研究成果。特别是首次提出了高维、高阶混合型方程的系统理论，在超音速绕流的数学问题、规范场的数学结构、波映照和高维时空的孤立子的研究中取得了重要的突破。撰有《数学物理方程》等专著。研究成果“规范场数学结构”“非线性双曲型方程组和混合型偏微分方程的研究”“经典规范场”分别获全国科学大会奖、国家自然科学奖二等奖、三等奖。曾获得2009年度国家最高科学技术奖。2009年8月，经国际小行星中心和国际小行星命名委员会批准，国际编号为171448的小行星被命名为“谷超豪星”。

数学家讲究的是严谨的假设与缜密的推理，必须具备做学问的一丝不苟的作风，具有将扎实的基础不断予以深化、拓展以逐步逼近真理的能力。再说，诗歌与数学所用的是两套完全不同的语言系统：做诗采用的是人们日常生活的语言，而数学则采用描述自然的特有语言——数、形与一整套严密的逻辑推理符号。

那么，情感与理性能协调吗？这两种气质能在同一个人身上和谐地统一吗？

在数学家谷超豪身上，我们找到了答案。

数苑从来思不停，穿云驰车亦有成。
且喜高空得孤子，相互作用不变形。

这是谷超豪院士在担任中国科学技术大学校长期间写就的一首诗。当年(1988—1993)，他经常要往返于上海与合肥之间，年过六旬，科研、教学与行政三副担子沉沉地压在肩头。上帝给每个人的时间都是每天24小时，不会因为你位高权重而有任何优待，这就迫使谷超豪将兼有的诗人的奔放与科学家的缜密完美地融合起来，追求简洁、对称与和谐，就成了他思考与处理科研、教学与行政问题的准则。在繁忙的科研工作之暇，甚至在出差公务的路途中，他也会惜时如金地调动大脑皮层中可致利用的相关信息，综合交错地思考、碰撞，令创新成果迭出。上述精妙的诗篇就是他在飞机上思考“孤立子”问题时的偶得。可见，谷超豪确实具有诗人与数学家的通感。

若要寻找数学家与诗人间的通感，其实还是能觅到一些端倪的。我们不妨从诗歌与数学探寻的本质与表达的形式来做些比较。诗歌与数学公式、定律，都能表达纷繁复杂的社会与自然的现象与规律，化繁杂为简洁，抓住核心，推陈出新。可以说，它们都是创新的思想成果。诗人情感奔放的背后，是在追寻做人之理，处事之道，所谓“诗言志”，它与数学探寻的自然之道、万物之理同出一辙。而且,它们在智慧反映与形式表达上与美学的三大特征——简洁、对称、和谐,也是完全相通的。尤其是诗词表达的弹性与无言之美,总以含蓄暗示、若即若离而引人入胜,它与数学表达的简洁、本质与深刻又何其相似乃尔!因此,谷超豪认为:诗歌“比别类文学更严谨、更纯粹、更精微”,与数学理论能“从尽可能少的假设和公理出发,用最简洁的形式,概括尽可能多的经验事实”,在表述的方式上有异曲同工之妙。难怪有人赞美数学定律、公式和理论之美是“用数学语言写就的诗”,或简称之“数学诗”。

谷超豪还认为:数学与诗词的相通,除了两者都用简洁的语言来表达丰富的世界外(譬如射影几何学采用直线、点、相交性等一些简朴的概念以描述丰满、完善的理论),数学还极其重视对称,这与古体诗中的“对仗”是多么相似!

谷超豪将诗人的浪漫、自由驰骋的思想风格,与数学家的严谨、一丝不苟的逻辑做派,这两者被和谐地熔铸于一身,体现了数学大师特有的做人、做事、做学问的思维方式,他的辉煌数学人生也因此而充满了诗情画意。

下面,我们循着谷超豪不同年代的诗作,来探寻这位数学大师诗性的数学人生。

读书明真理,宣誓向红星

(一)

稚年知国恨,挥笔欲请缨。
读书明真理,宣誓向红星。
隐身刀丛里,埋首纸堆深。
谁知胜利日,国事又惊心。

(二)

杭城柳色新,众志已成城。
学社名求是,文章抒激情。

喜逢故乡客，重作联络人。
黑夜见灯塔，奔走为黎明。

（三）

大海波涛涌，何复惜此身。
通衢双轮过，厂所单人行。
科技须保护，教育宜更新。
喜见天明朗，会师情谊深。

这首《往事自述》写于1988年，中共上海市教育卫生工作委员会和市委组织部“同意恢复谷超豪同志脱党期间（指重新入党前）的党籍，党龄从1940年3月起连续计算”的复议决定，令诗人激情澎湃，回忆往事而直抒胸臆。

1926年5月15日，谷超豪生于浙江永嘉县城区（现温州市鹿城区）。1933年春，谷超豪进瓯江小学接受启蒙教育，由于之前他曾在一所私塾里读过两年语文和算学，故直接插班到二年级下。瓯江小学是温州当地一所高水平的学校，少年谷超豪在这里养成了良好的学习习惯，受到了正确知识与正直为人的启蒙。当时，正值日寇加紧对华侵略，整个学校的教学活动也充分体现了爱国救国的主题，尤其是在语文、常识等课程中，渗透着近百年中华民族被侵略、遭欺凌的内涵，使少年谷超豪“稚年知国恨，挥笔欲请缨”。至今，谷超豪依然能清晰地回忆：“我高年级的语文课是徐达之先生教的，他所选用的教本不是通常使用的教材，而是一本称为《给年少者》的文集，是由生活读书出版社出版的，内容大多取自进步作家的著作，呼吁团结抗日，呼吁人民奋起，对我们有很大的激励作用。书中还附有许多扣人心弦故事的图片，直观地显现中国人民抵抗侵略的英勇气概。”学校的周会活动，则鼓励学生自编自演各种富有教益的短剧，谷超豪努力参与其中。他们还经常合唱《五月的鲜花》《锄头歌》《开路先锋》等歌颂先烈、申诉大众之劳苦的进步歌曲，这些都在谷超豪幼小的心灵中激发了向上的情操,播下了革命的种子,朦朦胧胧地知道该“怎样做人”的道理。

当然,瓯江小学也让少年谷超豪学到了“世界上没有什么神仙,刮风、下雨、打雷、闪电等都是自然现象”。尤其是在学校的礼堂里,一条孙中山先生的格言,谷超豪至今还记得清清楚楚——青少年要立志做大事,不要立志做大官。尽管日后事业的需求,推谷超豪当上“大官”,但少年谷超豪心中的大事就是“救国”和“科学发现”,即此生要做两件大事——一是要做科学家;二是要做革命家。现在看来,谷超豪的一生确实脚踏实地地实现了他年少时所立下的志向: 热爱科学,以国家的需要为己任。真可谓“读书明真理,宣誓向红星”。

瓯江小学的教学活动也激发了少年谷超豪对数学的兴趣。还在三年级时,张竹钦老师将分数化为循环小数时,1/3 居然可以写成 0.333333…,使谷超豪大为惊讶,也令他思考问题变得更深入。在后来做算术应用题“鸡兔同笼”“童子分桃”时,同伴们都觉得挺困难,而谷超豪除了能熟练运用算术解法外,还进一步尝试用代数方法来解算。从四年级开始,谷超豪还津津有味地阅读起历史小说,凡能弄到手的图书诸如《三国演义》《东周列国志》他都反复阅读。以后,家里请了一位老先生教“夜学”,又让谷超豪读了《千家诗》《诗经》等典籍,这也为他打下了较扎实的古典文学基础。出于对周围世界的新奇感和强烈的求知欲,谷超豪从小就对各类课外读物爱不释手,大量的阅读不仅增长了知识,拓宽了视野,也感悟出学科间的联系。

1938 年,谷超豪转入温州中学初中部。开学不久,老师在课堂上发问: 一个四边形,每边边长都是 1,面积是否是 1? 谷超豪会不假思索地答道“不一定是 1”。道理很简单,把这个四边形压扁成直线了,面积就变 0 了。谷超豪的发散思维得到了老师的赞扬和鼓励,而老师的启发式教学,也令谷超豪学习主动性更强了,对数、形等逻辑判断能力也更强了。

谷超豪还记得: 初中一年级暑假,正当他看武侠小说入迷时,他的哥哥谷超英给了他三本书——艾思奇的《大众哲学》、伊林的《十万个为什么》和别莱利曼的《趣味数学》。整个暑假他将这三本书反复阅读，尽管尚有不少疑难，但还是初步了解了什么叫"唯物论"，什么是"辩证法"，懂得科学与日常生活是密切相关的，而且由此使他钻研数学的劲头更大了。

朝着努力使学养丰厚、文理贯通目标进发的谷超豪，从青少年时代起就显示出较同龄孩子聪慧与懂事的特点，艰苦的抗战环境又让他意识到"国家兴亡，匹夫有责"。从初中开始，他就不由自主地投身抗战宣传，加入进步组织——"九月读书会"，研读起毛泽东的《论持久战》，开始相信马克思主义，相信唯物辩证法，跟着老大哥一起搞革命活动，诸如在温州市区张贴标语，下乡宣传抗日…… 在初中三年级时，谷超豪就加入了中国共产党（那年他才14岁）。真可谓"隐身刀丛里，埋首纸堆深"。

1943年，谷超豪从温州中学高中部毕业后，考入浙江大学龙泉分校，9月份到龙泉进入数学系求学。那年，因温州中学中共党支部书记被捕，谷超豪失去了与党组织的联络，但他为党的事业奋斗的意志依然是不动摇的。除了学好数学专业外，谷超豪的精力很大一部分倾注于如火如荼的学生运动之中，诸如发起成立"求是学社"，邀请马寅初等民主人士来校演讲以揭露官僚资本对中国经济的危害，组织"六一三"反内战游行，发起组织"温州大专学校学生暑期联谊会"，将英国轮船赶出瓯江等。尤其是在1946年下半年浙大总校迁回杭州后，在总校和杭州分校两股进步力量的汇合中，谷超豪发挥了很大的作用。1948年，谷超豪重新履行了入党申请，并于3月得到批准。真可谓"喜逢故乡客，重作联络人。黑夜见灯塔，奔走为黎明。"1948年下半年，谷超豪在浙大发起组织了旨在吸引爱好科技的学生以从事学术交流和进步学生运动的"求是科学社"，当年的100多名社员中，不少人日后为新中国的建设作出了大贡献，其中胡海昌、潘家铮、杨福愉、沈允钢、沈家骢、韩祯祥等都先后当上了中国科学院或中国工程院的院士。

值得指出的还有 1948 年冬，当得知国民党国防部雷达研究所从南京迁到杭州后，谷超豪根据党组织的指令，成功地策动该研究所人员的起义，打破了国民党国防部妄图将雷达所进一步南迁台湾的梦想，使人民解放军顺利接管了该所的人员、装备和所有器材。“喜见天明朗，会师情谊深。”

人生几何学几何

昨辞匡庐今蓬莱，浪拍船舷夜不眠。
曲面全凸形难变，线素双曲群可迁。
晴空灿烂霞掩日，碧海苍茫水映天。
人生几何学几何，不学庄生殆无边。

这首写于 1986 年的《乘船去舟山讲学》，形似诗人对当时中学生中流行的“人生有几何，何必学几何”打油诗的新释，其实也是谷超豪不懈努力的数学人生之心境与写照。

要在数学中不断攀登高峰，必须对数学有持久的兴趣。从小学起，谷超豪已被数学的魅力所倾倒，到了中学时代，随着阅读能力的提高，课外阅读成了谷超豪的最爱。至今谷超豪还清晰地记得当年读刘熏宇著《数学的园地》令他着迷的情形：在听中学物理课时，谷超豪自以为对速度、加速度的概念已牢固掌握了，然而读了《数学的园地》他惊奇地发现，精确的速度概念要用微积分才能表达。为了能精确表达，必须跨入微积分领域。由此，他自学的兴趣越发浓厚了。在大学一二年级时，由于家乡沦陷，谷超豪被困在家里，他便找来了 **Gousart** 的 ***Mathematical Analysis*** 自学，反复阅读和演算的结果，让他深入地了解了数学分析法，掌握了射影几何的初步知识，也尝到了自学的甜头。

大学高年级时，谷超豪有幸得到了苏步青和陈建功先生的栽培。那时，谷超豪除了按课程进度学习外，还有机会参加苏步青和陈建功先生主持的讨论班。凡参加讨论班的成员都要攻读指定的论文并回答专家的提问。当年浙大有一个规定，一位学生不能同时参加几何讨论班（苏步青主持）与函数论讨论班（陈建功主持）。然而经过苏先生和陈先生的研究，由于谷超豪与张鸣镛两位同学在几何与分析两方面均有潜力，破格地允许他俩可同时参加这两个班。这对日后谷超豪能在这两个方向上均有建树作了铺垫。

念书之外，苏步青先生还鼓励谷超豪做研究。一次，苏先生在讨论班讲解三次空间曲线时，提到该曲线的某些性质还有待阐明。说者无意，听者有心，谷超豪课后经过钻研，果然把这些性质给证明出来了。苏先生除了欣喜，还加以鼓励。从此，谷超豪除了努力打好基础外，就不断尝试做一些带有创造性的课题。

大学毕业后，谷超豪留校任教。先是被分配管图书馆，在谷超豪眼里这是一个求之不得的美差，就像老鼠掉进了米缸，有机会终日与书为伴。后来院系调整，谷超豪就随苏先生到了复旦大学，主要研究方向是微分几何。

1957 年，在苏步青和陈建功先生的推荐下，谷超豪与夏道行获得了去莫斯科大学进修两年的机会。在莫斯科大学，谷超豪不仅参加了由菲尼柯夫和拉舍夫斯基教授主持的两个微分几何讨论班，还参加了以莫斯科大学校长彼得洛夫斯基院士为首的偏微分方程讨论班。在去苏联之前，苏步青先生曾对谷超豪说，李-嘉当的许多工作都被后人充分发展了，但其无限变换群的理论还需要有人去进一步探索，不过难度挺大。在莫斯科大学，谷超豪的确找到了研究这项理论的良好条件，他能每隔两三周就对有关问题做一次汇报，用了一年时间就写成好几篇论文，后来将这些思想成果予以汇总，构成了谷超豪的博士学位论文——《李-嘉当变换拟群的通性及其对微分几何的应用》。1959 年 7 月，谷超豪顺利通过答辩，直接破例被授予物理—数学科学博士学位。

学成回国后，谷超豪迎来了学术的丰收期，尤其是研究流体力学中的偏微分方程，取得了一系列国际领先的成果，也培育出像李大潜那样的杰出专家。眼见自己的学生能独当一面地不断深入开掘了,谷超豪又去开拓新的领域了,诸如研究当时学界一致认为有很大难度的混合型偏微分方程。以后,谷超豪又在多元混合型方程的边值问题中有意外发现,做出重要突破。

对于谷超豪的科研“转向”,学生洪家兴院士打过一个形象的比方:“他带着大家探索、开路,而且会在找到一条通往金矿之路后,就把金矿让给跟随他的年轻人去继续挖掘,自己则带着另一批年轻人去寻找另一座金矿。”旁人往往不能理解:这不是自找苦吃吗?谷超豪的回答却很简单:“因为我的科研时间有限,我在研究中发现吸引我的新领域,而学生们又能在原有领域独当一面、有独到见解时,我就鼓励他们做下去。”他还补充道:“要引导年轻人做最有前途的研究,用最好的内容和方法启发他们。”这种育人思路和风格,必然使谷超豪从教60年在先后培养的学生中,会造就9位学生先后当上了中国科学院院士或中国工程院院士。春色满园,桃李遍地,正是谷超豪学问之道的硕果体现。

正当谷超豪研究成果迭出之际,史无前例的“文化大革命”开始了。由于谷超豪的研究课题大多属于基础理论范畴,因而被全面否定。然而,作为“笑倾骄阳不零落,护育精华无闲空”的数学家,谷超豪依然寻找机会不断实践赤子报国之愿。

1973年,上海的一些航天研究者到复旦大学,希望谷超豪跟他们合作,帮助做导弹发射的空气动力学问题。当时,复旦的科研体系遭到“四人帮”的严重破坏,经过多方努力,掌权的造反派才允许谷超豪组织起一个小组,研究“超音速弹头附近气流计算”。不过,造反派规定谷超豪只能“从旁协助”,不算正式成员。谷超豪可管不了那么多“规矩”,全身心投入其中。那时,复旦数学系只有一台每秒能算几万次的“719”计算机,而且该机没有自动保存功能,一旦停电或机器故障,数据会全部丢失,必须从头算起。为此,谷超豪只能半夜去机房,因为只有那个时段电源较稳定。常常一算四五个小时,还提心吊胆地怕出故障。诚如谷超豪说的“人道数无味，我道味无穷”，在那样的环境下，钟爱数学的谷超豪还做得那样有滋有味。工夫不负有心人，最终还是解决了难题。谷超豪欣喜地将力学知识与计算数学相融合，做出实际设计需要的数据，检验了一位真正有实力的数学家的学科通透和交叉贯通的能力。

接着，谷超豪又有机会与杨振宁一起做了规范场的研究，也取得了丰硕的成果。谷超豪清晰地回忆：“最早与杨振宁先生接触是1974年，他是规范场的创始人，那时他还继续做着规范场的工作。这一理论被称为‘杨-米尔斯理论’。杨先生是从物理观念出发做的规范场，后来接触到数学界人士，有人告诉他规范场跟微分几何有密切关系，于是杨先生就想知道具体是什么样的关系。他知道复旦大学的微分几何还是相对有实力的，所以提出要跟复旦大学的数学家们合作搞规范场的研究。”由于谷超豪是微分几何学术带头人之一，合作项目自然由谷超豪负责。项目组由物理系和数学系的一些教师组成。他们先听杨振宁作报告，然后讨论。对杨振宁第一天提出的问题，当天谷超豪与胡和生就做出两项研究成果，这大大出乎杨振宁的意料：复旦居然有人懂他的东西，有人与他有共同语言。谷超豪的团队不光对数学有兴趣，对物理也有兴趣，双方的共同语言很快建立起来，研究也很快深入并取得实质性进展。不久，国际权威杂志 ***Physical Review Letters***（1980）就请谷超豪写文章，并希望用中文做摘要。这让谷超豪喜出望外，毕竟在此之前国际杂志还从来没有用中文做摘要的先例。

正当合作研究取得新进展时，中国科学技术大学要聘请谷超豪去当校长了，这让他举棋不定。作为学者，谷超豪生怕行政工作与学术研究难以协调，但苏步青和杨振宁先生都支持他去，谷超豪三思之后也就从命上任了。“我认为学问绝不能停，一旦停下来要再恢复就很困难了。”因此，谷超豪尽管每天只能少做点，但绝不停顿，把凡是可利用的时间边角料统统利用起来，哪怕坐飞机、火车的碎片时间也都充分利用，诚可谓“数苑从来思不停，穿云驰车亦有成”。在肩挑科研、行政、教学三副重担的年头,谷超豪居然得出了有关孤立子理论的 **Darboux** 变换的系统结果,找到了一个普适性公式,对许多孤立子方程都适用。这不能不说是一个奇迹!

谷超豪院士行政与科研再忙也坚持给学生上课

法兰西科学院的肖盖院士研究谷超豪的工作后,发现谷超豪的科研有四大具有个性的风格——独特、高雅、深入、多变。其实,前三者大凡成功的科学家都会具备,唯独“多变”倒是谷超豪学术风格的一大特色。他的学术重点曾多次发生重大转变:从早期随恩师苏步青院士专攻微分几何;留苏归国后转向偏微分方程,并在超音速绕流、混合型方程组等方面作出了世界领先的成绩;之后又一头扎进数学物理的前沿,与杨振宁先生就规范场理论的合作研究也作出了不少成果。微分几何、偏微分方程和数学物理是当今核心数学最活跃的三个分支,谷超豪却能先后涉足这三大领域,并且能在这三个方向及其交汇点上均获得国际认可的突破性成果。因此,谷超豪能荣获 2009 年国家最高科学技术奖,确是也是实至名归的必然。

“从年轻时起,我研究数学是由兴趣吸引的,把追求数学当作自己的兴趣。后来又知道数学对认识自然,改进生产力有很大作用,动力就更大了。做学问就像下棋,要有大眼界,只经营一小块地盘,容易失去大局;而不在一个课题上做深入的研究,又可能流于空泛和肤浅。所以在做学问时,一方面要巩固基础,力求创新;另一方面则要有广博的知识。若两者皆备,就能够成功了。我现在仍在朝这个目标努力,虽然我年纪大了,但是学问还是要继续搞下去,希望能在有生之年还能为数学研究作出自己的贡献。”

“人生几何学几何,不学庄生殆无边。”是啊,人生虽有限,但可以去探索无限的学问。

乐育英才是夙愿

半纪随镫习所之,神州盛世正可为。
乐育英才是夙愿,奖掖后学有新辉。
校园朝朝印健履,京华季季换征衣。
世局动荡信念在,不羡群贤汇钧矶。

这是谷超豪写于1998年的《和苏师》。

1946年,苏步青先生完成台湾大学接管任务后回到浙江大学,谷超豪有幸聆听了仰慕已久的微分几何大师苏步青的演讲。但是,那次演讲并没有涉及数学,令谷超豪感到失望。好在从第二年暑期开始,由学生自己读文章作报告的“数学研究”课程让谷超豪有机会直接求教苏步青先生,苏先生为谷超豪指定了**Eisenhart**的微分几何引论作为报告的主题;四年级时,谷超豪又修习了苏先生的综合几何课,从此将谷超豪引入了微分几何世界。

1948年,谷超豪大学毕业,因学业优秀又具有独立的科研能力而获得苏步青的赏识,并让他留校做助教。由于临近解放,作为中共地下工作者,谷超豪的工作自然繁忙又十分紧张。但他坚持听苏步青和陈建功先生的课,继续着他钟爱的数学研究。

杭州解放后，谷超豪奉命投入“中国科协杭州分会”及“科联浙江分会”的繁忙工作，但依然坚持不懈地去听苏先生为研究生讲授的“一般空间微分几何”课程。那时，苏步青与谷超豪既是师生关系，又是“科联”主席与秘书（兼党组书记）的关系，相互间特别融洽。1951 年 5 月 4 日《人民日报》发表了“革命青年要向科学进军”的社论，触发了谷超豪回归浙江大学的愿望。是恩师苏步青帮谷超豪向相关部门做了工作，才使谷超豪顺利回归数研队伍。以后，又是苏先生和陈先生的努力，送谷超豪留苏深造……

苏步青曾说：“人家都说‘名师出高徒’，我看还是‘高徒捧名师’。我自己并没有什么了不起的地方，倒是你们出名了，把我捧出了名。但是，我要说，有一点你们还没有超过我，那就是我培养了一代像你们这样出色的数学家，而你们还没有培养出超过自己的学生。”这种崇高的师道，诠释了一个深刻的哲理：教师的天职——培养超过自己的学生。因此，教育界有识之士把“能培养超过自己的学生”的教育现象称之为“苏步青效应”。

复旦数学系的三代数学大师——苏步青、谷超豪夫妇与李大潜的“苏门三代”佳话就折射出了“苏步青效应”。他们之间虽有明确的传承关系，但更注重的是与时俱进的个人创新。在师道传承的坚实基础上，个人孕育的崭新发展更令学界关注。李大潜院士曾儒雅地表示：“我的两位恩师在学术上造诣精深，成就卓著，他们是确保‘复旦薪火，代代相传，生生不息’的本源，也是复旦数学系实力的印证。他们不仅一直鼓励和支持学生们创新和超越，而且还不断开拓自己的研究领域，一直是带着‘传承 + 发展’的眼光来做学问的。如果安于接受前人的衣钵，那么，‘君子之泽，五世而斩’，复旦数学的传统也不会绵延至今。”

作为中国微分几何学派创始人的苏步青院士，在国际数学界享有“东方第一几何学家”的美誉，在身处“文化大革命”的磨难岁月，还开创了计算几何的新学科。谷超豪和胡和生院士曾是苏先

胡和生、谷超豪夫妇祝贺老师苏步青教授 90 寿辰(1991)

生创立微分几何学派的中坚力量,他们不仅研习了现代微分几何,还进一步转向了偏微分方程的研究,后来又在数学物理领域开创了学术上的辉煌。而李大潜则在偏微分方程方面得到谷超豪先生的严格训练,并在拟线性双曲组的领域中接过了谷先生的接力棒,开始了自己的系统研究。后来,又在苏步青和谷超豪的鼓励与支持下,赴法国深造,在法国现代应用数学学派创始人里翁斯院士的指导下,走进了应用数学这一广阔的领域。而今他们又薪火相传地继续栽培着一代又一代的年轻俊才,“乐育英才是夙愿”就是他们的写照。

数学是一门在非常广泛的意义下研究自然和社会现象中的数量关系和空间形式的科学。要在数学的蔚蓝天空下自由翱翔,除了展开基础研究与应用研究的双翅外,还得展开科学与人文的双翅。

在数学的殿堂里遨游了数十载的谷超豪深深体会到:数学不仅是一种研究自然与社会的得心应手的工具、一种国际通用的语言、一门博大精深的科学,它更是一种文化。复旦三代数学大师——苏步青、谷超豪夫妇与李大潜都是对中外传统文化情有独钟的学者。

1982 年,苏步青作了《同谷超豪、胡和生、李大潜游巴黎作》:

万里西来羁旅中,朝车暮宴亦称雄。
家家塔影残春雨,处处林岚初夏风。
杯酒真成千载遇,远游难得四人同。
无须秉烛二更候,塞纳河边夕阳红。

四位院士在巴黎(左起胡和生、谷超豪、苏步青、李大潜,1982)

三代学人同时到法国巴黎访问,在富有诗意的塞纳河畔,他们以诗佐酒,赋诗抒怀,成了数学界一段风流佳话。

10 年后的 1992 年,谷超豪重游故地,思绪万千,又吟唱《巴黎之夜》:

此行不觉独行苦,但忆惜行四人同。
艾菲金光壮夜色,塞纳银波逐晨钟。
灯船穿梭天桥下,飞车织网地道中。
不羡花都繁华地,多重孤子上高空。

作为学养丰厚的数学大师，谷超豪曾写了大量有哲理的诗篇。诸如 1987 年写的《致和生》：

数苑共游三十年，风雨同舟情更添。
不期老来更忙碌，问君何时可偷闲。

表达了三十年风雨同舟的情感。相隔四年，在胡和生当选为中科院学部委员后，他又深情地写下了《贺和生》：

苦读寒窗夜，挑灯黎明前。
几何得真传，物理试新篇。
红妆不须理，秀色天然妍。
学苑有令名，共庆艳阳天。

谷超豪、胡和生院士夫妇在共同研究与探讨

笔者不由得想起钱学森院士在九十多岁时，曾说过这样一段极富哲理的话：我现在年纪大了，别的问题都不考虑了，就考虑大问题，就是怎么培养创造性人才，就是艺术与科学相结合。

作为中国科学泰斗的“航天之父”，钱学森没有谈他钟情的“三论”、没有谈他一辈子投身的火箭事业，而是念念不忘怎样培养一流人才，创一流大学，并根据自身走过的科学道路和历史上大凡有所作为的人才成功的经历，情有独钟地阐述了：要培养时代需求的创造性人才，艺术和审美活动非常重要，毕竟这是能激发人才的想象力，能激发出大跨度综合思维能力的，而思维的拓宽恰恰是科学创新不可或缺的基底。这就是我们现在探讨得十分热火的“科学与艺术相结合”。谷超豪科学人生的辉煌不就是一个明证吗？

谷超豪、胡和生夫妇与洪家兴院士合影

“半亩方塘一鉴开，天光云影共徘徊。问渠那得清如许，为有源头活水来。”这是谷先生最欣赏的南宋大学问家朱熹的一首脍炙人口的名诗。这首诗道出了一种修养的胜境，正是不断学习、探索与审美活动给我们带来了“源头活水”，也是大数学家谷超豪诗性数学人生的“源头活水”。

谷超豪院士在家里辛勤耕耘（2006，方正怡摄）

谷超豪院士在“谷超豪星”命名仪式上

谷超豪认为：“诗能用非常简洁的语言，来表达非常丰富的内容。”对于谷超豪创作的大量脍炙人口的诗篇，当笔者想进一步引出谷老对诗词创作的感悟时，他只是淡淡地表示：“诗词有很多严格的规律，这个规律我也没有时间去学，我只是兴之所至，偶然想到几句话就写出来罢了。”融数学家与诗人于一体的谷先生就是这般谦虚与好学。

说着说着，谷先生随口就吟唱起来：

人言数无味，我道味无穷。
良师多启发，珍本富精蕴。
解题岂一法，寻思求百通。
幸得桑梓教，终生为动容。

科学情怀

科学所追求的是概念的最大的敏锐性和明晰性。

爱因斯坦

科学的共同语言

走向语言的第一步是把声音或者其他可供交往用的符号同感觉印象联系起来。所有群居的动物好像都已有了(至少在一定程度上)这种原始的交往手段。当人们采用了另外一些符号,使那些表示感觉印象的符号相互间建立起关系,并且为人们所理解时,语言就达到了较高的发展阶段。在这个阶段,已经有可能报道一系列多少有点复杂的印象,我们可以说这时语言已经产生了。如果语言的目的是导致理解,那么在符号之间的关系中必须具有一些规则。同时,在符号和印象之间又必须有着固定的对应关系。由同一种语言结合起来的人们,在他们童年时期,主要是靠

本文是爱因斯坦于 1941 年 9 月 28 日为伦敦"科学讨论会"所作的广播讲话。讲稿最初发表在伦敦的《科学进步》(***A dvancement of Science***),第 2 卷,第 5 期。

直觉来领会这些规则和关系的。当人们意识到符号之间的规则时，所谓语法就建立起来了。

思考中的爱因斯坦

在开始阶段，词都可直接同印象对应起来。在较后阶段，则由于有些词只有当它们同别的词（比如像“是”“或者”“事物”这些词）连在一起使用时，才表示知觉之间的关系，那种直接的对应关系就此消失。在这样的情况下，指示知觉的是词组，而不是单词。当语言由此而部分地独立于印象的背景时，就得到了较大的内在一致性。

在这个进一步的发展阶段，经常使用所谓抽象的概念；而只有在这个阶段，语言才成为真正的推理工具。但也正是这种发展，使语言成为错误和欺诈的危险源泉。一切都取决于词和词的组合同印象世界对应的程度。

使语言和思维具有这样一种密切关系的究竟是什么呢？是不是不用语言就没有思维，就是说，在不一定需要用词来表达的概念和概念的组合中，是不是就没有思维？我们每个人都不是曾经在已经明白了“事物”之间的关系之后还要为推敲词而煞费苦心吗？

如果一个人构成或者可能构成他的概念时可以不用周围的语言来指导，那么我们就可能倾向于认为思维的作用是同语言完全无关的。但是在这样的条件下生长起来的一个人的精神状态会是非常贫乏的。因此，我们可以下结论说，一个人的智力发展和他形成概念的方法在很大程度上是取决于语言的。这使我们体会到，语言的相同，多少就意味着精神状态的相同。在这个意义上，思维同语言是连接在一起的。

科学语言同我们通常所了解的语言有什么不同呢？科学的语言怎么会是国际性的呢？就概念的相互关系以及概念同感觉材料

的对应关系来说，科学所追求的是概念的最大的敏锐性和明晰性。让我们举欧几里得几何和代数的语言为例来说明这一点。它们使用少数独立引进的概念及其符号，比如整数、直线、点，同时也使用一些表示基本运算的符号，这种运算就是那些基本概念之间的关系。这是构成或者说定义其他一切陈述和概念的基础。以概念和陈述作为一方，以感觉材料作为另一方，这两方面的联系是通过足够完善的计数和量度工作而建立起来的。

科学概念和科学语言的超国家性质，是由于它们是由一切国家和一切时代的最好的头脑所建立起来的。他们在单独的但就最后的效果来说却是合作的努力中，为技术革命创造出精神工具，这个革命已在上几个世纪改变了人类的生活。它们的概念体系在杂乱无章的知觉中被用来作为一种指针，使我们懂得从特殊的观察中去掌握普遍真理。

爱因斯坦在书房

科学方法带给人类哪些希望和忧虑呢？我不认为这是提问题的正确方法。这个工具在人的手中究竟会产生出些什么，那完全取决于人类所向往的目标的性质。只要存在着这些目标，科学方法就提供了实现这些目标的手段。可是它不能提供这些目标本身。科学方法本身不会引我们到哪里去的，要是没有追求清晰理解的热忱，甚至根本就不会产生科学方法。

手段的完善和目标的混乱，似乎是——照我的见解——我们这时代的特征。如果我们真诚地并且热情地期望安全、幸福和一切人的才能的自由发展，我们并不缺少去接近这种状态的手段。哪怕只有一小部分人愿为这样的目标努力，最后也会证明这些目标是高超的。

《寂静的春天》犹如旷野中的一声呐喊,用它深切的感受、全面的研究和雄辩的论点改变了历史的进程。如果没有这本书,环境运动也许会被延误很长时间,甚至现在还没有开始。

艾伯特·戈尔

《寂静的春天》前言

作为一位被选出来的政府官员,给《寂静的春天》作序有一种自卑的感觉,因为它是一座丰碑,作为思想的力量,为比政治家的力量更强大提供了无可辩驳的证据。1962 年,当《寂静的春天》第一次出版时,公众政策中还没有“环境”这一提法。在一些城市,尤其是洛杉矶,烟雾已经成为一些事件的起因,虽然表面上看起来还没有对公众的健康构成太大的威胁。

资源保护(环境主义的前身)在 1960 年民主党和共和党两党的辩论中就涉及了,但只是目前才在有关国家公园和自然资源的

本文作者艾伯特·戈尔(**Albert Arnold Gore Jr.**,一般也称为阿尔·戈尔)系环境学家、美国政治家。1948 年 3 月 31 日出生于肯塔基,童年在田纳西州的肯塔基和华盛顿特区度过。1969 年 6 月以优异成绩毕业于哈佛大学,同年 8 月入陆军航空兵学校任情报军官。曾于 1993 年至 2001 年担任副总统。之前曾出任美国国会众议员(1977 年至 1985 年)及美国国会田纳西州参议员(1985 年至 1993 年)。他的父亲亦曾任三届国会参议员。作为国际著名环境学家,由于在全球气候变化与环境问题上的贡献而获得了 2007 年度诺贝尔和平奖。曾提出著名的“信息高速公路”“数字地球”等概念,引发并推动了一场全球的技术革命。

艾伯特·戈尔

雷切尔·卡森在思考

《寂静的春天》书封

法律条文中大量出现。过去,除了在一些很难看到的科技期刊中,事实上没有关于 **DDT** 及其他杀虫剂和化学药品正在增长的、看不见的危险性的讨论。《寂静的春天》犹如旷野中的一声呐喊,用它深切的感受、全面的研究和雄辩的论点改变了历史的进程。如果没有这本书,环境运动也许会被延误很长时间,甚至现在还没有开始。

本书的作者是一位研究鱼类和野生资源的海洋生物学家,所以,你也就不必为本书和它的作者受到从环境污染中获利的人的抵制而感到吃惊。大多数化工公司企图禁止《寂静的春天》的发行。当它的片段在《纽约人》中出现时,马上有一群人指责书的作者蕾切尔·卡森是歇斯底里的、极端的。即使现在,当向那些以环境为代价获取经济利益的人问起此类问题时,你依然能够听见这种谩骂(在 1992 年的竞选中我被贴上了"臭氧人"的标签,当然,起这个名字不是为了赞扬,而我则把它作为荣誉的象征,我晓得提出这些问题永远会激发凶猛的、有时是愚蠢的反抗)。当这本书开始广为传颂时,反抗的力量曾是很可怕的。

对蕾切尔·卡森的攻击绝对比得上当年出版《物种起源》时对达尔文的攻击。况且,卡森是一位妇女,很多冷嘲热讽直接指向了她的性别,把她称作"歇斯底里的人"。《时代》杂志甚至指责她"煽情"。她被当作"大自然的女祭司"而摒弃了,作为科学家的荣誉也被攻击,而对手们资助了那些预料会否定其研究工作的宣传品。那完全是一场激烈的、有财政保障的反击战,不是对一位政治候选人,而是针对一本书和它的作者。

卡森在论战中具有两个决定性的力量:尊重事实和非凡的个人勇气。她反复地推敲过《寂静的春天》中的每一段话。现实已经证明,她的警言是言简意赅的。她的勇气和远见卓识,已经远远超过了她要动摇那些牢固的、获利颇丰的产业的意愿。当写作《寂静的春天》的时候,她强忍着切除乳房的痛苦,同时还接受着放射治疗。书出版两年后,她逝世于乳腺癌。具有讽刺意味的是,新的研究有力地证明了这一疾病与有毒化学品的暴露有着必然联系。从某种意义上说,卡森确确实实是在为她的生命而写作。

在她的著作中,她还反对科学革命早期遗留下来的陈腐观念。人(当然是指人类中的男性)是万物的中心和主宰者,科学史就是男人的统治史——最终,达到了一个近乎绝对的状态。当一位妇女敢于向传统挑战的时候,它的杰出护卫者之一罗伯特·怀特·史帝文斯语气激昂、离奇有如地球扁平理论那样地回答说:“争论的关键主要在于卡森坚持自然的平衡是人类生存的主要力量。然而,当代化学家、生物学家和科学家坚信人类正稳稳地控制着大自然。”

以今日眼光所看出的这种世界观的荒谬性,表明了许多年前卡森的观点多么具有革命性。来自获利的企业集团的谴责是可以估计到的,但连美国医学协会也站在了化工公司一边。而且,发现 **DDT** 的杀虫性的穆勒还获得了 1948 年诺贝尔生理学及医学奖。

不过,《寂静的春天》不可能被窒息。虽然它提出的问题不能马上解决,但这本书本身受到了人民大众的热烈欢迎和广泛支持。顺便提及一下,卡森已经靠以前的两本畅销书得到了经济上的自立和公众的信誉,它们是《我们周围的海》和《海的边缘》。如果《寂静的春天》早 10 年出版,它定会很寂静。在这 10 年中,美国人对环境问题有了心理准备,听说或注意到了书中提到的信息。从某种意义上说,这位妇女是与这场运动一起到来的。

最后,政府和民众都卷入了这场运动——不仅仅是看过这本书的人,还包括看过报纸和电视的人。当《寂静的春天》的销售量超过了 50 万册时,**CBS**(**Columbia Broadcasting System**,哥伦比亚广播公司)为它制作了一个长达一小时的节目,甚至当两大出资人停止赞助后,电视网还继续广播宣传。

肯尼迪总统曾在国会上讨论了这本书,并指定了一个专门调查小组调查它的观点。这个专门调查小组的调查结果是对一些企业和官僚的熟视无睹的起诉,卡森的关于杀虫剂潜在危险的警告被确认。不久以后,国会开始重视起来,成立了第一个农业环境组织。

《寂静的春天》播下了新行动主义的种子,并且已经深深植根于广大人民群众中。1964 年春天,蕾切尔·卡森逝世后,一切都很清楚了,她的声音永远不会寂静。她警醒的不但是我们国家,甚至是整个世界。《寂静的春天》的出版应该恰当地被看成是现代环境运动的肇始。

《寂静的春天》对我个人的影响是相当大的,它是我们在母亲的建议下在家里读的几本书之一,并且我们在饭桌旁进行讨论。姐姐和我都不喜欢把任何书拿到饭桌旁,但《寂静的春天》例外。我们的讨论是愉快的,留下了生动的记忆。事实上,蕾切尔·卡森是促使我意识到环境的重要性并且投身到环境运动中去的原因之一。她的榜样激励着我,使我写了《濒临失衡的地球》,它是被哈顿·米夫林公司出版的,当然不是偶然的。这个公司在卡森的整个论战过程中都支持了她,也因此得了一个好名声,出版了许多关于我们的世界所面临的环境危险的好书。她的照片和那些政治领导人——那些总统们和总理们的照片一块悬挂在我办公室的墙上。它已经在那里许多年了,它属于那里。卡森对我的影响与他们一样,甚至超过他们,超过他们的总和!

作为一位科学家和理想主义者,卡森又是个孤独的听众,官场的人们常常难以如此。当她接到一封来自马萨诸塞州杜可斯波里的一个名叫奥尔加·哈金丝的妇女的关于 **DDT** 杀死鸟类的信时,她就构思出了《寂静的春天》。现在,因为卡森的努力而禁止了 **DDT**,一些与她有着特殊关系的鸟类,如鹰和移居的猎鹰,不再处于绝迹的边缘。因为她的著作,人类(至少是数不清的人)保住了性命。

无疑,《寂静的春天》的影响可以与《汤姆叔叔的小屋》媲美。两本珍贵的书都改变了我们的社会。当然,它们也有很大的区别。哈里特·比彻·斯托把人们熟知的、公众争论的焦点写成了小说,她给国家利益和大众关怀所注入的更多是人性的成分。她描绘的奴隶的形象感动了民族的良知。林肯在南北战争处于高潮时会见了她,对她说:"您就是起始整个事件的小女士。"相反,蕾切尔·卡森则警告了一个任何人都很难看见的危险,她试图把环境问题提上国家的议事日程,而不是为已经存在的问题提供证据。从这种意义上说,她的呐喊就更难能可贵。具有讽刺意味的是,她于 1963 年在国会作证时,参议员阿伯拉罕·李比克夫(**Abraham Ribicof**)欢迎她时令人不安地模仿林肯恰好一个世纪以前的话说:"卡森小姐,你就是起始这一切的女士。"

两本书的另一个区别在于,《寂静的春天》与现实持续不断地相关联。奴隶制可以(也确实)在几年内终结,尽管还要花一个世纪或更多时间去处理它带来的后果。但是,如果说奴隶制可以依靠笔端的斗争而废除,那么化学污染却不能。尽管卡森的论辞铿锵有力,尽管美国采取了禁止 **DDT** 的行动,环境危机却不是变好了,而是越来越糟了。或许灾难增长的速率减缓了,但这本身就是一种令人不安的牵挂。自《寂静的春天》出版以来,仅农场用的农药就加倍到每年 11 亿吨,危险的化学药品的生产增长了 400%。我们自己禁止使用了一些农药,但我们仍然生产,然后出口到其他国家。这不仅使我们陷入一种以出卖自己不愿意接受的公害并从中获利的状态,而且也反映了对科学无国界观念在理解上的原则性错误——毒杀任何一个地方的食物链最终会导致所有的食物链中毒。

卡森很少的几次演讲的最后一次是在全美园林俱乐部(**Garden Club of America**)作的。她承认,事情在变好之前会变得更糟:“问题很多,却没有容易的解决办法。”她还警告说,我们等待的时间越长,我们要面对的危险就越多:“我们正遭受着暴露的化学药品的全面污染,动物实验已经证明它们极具毒性,很多情况下它们的效果还会积累。这种侵害在出生时或出生前就开始了。如果不改变我们的方法,这种侵害会贯穿整个生命历程,没有人知道结果会怎样,因为我们未曾有过这样的经历。”自从她下了这些断言,我们已经悲哀地经历了许多,癌症和其他与农药有关的疾病的发生率猛增。难办的是我们并非什么都没做过,我们已经做了一些重要的事情,可是我们所做的还远远不够。

环境保护署(**Environmental Protection Agency**)于1970年成立了,这在很大程度上是由于蕾切尔·卡森所唤起的意识和关怀。杀虫剂管制和食品安全调查机构(**Food Safety In-Spectionsechce**)都从农业部移到了新的机构,而农业部自然只是想了解谷物上喷洒农药的好处,而不是危险。从1962年,国会就号召确立杀虫剂的检验、注册和资料的标准,不是一次,而是三番五次,但大部分标准都被忽视、推迟和废弃了。

例如,克林顿-戈尔政府接政时,使农场工作者免受杀虫剂毒害的标准还没有确定,尽管环保署在70年代初就开始“运作”了,像**DDT**那样的广谱杀虫剂已经被毒性更大的窄谱杀虫剂替代了,但它们并未经过全面的检测,具有相当的或更大的危险性。

杀虫剂工业中的大部分强硬派人士都成功地推迟了《寂静的春天》中所呼吁的保护性措施的施行。令人吃惊的是,这些年来,国会依然宠爱这些工业。规范杀虫剂、杀菌剂和灭鼠剂的法规的标准比食品和医药的法律宽松得多,国会故意让它们难以实施。在制定杀虫剂的安全标准时,政府不仅考虑它们的毒性,还考虑它们所带来的经济效益。这纯粹是自掘陷阱。农业产量的增加(也可以通过其他办法来提高)是以癌症、神经性疾病等的潜在增长为代价的。况且,把具有危险性的杀虫剂从市场上彻底清除还需5至10年时间。新型杀虫剂,即使毒性很强,如果效果比现有的稍好一点,也会得到允许。

依我看,这很像是一种“低谷待久了,反有上升之感”的心理平衡了。现有的体制是浮士德式的交易——牺牲长远利益,获得近期利益。可以证明,这种近期利益是相当短的。许多杀虫剂不能使所有的害虫全部灭绝。也许开始时能够,但害虫通过基因突变而逐渐适应了,那么这些化学药品也就失去了作用。更何况,我们重点研究的是杀虫剂对成虫的作用,而不是幼虫,而成虫对化学药品是特别脆弱的。科学家们总是分立地检测它们的作用,而不是把它们结合起来,而这正是我们的田野、牧场和河流中潜在的巨大的危险。重要的是,我们继承的是这样的系统:法律与漏洞共存、执行与推迟同在,并在表面上勉强地掩盖全方位的政策性失败。

蕾切尔·卡森告诉我们,杀虫剂的过分利用与基本价值不协调。最坏的是它们制造了她所说的“死亡之河”,最好的情况是它们引起相对较长期的、缓慢的危害。然而,真实的结局是《寂静的春天》出版后22年,法律、法规和政治体制都没有足够的反应。因为卡森不仅熟知环境,也深谙政界的分歧,她已经预料到了失败的原因。几乎在没有人讨论金钱与势力两大污染时,她即在园林俱乐部讲演时指出:“优势……给了那些阻止修改法律的人。”在预测政治体制改革所引发的争论时,她谴责减低竞选开支税(本届政府正在寻求废除)并指出这种减税“意味着(举个特殊的例子)化工工业可以在捐款上讨价以反对未来的管制……追求无法律约束的工业界正从它们的努力中获利”。简言之,她大胆地断定,杀虫剂问题会因为政治问题而永远存在;清除污染最重要的是澄清政治。

一种努力持续几年的失败可以解释另外一种失败,结果会同它们不可接受一样不可否定。1992年,我们国家共用了22亿磅杀虫剂,这等于人均8磅。我们已经知道许多杀虫剂是有致癌性的,其他则可以毒杀昆虫的神经和免疫系统,这对人也是可能的。虽然我们已不再有卡森所描述的日用化学品的值得怀疑的好处——“我们可以用一种蜡刨光地板,它可以杀死上面的虫子”,现在仍有超过90万个农场和6900个万家庭在使用杀虫剂。

1988年,环保署报告说32个州的地表水已经被74种不同的农业化学药品污染了,其中包括除莠剂阿特拉津(**A-trazine**),而它被认为是人类的潜在的致癌物。密西西比河流域的农田每年要喷洒7000万吨农药,而150万磅流入供2000万人饮用的水中。阿特拉津并没有在市政的水处理过程中提取出来。春天来临的时候,水中的阿特拉津量会经常超过饮用水的安全标准。1993年,整个密西西比河流25%的水都是这样。

由于其他原因,**DDT** 和 **PCBS**(多氯联苯)在美国真正被禁用了,但作为化学物之近亲的模仿雌性激素的杀虫剂又大量出现了,而且还在增加。来自苏格兰、密执安、德国和其他地区的研究报告表明它们可以导致生育能力的下降,引发睾丸癌和肺癌及生殖器官畸形等。仅在美国,在此种激素类杀虫剂泛滥的20年来,睾丸癌的发生率已经增长了50%。这个数据就意味着,由于某种尚未弄清的原因,世界范围内的精子数已下降了50%。

有的文献认为这些化学药品也影响了野生动物的再生能力。三位研究人员研究了《环境健康服务协会杂志》(***Journal of the Institute of Environmental Health Services***)中的数据后得出这样的结论:“现在很多野生动物的数量处于危险的边缘。”大多数这类问题都是动物和人类的再生系统发生巨大的无法预知的变化的征兆,但现有的有关危险性评估的法律并没有考虑到杀虫剂的潜在有害影响,新政府建议进行这种检测。

这些化学药品的护卫者无疑会做出传统的回答:以人为研究对象的实验并未显示出化学药品与疾病有直接联系,巧合不等于因果关系(虽然一些巧合,要求作出谨慎的而不是鲁莽的决定),

而在动物身上做的实验并不总是绝对地、必然地等效于人体实验。这些回答令我们想起了卡森当年所遭受到的来自于化学工业和大学科学家对其工作的回应。她预料到这种回答，在《寂静的春天》中卡森这样写道，"少吃一点半真半假的镇静药。我们迫切地需要给这些错误的断言和文过饰非画上句号。"

在20世纪80年代，尤其是詹姆斯·瓦特(**James Watt**)掌管内政部、安·戈萨奇(**Ann Gorsuch**)掌管环保署的时候，对环境的无知达到了顶峰，毒害环境几乎被认为是强硬派经济实用主义的标志。在戈萨奇的环保署，例如综合病虫治理(**IPM**)、例如化学药品的替代，就确实地被宣布为异端。环保署禁止出版有关它的东西，综合病虫治理方法的证明书被宣布为非法。

克林顿-戈尔政府一开始就有不同的观点，我们决心扭转杀虫剂污染的历史潮流。政府采取了三项强硬性措施：更严格的标准、减少使用、大部分用生物制剂代替。

显而易见，合理使用杀虫剂不得不平衡危险与利益的关系，同时也要考虑经济因素，但我们也不得不把特殊利益的砝码排除于标准。平衡之外，标准必须是明确的、严格的，检查必须彻底、真实。长时间以来，我们对孩子所规定的农药残余物的耐受水平远超他们应有水平的几百倍。怎样计算经济效益才能为之辩护呢？我们必须检查化学药品对孩子的影响，而不仅仅是成人。同时，我们不得不检验一定范围化学品的不同组合。我们必须检查，不仅为了减少恐惧，也为了减少我们不得不恐惧的东西。

如果农药不必需或在特定条件下不起作用，那么请不要冒昧使用。效益应该是真正的，不是可能的、暂时的或投机的。

总之，我们必须把精力集中在生物制剂上，这也许是工业界和政治辩护士所敌视的。在《寂静的春天》中，卡森提到了"真正的了不起的是可以替代以化学药品控制昆虫的替代品"。今天，这些替代品很广泛，尽管受到了大多的官员的冷眼和制造商的抵制。为什么我们不致力于推广无毒的替代品呢？

最后,我们必须在杀虫剂生产和农业集团与公众健康团体之间建立一座文化互解的桥梁。两个团体中的人来自不同的环境,上过不同的大学,有着不同的观点,只要他们相互间仍充满怀疑和敌视,而不彼此正视,就会发现,改变其以污染为代价的产品和利润的体制是很艰难的。我们能够结束这种体制的有效方法是缩小文化界限,让农业附属机构鼓励替代化学药品。另一种方式是进行对话,让为我们提供食品和保护我们健康的两个集团彼此协商。

克林顿-戈尔政府的处理杀虫剂的政策有很多缔造者。其中最重要的可能是一位妇女,她 1952 年从政府机关中退休了,这样她就可以全身心投入写作,而不仅是在周末或晚上。但在精神上,蕾切尔·卡森似乎出席了本届政府的每一次环境会议。我们也许还没有做到她所期待的一切,但我们毕竟正在她所指明的方向前行。

1992 年,一个杰出美国人的组织推选《寂静的春天》为近 50 年来最具有影响的书。这些年来,贯穿着所有政治争论,这本书一直是对自我满足情绪的理性批评。它告诫我们:关注环境不仅是工业界和政府的事情,也是民众的分内之事。要把我们的民主放在保护地球一边。渐渐地,甚至当政府不管的时候,消费者也会反对环境污染。降低食品中的农药量目前也正成为一种销售方式,正像它成为一种道德上的命令一样。政府必须行动起来,人民也要当机立断。我坚信,人民群众将不会再允许政府无所作为,或者做错事。

蕾切尔·卡森的影响力已经超过了《寂静的春天》中所关心的那些事情。她将我们带回如下在现代文明中丧失到了令人震惊的地步的基本观念:人类与自然环境的相互融合。

本书犹如一道闪电,第一次使我们时代可将辩论的最重要的事情显现出来。在《寂静的春天》的最后几页,卡森用罗伯特·福罗斯特的著名诗句为我们描述了"很少有人走过的道路"。一些人已经上路,但很少人像卡森那样将世界领上这条路。她的作为、她揭示的真理、她唤醒的科学和研究,不仅是对限制使用杀虫剂的有力论争,也是对个体所能做出的不凡之举的有力证明。

世界上最光辉最宏伟的事业就是使个人站立起来！

——沃尔斯特

詹克明

让每一块石头卓立起来

逸居黄山数日，孤旅之中绝少接谈。闲疏了人间漫语，于静默中却仿佛萌生出点“化外”的知觉来。散淡情怀，远绝尘寰，独自徜徉在这充满天鸣地籁的岚气山光之中，时时有种来自大自然更深层的东西感悚着我，如同阵阵强劲而又低频的音符敲击着我的心房，谐振着我的心灵，感应着我发自心底的深切共鸣。

山高人小，有如孤蚁趱行在崎岖的山道上。每天，当我拄杖小歇，领略沿途巍峨壮观之际，或是当我驻足亭台，气定神闲地静观

每一块石头都卓立的黄山

本文选自上海教育出版社 2010 年 1 月版《空钓寒江》。

各种奇幻美景的时候，我都会感受到这种直入内心的震撼，真切地领悟到在这些深沟大壑、松泉云石、竹海冰淞、湖瀑溪潭之中，以及在黄山的整体大格局中都蕴含着某种一以贯之的独特精神。正是这种精神支撑起整座黄山，让每一座孤峰都大含细入地各展雄姿；让每一块拳石都"小材大用"地卓立起来；让这里的一草一木、一泉一溪、一洞一池都巧思奇想，英姿勃发地创造自己。一种我在人间久觅不得，世上遍寻不着的理想化精神，却原来充盈在这层峦叠嶂的峰林之中，弥漫在这烟波缥缈的云雾之中，植根于这裂石抱崖的奇松之中，浓缩在这鬼斧神工的怪石之中。

黄山是由花岗岩形成的"峰林地貌"。"火成岩"的内秉气质使它们强烈地体现着一种阳刚大气之美，它们突兀挺拔，瘦骨嶙峋，尖削奇峻，如锥、如刃、如笋、如柱，造物主只使用单一种类的花岗石材，居然能在这百里方圆之中摆弄出各种层次的美。

似乎这些原本没有生命的石头，冥冥中也被造物者点化出一种超然物外的灵性，勃发出一种强烈的自我创造欲望。染上这种神奇灵气的峰峦孤石每时每刻都在思谋着如何设计打造自己，如何能在这种创造中体现自己与众不同的追求，亮出自己立意独特的风格。这里安身立命的基点全在自己，从不以他人的认同与否作为定位自己坐标的参照系。这里的一切都来自吾问吾心的创作，没有模仿抄袭，没有克隆复制，没有批量制作，每一件"作品"都是当之无愧的"独一无二"。

"独特"使每块石头都突兀出一个自主的灵魂。这种独特并不是什么矫情的标新立异，或者刻意的特立独行。因为故意"出新"、强作"立异"仍旧是以顾盼周围来选取自己的走向，骨子里还是不脱他人窠臼。与追潮逐浪的"随大流"相比较，标新立异的"逆大流"同样是把自己投进了"大流"，只不过取向不同罢了。

顺从己愿的自主性创造总是会焕发出最大的工作热忱。在黄山的群峰环抱之中我时时会感受到这种奋发有为的雄劲气势。所有层次的黄山石体全都充沛着一派生机勃勃的主动进取精神。这里没有“懒石”“庸石”“痞石”“愚石”。这里的一切都那么英气逼人,才华横溢,卓尔不群,风流蕴藉。这些放眼大天地、拥有大自主、尽享大自由的灵岫慧石又怎能不“出大彩”、成大器,创造出惊天地泣鬼神的天下奇绝呢?

黄山之美是多层次的。在大刀阔斧的运斤之中不忘精雕细刻;在大气磅礴的气势之中不乏柔情绰态。如同一位擅长大写意的泼墨高手,笔酣墨饱痛快淋漓地驰骋一番之后又即兴地补缀一些画龙点睛的细墨妙笔。

静对四围奇峰怪石,你会深切地品味到,无论是巍然巨峰还是得意小石,它们在精神上全然都是平等的。尽管它们对花岗岩的拥有量上天差地别,在大小高低上绝对悬殊,但它们在精神上并无高低、贵贱、尊卑之分,在气度上绝对是平起平坐的。你看那“梦笔生花”,高只不过10米,底面直径不过两米半,但在海拔1829.5米、号称黄山第三高峰的“天都峰”面前何曾有半点气馁?那只观海石猴蹲高只有3米,重才十几吨,又有谁见过它一副媚骨地回首朝拜身后的诸峰之王莲花峰?游客的眼光是公正的,他们对这些极品巧石的青睐一点也不亚于对那些名山险峰的关爱。我赞美大山的宽大襟怀,也赞赏巧石的气宇轩昂。在我眼中,它们之间的和谐关系就像一名灵慧幼童与一位淳朴厚重的大哲学家在倾心交谈。那份坦然清纯友善平和,那种童言无忌与睿智哲思之间的水乳交融真叫人羡煞。不同量级的人们之间只有在都不失其赤子之心的双重纯净心态下才会在精神上享有这种完全的平等(这句话可以反验“大人物”们是否怀有赤子之心)。

才气具有“气体”之秉性,压之则缩,闭之则郁,冷之则滞,放之则逸,外界的严律、束缚、强制、齐一,以及内心的畏恐、惶遽都是才气发挥之大敌。

黄山石体在精神上这种与生俱来的平等也许最大的好处就是确保了所有不同量级的黄山石在精神上都能充分地放得开。让这些石体在没有禁锢,没有成式,无羁无绊,无拘无束的大环境中自主自在,全力以赴地创造自己。只有在这种充分宽松、毫无“张力”的气氛中,它们才能最大限度地发挥自己,尽善尽美地完成自我。崇尚“无为”的黄山造物主深知,只有这样才能最充分地调动所有层次黄山石体的能动精神,让它们按照自己的心愿,发挥自己的想象去竭尽全力地塑造自己——你们有多大本事就都充分地显示出来吧!不限时间,不拘风格,不求统一,不立规矩,在我黄山百无禁忌,一切全凭你们自己做主。这些山石也真是“争气”,真有灵性,它们精心励志,锲而不舍,经历了亿万年的风霜雨雾、炎凉昏晓、春夏秋冬,展现在人类面前的竟是这样一座天下奇绝的黄山。

青松挺立奇石上

最让人惊叹的是,这些享有完全自由的山石,在追求形态各异的特立独行中却形成了完全统一的黄山风格!甚至可以说,在天下名山当中,黄山那种气盖五岳,秀甲九州的独特风格就寓于这突兀个体的各自奇绝之中。

千差万别的“大异”却成就了气蕴和谐的“大同”,多么耐人寻味,多么富有哲理!

黄山的“大同”是一种高品位的，富有生机灵气的“大同”，是一种鼓励个体绝对悬殊的，在精神层面上殊途同归的“大同”。如同一所云集了当今最优秀教授的著名学府，尽管每位教授都是那么个性独特，风格迥异，但整座大学却在此基础上形成了令世人极其仰慕的统一风格。黄山的大同绝不是那种千峰一面、万石一格，泯灭个性，死气沉沉的平庸“大同”。也不是那种建立在“愚型”基础上，蒙昧承从某种定式，习惯依样画葫芦不动脑筋的低水平“大同”。更不是那种根据同一项设计，使用同一套模具，依照同一种工艺翻造出的简单、重复，信息量贫乏的“大同”。

黄山的大同世界充分显示了一位大匠不斫的造物主所特有的那种贯通弘宇的大智慧。它之所以如此放手、如此信任地让所有石体都可以随心所欲地营造各自的不同，还在于它深刻地认识到这些石体之间存在着一种归至本源的“大同”——它们都带着花岗岩所固有的“天然解理”，每块岩石，乃至整座山体的风化、蚀变、裂解、崩塌都必然会遵从这种天然解理走向。正是这种本质上的终极“大同”使它们总会万变不离其宗，保证了从根基上就奠定了黄山的统一风格。可见，黄山造物主这种看似“无为”的大放手，实际上是建立在对岩体本性透辟了解基础上的一种大作为。这些“长着花岗岩脑袋”，无知无觉，全无生命的石头真是幸运，有时甚至让我们这些拥有最高智慧的人类都有点羡慕不已。

不知怎么，面对眼前黄山这种千峰竞秀，万石争奇的峰林地貌景象，不由得让我想起一位 19 世纪的美国思想家爱默生来。这位伟大的学者十分热爱大自然，1836 年他为此还发表过一篇享誉盛名的随笔长文《论自然》。不过这里我所关注的是，作为一位超验主义哲学家他所倡导的“个人主义”学说。这个学说强调个人的四个方面：第一是个人的神圣性。第二是个人的特殊性即个性，个性便是一个人的价值所在。第三是个人的无限潜力。第四是个人的自足和个人的自治。长期以来“个人主义”这个词被人们望文生义地曲解为自私自利的同义语。实际上，“个人主义”是一种关乎人类，让每一个人自立、自强、自信的进步学说。其中“个人自立”更是爱默生哲学的核心。它主张“一个真正信仰个人主义的人必定尊重别人的同等权利”。正如沃尔斯特所归纳的：“世界上最光辉最宏伟的事业就是使个人站起来！”作为人科动物，大约七百万年以前，一种类猿的高级动物就已经能够用双足直立行走了。从猿到人的进化已经实现了在肉体上让每个人“直立”起来。同样，人类文明的发展还应该在精神上让每个人“直立”起来。生而为人，也许这种思想上的“直立”更能代表人的本质特征。每一位母亲都会不失时机地在孩提时期就教会我们直立走路。相比之下，我们却缺少在精神上教诲我们直立的“母亲”（有的人直到享尽天年也未必能达到让自己在精神上真正地直立起来）。物质上越来越富裕的人们却常常沦为在精神上失怙的“孤儿”！

孑立在群山万壑之中，一派峥嵘的雄伟气势深深地打动了我，面对眼前卓然而立的石笋、石柱、石峰、奇石，在精神气度上我多少有点“人不如石”的愧怍。黄山之奇美就蕴藉于这峰峰直立之中，我深信，直体的人类如果每一个人还能在精神上特立独行起来，人类社会这道风景线一定会更加靓丽！

黄山峰林能够耸立在中国这块土地上应该说是一种奇迹。它那种棱角分明、热烈火暴，毫无遮拦、毫无顾忌、宣泄个性的明快性格似乎有点悖牾我们早已习惯了的传统精神。两千年来，儒家学说的正统思想使我们更习惯于“持两端取其中”的“中庸”之道。在尊圣贤、敬大人，秩序井然，等级森严的浓重气氛中，人们早已世世代代因袭了重稳健、少涉险，重圆熟、少棱角，重克己、少锋芒，重忍耐、少挺出，重齐一、少异说，重恒定、少创新，平和含蓄，均衡协

气盖五岳的黄山

调,模棱两可,安分守己的传统习俗。看来,有这种心态的人也许更喜欢泰山。中国人喜欢说“稳如泰山”,一个“稳”字点出了泰山最本质的特征。当你从岱庙出来,穿过“岱宗坊”,开始了步步高升的拾级登岱历程,你会充分地体验到这一“稳”字的分量。然而在攀援黄山时,你何曾感受到这个“稳”字呢?行进在起伏跌宕的山道上,面对“石笋矼”那根根直竖的怪石丛林,抚摸那斜倾欲动无根无系的“飞来石”,仰望那拔地而起直插云霄的“天都峰”,小心翼翼摸过那两侧深渊万丈、云潮凝成雨露的“鲫鱼背”,此时你最切肤的感受也许会是奇、险、危、悬。踏遍黄山,时时激励你的正是这种不慕稳妥,不耐平庸,不惧赴险,探新涉奇的精神。这种特立独行的“黄山精神”几乎成了黄山石体与生俱来的“遗传基因”,如同人体细胞核里的 **DNA** 遗传基因,它深深地遍布在黄山每一脉山体,每一座山峰,每一块岩石,乃至每一个最细小、最基本的石胞之中。

已经拥有足够泰山气质的中国人,更需要吸收一点“黄山精神”。尤其是时至今天,立志走向世界头等强国之列的中国更需要具备这种卓立出新的精神。站立在最高峰巅的人是听不到回声的;走在最前面的人是循不到他人脚印的。当我们真正成为走在世界最前列的民族时,许多事情再无可借鉴,一切都需要我们自己求索。我们的国民必须具备一个不被束缚的,更为开放的头脑,更加注重精神上的勇于创新与出奇制胜。应该说,就目前而言,我们并未培养起这方面的足够优势。为了迎接这个并非无限遥远的未来,我们在精神气度上,在哲学理念上,在思维习惯上,以及在意志磨砺上是否从现在起就该做点相应的准备呢?不妨让更多的人来黄山感受一下这种峰峰挺拔,石石卓立的宏大气势吧。让我们以黄山为师重塑我们民族的精神风貌,以迎接更为辉煌的未来。

大哉黄山,请受弟子一拜!

努力普及现代科学知识，从孩子们抓起，让他们理解科学，让科学沿着正确的方向发展，科学就决不会消灭人类自身。

史蒂芬·霍金

公众的科学观

不管我们喜欢不喜欢，我们生活其中的世界在过去一百年间遭受到剧烈的变化，看来在下个世纪这种变化还要更厉害。有些人宁愿停止这些变化，回到他们认为是更单纯的年代。但是，正如历史所昭示的，过去并非那么美好。过去对于少数特权者而言是不坏的，尽管连他们也享受不到现代医药，妇女生育是高度危险的。但对于绝大多数人来说，生活是肮脏、野蛮而短暂的。

无论如何，即便人们向往也不可能把时钟扳回到过去。知识和技术不能就这么被忘却，人们也不能阻止将来的进步。即便所有政府都把研究经费停止（而且现任政府在这一点上做得十分地道），竞争的力量仍然会把技术向前推进。况且，人们不可能阻止头脑去思维基础科学，不管这些人是否得到报酬。防止进一步发展的唯一方法是压迫任何新生事物的全球独裁政府，但是人类的创造力和天才是如此之顽强，即便是这样的政府也无可奈何。充

本文是作者1989年在西班牙奥维多接受阿斯特里乌斯王子协和奖金时所作的演讲。作者霍金（**Stephen William Hawking**，1942—2018）系英国理论物理学家，主要致力于黑洞量子引力学的研究。自1962年起患上肌萎缩性脊侧索硬化症，只能被禁锢在轮椅上，借助智能化轮椅继续从事宇宙深层奥秘的探索，是当代最有创造力、最有影响的理论物理学家之一。

其量不过把变化的速度降低而已。

理论物理学家霍金

我们都认为无法阻止科学技术去改变我们的世界,至少要尽量保证它们引起在正确方向上的变化。在一个民主社会中,这意味着公众需要对科学有基本的理解,这样做的决定才能使消息灵通,而不会只受少数专家的操纵。现今公众对待科学的态度相当矛盾。人们希望科学技术新发展继续导致生活水平的稳定提高,另一方面由于不理解而不信任科学。一位在实验室中制造佛朗克斯坦机器人的发疯科学家的卡通人物便是这种不信任的明证。这也是支持绿党①的一个背景因素。但是公众对科学,尤其是天文学兴趣盎然,这可从诸如《宇宙》电视系列片和科学幻想对大量观众的吸引力而看出。

如何利用这些兴趣向公众提供必需的科学背景,使之在诸如酸雨、温室效应、核武器和遗传工程方面作出真知灼见的决定?很清楚,根本的问题是中学基础教育。可惜中学的科学教育既枯燥又乏味。孩子们依赖死记硬背蒙混过关,根本不知道科学和他们周围世界有何相关。此外,通常需要方程才能学会科学。尽管方程是描述数学思想的简明而精确的方法和手段,大部分人对之敬而远之。当我最近写一部通俗著作时,有人提出忠告说,每放进一个方程都会使销售量减半。我仅引进了一个方程,即爱因斯坦著名的方程,$\boldsymbol{E}=\boldsymbol{mc}^2$,也许没有这个方程的话我能多卖出一倍数量的书。

科学家和工程师喜欢用方程的形式表达他们的思想,因为他们

① 指在20世纪70年代以来在欧洲兴起,影响迅速扩大的以提倡环保为主的新型政治力量。

需要数量的准确值。但对于我们中的其他人,定性地掌握科学概念已经足够,这些概念只要通过语言和图解而不必用方程即能表达。

人们在学校中所学的科学可提供一个基本框架。但是,现在科学进步的节奏如此之迅速,在人们离开学校或大学之后总有新的进展。我在中学时从未学过分子生物学或晶体管,而遗传工程和计算机却是最有可能改变我们将来生活方式的两种发展。有关科学的通俗著作和杂志上的文章可以帮助我们知悉新发展,不过哪怕是最成功的通俗著作也只为一小部分人所阅读,只有电视才能触及真正广大的观众。电视中有一些非常好的科学节目。不过,有些人把科学奇迹简单地描述成魔术,而没有进行解释或者指出它们如何将科学观念的框架一致。科学节目的电视制作者应当意识到,他们不仅有娱乐公众的责任,而且有教育公众的责任。

在最近的将来,什么是公众在与科学相关的问题上应作的决定呢?迄今为止最紧急的应是有关核武器的决定。其他的全球问题,诸如食物供给或者温室效应则是相对迟缓的,但是核战争意味着地球上生存着的人类在几天内会被消灭。冷战结束带来的东西方紧张关系的缓解表明,核战争的恐惧已从公众意识中退出。但是只要还存在把全球人口消灭许多遍的武器,这种危险仍然在那里。在苏联和美国的核武器仍然把北半球的主要城市作为毁灭目标,只要电脑出点差错或者掌握着这些武器的人员不服从命令的话,就足以引发全球战争。

公众意识到这种危险性,并迫使所有政府同意大量裁军是非常重要的。把所有核武器销毁也许是不现实的,但是我们可以减少武器的数量以减轻危险。

如果我们避免了核战争,仍然存在把我们消灭的其他危险。有人讲过一个恶毒的笑话,说我们之所以未被外星人文明所接触,是因为当他们的文明达到我们的阶段时先把自己消灭。但是我对公众的意识有充分的信任,那就是相信我们能够证明这个笑话是荒谬的。

衡量科学家的真正标准,是看其能否产生新的知识,或更准确地说,看其是否具有从事科学所需的理解力。因为科学的使命在于理解世界。

德迪韦

科学家的素养

通常将科学家描绘为知识渊博之人,这种想法是有一定道理的。为了胜任科学研究,你至少得接受某一门科学的专项训练,数学、物理学、化学或者生物学。事实上,大多数时候,通常还需要学习更多学科的知识、接受多方面的锻炼。此外,你得对自己的专业领域有真切的了解,特别是应当清楚同行正在做什么。当然,成为科学家所应知道的远远不止这些。但是,“无所不知”并非成为科学家的充分条件——正如名画收藏者并不必然是艺术家一样。衡量科学家的真正标准,是看其能否产生新的知识,或者更准确地说,看其是否具有从事科学所需的理解力。因为,科学的使命正在于理解世界。

尽管如此,但并不是每一位科学家都能成为牛顿、达尔文或爱

本文作者德迪韦(**C. de Duve**)系比利时细胞生物学家、生物化学家,1974 年因发现细胞的结构组织和功能组织,与克劳德(**A. Claude**)、帕拉德(**G. Palade**)共获诺贝尔生理学及医学奖。德迪韦 1917 年生于英国萨里,1941 年获比利时卢万天主教大学医学博士学位,1945 年获化学博士学位,1946 - 1947 在瑞典诺贝尔研究所工作,1946 - 1949 年在美国洛克菲勒研究所与克劳德合作研究,1949 年回到卢万大学。本文选自 ***One Hundred Reasons to be a Scientist*** 一书,由西南林学院人文社会科学系赵乐静教授翻译。

因斯坦。我们中的大多数人缺乏洞悉宇宙奥秘的超凡才智，而只能做些为既有科学大厦添砖加瓦的工作。在这种日复一日的常规活动中，科学研究大多数时候只是在解决“小问题”。在这种情况下，一个人从事科学或成为科学家，主要是好奇心的驱使。当你面对陌生的事实、现象时，总会情不自禁地想去探其究竟。你让自己的想象力纵横驰骋；你让自己的思考层层递进；你汇集所有可能的线索，并挖掘记忆中的一切相关细节。就这样尝试着，对未知世界做出相对可信的解释，或称假说。这是科学活动中至关重要的创造环节，它在一定意义上与艺术相通。

不过，提出假设，只是科学研究的第一步。接下来是以事实确证假说的艰苦过程。该假说是否与全部观察事实相符？特别是，如何在实验科学中最有效地检验其正确性？在极个别情况下，科学家所做的实验非但没有验证假说的正确性，而且其竭尽全力所做的却只证明了假说的荒谬与无效。

正是科学这种如同填字游戏、棋类游戏一般的特征，让科学家醉心其中而乐此不疲。的确，无论游戏还是科学，都可能使参与者获得超越活动本身之外的知识。就此而论，它们有着类似的智力价值和令参与者痴迷的愉悦感。当然，科学需要依据事实才能在有趣的同时获得真知。

科学的另一个特点是结果的不可预测性。科学是探索未知的事业。按此定义，也就意味着“人们无法预言某项研究必然会导致某一发现”；同时，也很难断言这些发现是否“有用”和可能带来何种经济收益。然而，许多政治家和科研经费的管理者，往往忽视或漠视这一明显的事实。这些人过分想当然地将“投入-产出”的经济考虑应用于科学，认为科学研究的结果是可预期算计的，是必须带来利润的。我认为，这种观点不但在逻辑上难以成立，更重要的是它忽略了科学的真正价值——科学对人类文明的贡献。

1935 年秋，还在念医学院的我受邀进入我们生理学教授的实验室做助手。起初，我对科学及其特征并未有太多切身感受。正是在这里，我以大量时间练就了一套过硬的手上功夫。可以说，这种同时兼有手工技能和“智力体操”的技艺令我十分着迷。通过反复不断的实践，特别是在火热的实验室氛围熏陶下以及导师卓越实验能力的示范和影响下，我逐渐意识到：我已经深深地沉浸于科学这一最富创造性和最激动人心的事业之中了。

与我的许多科学同行不大一样，我最初并未被特定的研究领域和问题所吸引。这种貌似散漫的研究风格，却产生了意想不到的积极结果，它使我能相对自由地对新的发现做进一步的探索和思考，从而在一定程度上避免了先入为主的观念对新思想的扼杀抑或急功近利的“拔苗助长”。在我的研究生涯中，我最初介入胰岛素方面的探索多少有些偶然。不过开始之后，研究大约持续了12年之久。其间尽管“二战”及比利时的沦陷对研究有所影响，但这一阶段的工作于我而言意义非凡。因为它不仅使我熟悉并把握了该领域的问题及关键，而且完成了确保我后来做出新发现所必需的训练，其中包括化学知识的更新及相关研究能力的提升——我以优异成绩从医学院毕业后，又去瑞典、美国学习了两年的生物化学。接着，我进入了自己期待已久的“胰岛素作用机制”研究。在实验过程中，偶然观察到的所谓“隐蔽的酶”激起了我的好奇心，并因此将我引向了全然不同于原来路径的研究方向。结果，虽然我没有找出胰岛素的作用机理，却发现了两种重要的细胞器，即溶酶体和过氧化氢小体，我成了一名细胞生物学家！这段经历给我的启示是：无论你的研究目标是什么，你都必须以事实为依据。你或许没能在研究中得到预期的结果，但“意料之外”的发现，或许比你原本想要寻找的更有趣。

可能是运气好的原因，我在自己甚少关注的研究领域，却做出了革命性的发现。我对这些实验结果进行了审慎、长期的思考和检验。应当说，这些前所未有的发现大大加深了人类对生命的理解。感谢机遇的垂青，使我有幸对宇宙奥秘能有惊鸿一瞥。对我来说，这是从事科学的最好回报！

要做好一项科学研究,最重要的三个步骤是兴趣、努力的准备和最后的突破。这三部曲也是后来我所有研究工作所遵循的路线!

杨振宁

我的学习与研究经历

我去过上百所大学演讲,今天这个演讲厅绝对是我所看见的演讲厅里最大、最讲究的。而你们是一所新大学,我想这很清楚地显示中国现在发展有多快。

我今天讲的题目是"我的学习与研究经历"。

我是1922年在安徽合肥出生的。因为父亲做了清华大学教授,7岁开始,我住进了清华园。然后在北京读了四年小学,毕业以后读了四年中学。

本文作者杨振宁系物理学家。中国科学院院士,清华大学高等研究院名誉院长教授,香港中文大学博文讲座教授。1922年9月出生于安徽合肥。1938—1944年就读于西南联合大学物理系,先后获得学士、硕士学位。1948年获美国芝加哥大学哲学博士学位。20世纪五六十年代先后创立"杨-米尔斯规范场"理论,因与李政道先生共同提出弱相互作用中宇称不守恒原理,获得1957年诺贝尔物理学奖。历任普林斯顿高级研究所教授,纽约州立大学石溪分校爱因斯坦讲席教授兼理论物理研究所所长,洛克菲勒大学董事等。也是美国国家科学院、巴西科学院、委内瑞拉科学院、西班牙皇家科学院、中国台湾地区"研究院"院士,英国皇家学会外籍会员,俄罗斯国家科学院外籍院士,日本科学院荣誉院士,曾经获得美国国家科学奖章,美国费城富兰克林研究所鲍威尔科学成就奖,费萨尔国王国际奖等科学奖项。本文系2019年4月29日,在中国科学院大学雁栖湖校区礼堂,杨振宁先生做客"明德讲堂"所作的演讲以及与研究生的对话。

杨振宁谈自己的学习与研究经历(杨天鹏摄)

中学是在宣武门附近,当时的崇德中学(现北京市31中学)。那个时候是**1930**年左右,全北京市的中学里,我想有差不多一半是教会中学,崇德就是其中的一所。

这是一所很小的学校,只有大概300位学生,其中有三分之一住校,我就是住校生之一。学校很小,没有真正的图书馆,只有一间图书室,我常常到这个图书室里去浏览一下。

我想我对于物理学第一次发生兴趣,就是看了这本书——《神秘的宇宙》(***The Mysterious Universe***)。这是因为书里讲了在20世纪初物理学中的重大革命,即包括了量子学和相对论。

后来1937年抗日战争全面爆发,我们一家经过合肥,于1938年到了昆明。因为清华大学、南开大学、北大合起来,成立了西南联合大学,1938年开始招生。那年夏天,我中学五年级刚念完,还缺一年才有中学文凭。可是,当时因为中学生流离失所的很多,所以教育部在重庆就有一个命令,中学不毕业的学生也可以参加考试,叫作"同等学力",我就以这个资格考进了西南联合大学。

因为我的中学最后一年没念,高中的物理我也就没念过。可

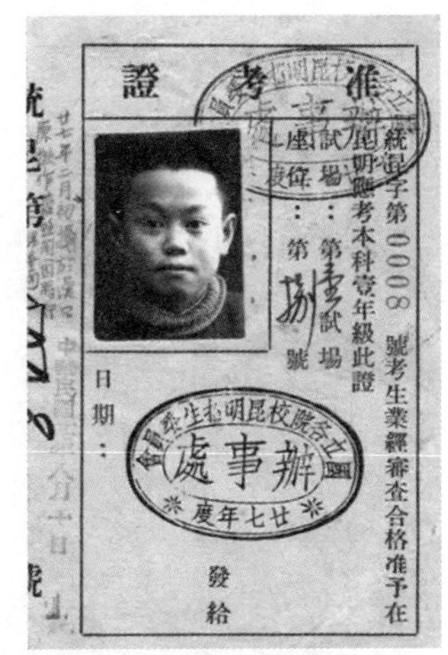

杨振宁的大学入学考试准考证

是，入学考试需要考高中物理，于是我就借了一本高中物理的书在家念了一个月。

有一个很深的印象，给了我很深的教训。高中物理中的等速圆周运动，有一个加速度，它的方向是向心的，我就觉得这个不对。在纠缠了一两天后，才懂得这个速度不仅有大小，还有方向，它还是一个向量（**vector**），这个向量是在转弯。

这是我一生得到的非常重要的教训，我后来永远记得。就是每一个人都有很多直觉（**instinct**），而直觉有许多是需要修正的。

换句话说，如果你随时能够修正直觉的话，就继续在向前进。

向量的重要性就是那两天发现的，直觉与书本知识冲突是最好的学习机会，必须抓住这个机会。

我在西南联大念了四年，老师的教学态度、同学的学习态度都非常好。大家觉得这么困难的情形下，还能够读书，能够做研究，是非常不容易的，所以都很珍惜自己的机会，学得很好。

四年念完后，我又进了西南联大的研究院，两年后获得硕士学位。那时物理系研究生有六七位，同班的，我和黄昆、张守廉住在一间屋子里，非常熟。

黄昆后来对于中国的半导体研究有决定性的影响。在 20 世纪 50 年代半导体研究还是刚刚开始的时候，他就做了一系列演讲，带了许多学生，今天中国的半导体工业、半导体研究里主要的人物都是他的徒子徒孙。

张守廉后来到美国改学了电机，做了很多年电机教授。黄昆和张守廉两位现在都不在了。我们三人共同于 1992 年照了一张照片。当时，周培源教授是北大校长，90 岁了，在北京有一个庆祝会议,张守廉和我也从美国来了,之所以那天我们三个人要特别照相,是因为我们三个人在西南联大的时候整天辩论,声音很大,所以大家叫我们“三剑客”。

左起黄昆、张守廉和杨振宁(1992 年 6 月 1 日摄于北京大学为周培源先生举行的生日会)

这种辩论对于我们了解物理学是非常重要的。

后来我曾经这样写过:我们无休止地辩论着物理学里面的种种题目,记得有一次我们所争论的题目是关于量子力学中测量的准确意义,这是哥本哈根学派一个重大而微妙的贡献。

今天大概大家在网上看到的量子通信、量子纠缠都跟哥本哈根学说有密切的关系。

那时我们从开始喝茶辩论,到晚上回到昆华中学,关了灯上床,辩论仍然没有停止。

我现在已经记不得那天晚上争论的确切细节了,也不记得谁持有什么观点,但是我清楚地记得,我们三人最后都从床上爬起来,点亮了蜡烛,翻看海森伯(**Heisenberg**)的《量子理论的物理原理》,来调解我们的辩论。

我们的这种辩论是无休止的,事实上不止物理学的,天下一切的事情，都在我们讨论的范围。我想，对于每一位年轻人，这种辩论都是有很大好处的，可以增加知识，增加视野，更增加了解别人的思想方法。

在西南联大有两位老师对我有长远的影响。

第一位就是吴大猷先生，是因为我在四年级要毕业的时候，需要写一篇学士论文，不知道现在国内的大学是不是还有这个制度，其实就等于写了一个报告的样子。讲某一小的领域里有些什么新的发现。不需要有真正自己的工作，自己的成绩。

那么，我就去找吴先生，吴先生就要我看一篇文章，是讲怎么用群论来解释物理的现象，尤其是分子物理学，因为分子物理学是吴先生研究的领域。

群论所讨论的是对称，我们知道有左右对称，有圆周对称等，对称的观念用上了数学的语言叫作群论。用群论的这个数学语言，来了解对称在物理学中的应用，这是20世纪最最重要的物理学的精神之一，而那个时候把对称的观念用到物理学的现象还是刚刚开始。所以吴先生把我引到这个方面，是我一生最大的一个幸运。

我在写完了学士论文以后，得到了学士学位，又进了清华大学研究院。在研究院我的导师是王竹溪先生。王先生的领域的是统计力学，统计力学那个时候也有新的革命。所以王先生把我带进了这个领域。

梳理后发现，我以后一生中的工作三分之二是在对称理论，是吴先生带领我走的方向；三分之一在统计力学，是王先生带领我走的。

我一直说自己实在是幸运极了。因为一名年轻的研究生，如果能够走到一个领域，而这个领域在以后5年、10年、20年是发展的话，那么你就可以跟着这个领域共同发展，这是最最占便宜的事情。

这么多年我看到了成千的研究生，很多都非常优秀，可是10年以后他们得了博士学位再看，有的人非常成功，有的人非常不成功，并不是因为这些人的本事差了这么多，得到过博士学位的人通常本事都是不错的；也不是因为有的人努力，有的人不努力。主要是有的人走对了方向，要是走到一个强弩之末的方向上，那就没有办法了，而且越走越不容易走出来，要换一个方向不容易，继续做那就走成了最不幸的一个人。这点我希望在座的每一位研究生都能理解这几句话的意思。

在1945年抗战胜利以后，我考取了留美公费生，到美国芝加哥大学做研究生，获得了博士学位。

在芝加哥大学有两位物理教授对我最有影响，一位是爱德华·泰勒[①]，那个时候他还不到40岁，是一个聪明绝顶的天才，当时已经很有名了，可是后来他变得更有名。

爱德华·泰勒（右）与杨振宁（1982）

在20世纪50年代，大家晓得原子弹做完以后，要用原子弹来引爆一个氢弹。这个窍门很多年没能解决，最后解决这个窍门的主要研究人员之一就是泰勒，所以国际上说他是“氢弹之父”。他并不喜欢这个名字，可是我想他是躲不开这个名字的。

大家知道中国发展氢弹整个是晚了一些。中国的原子弹是1964年造出来的，非常值得骄傲的一件事情就是，从原子弹引爆到氢弹只

① 爱德华·泰勒（**Edward Teller**，1908—2003），是美国著名理论物理学家。生于匈牙利，20世纪30年代移民美国，成为曼哈顿计划的早期成员，参与研制第一颗原子弹。曾长期任教于加州大学伯克利分校、芝加哥大学等高校。1952年与欧内斯特·劳伦斯共同创建了美国劳伦斯利弗莫尔国家实验室，1959年又主持建立了伯克利空间科学实验室。还热衷于推动研制最早的核融合武器，不过这些构想直到第二次世界大战结束之后才实现。被誉为“氢弹之父”，并对物理学多个领域都有相当的贡献。

花了两年八个月的时间。这在世界上是一个纪录。因为法国比中国先造了原子弹,氢弹做不出来,而中国造原子弹是晚了一点,却在 1967 年就爆炸了氢弹,法国的科学家非常不高兴。

中国先成功的缘故是什么呢?就是因为中国有非常聪明的年轻人,而且有非常努力的年轻人。在这里面氢弹主要的贡献者、关键想法的提出者是物理学家于敏,他最近刚刚过世。

另外一位对我影响更大的,就是芝加哥大学的恩里克·费米[①]教授,他是 20 世纪最重要的物理学家之一。就是他率领二三十位物理学家,第一个做出反应堆,制造的地方就在芝加哥大学,所以芝加哥大学现在有一个小的广场,上面有一个雕塑,是用来纪念人类第一次用核能发电。

我在芝加哥大学学的物理,这对我非常重要,我在西南联大学的物理也非常重要,可是这两种物理的学法有一个分别。

在联大的时候,我所学的物理学方法是推演法(理论—现象)。我到芝加哥大学以后发现,这些却不是那些重要的教授整天所要思考的,他们想的恰恰是反过来的,即归纳法(现象—理论),从现象开始,归纳出理论来。就是这个现象我懂不懂?如果把它想清楚了,这个跟从前的一些理论是符合的,所以就是从现象到了理论,从而了解了这个现象,也就更近了一步。

假如你发现跟从前的不同,那更好,因为那代表这就有了修改从前理论的机会。归纳法注重的是新现象、新方法,少注重书本上

---

① 恩利克·费米(意大利文: **Enrico Fermi**,1901—1954),美籍意大利物理学家、芝加哥大学物理学教授。1938 年诺贝尔物理学奖的得主。曼哈顿计划期间,领导在芝加哥大学建立了人类第一台可控核反应堆(芝加哥一号堆)、为第一颗原子弹的成功爆炸奠定基础,因而被誉为“原子能之父”。在物理学理论和实验方面都有第一流建树,费米子、100 号化学元素镄、美国著名的费米实验室(**Fermilab**)、芝加哥大学的费米研究院(**The Enrico Fermi Institute**)都是为纪念他而命名的。其一生最后几年主要从事高能物理研究,1949 年揭示宇宙线中原粒子的加速机制,研究了 π 介子、μ 子和核子的相互作用,并提出宇宙线起源理论。1949 年与杨振宁合作,提出基本粒子的第一个复合模型。1952 年发现了第一个强子共振——同位旋四重态。

已有的知识。所以从现象到理论的这个研究方法,事实上是更容易出重要成果的。

而我自己觉得,在西南联大时推演法学得非常好,后来根据这个根基,又吸收了归纳法的精神,将两者结合起来,这就又是我非常大的幸运。

在 1946 年 1 月到 1947 年,是我感觉最困难的一年。因为在昆明的时候学了很多理论物理,也念得很好,可是基本上没做过什么真正的实验,而我知道物理学的根基是在最后的实验。

到芝加哥大学的时候,就下了一个决心,要写有关做实验的博士论文,所以到了那边就开始进入实验室。

当时艾里逊(**Allison**)教授在做一个加速器,那时算是很大的。他带了有六七位研究生,我就是其中之一。前后做了 20 个月。可是我不会做实验,笨手笨脚的,所以实验室里的同学都笑我:“**Where there is Bang, there is Yang!**”后来我懂得,自己不是做实验物理的材料,就不做了!

而理论方面我一去就找了泰勒,他给了我几个题目,但都不合我的胃口。他喜欢的题目和研究方法,以及他注意的事情跟我的不一样。在和他做了一个题目后,他认为结果很好,要我把它写出来,却写不出来了。

因为中间需要做一些近似的计算,而近似的计算没法控制它的准确性,所以我这个论文写不出来。那么他说没关系,觉得我是个很聪明的研究生,就做另外一个题目,结果又是发生这个现象。

这样几个月后,他跟我都知道,我们不是一类的理论物理学家。虽然他跟我的关系一直很好,可是我认为不能从他那儿得到题目,就开始自己找题目了。

我可以跟大家讲,研究生找题目感到沮丧是极普遍的现象。假如在座哪位研究生现在弄得很困难的话,你不要以为这是自己唯一的现象!

原因是因为在本科生的时候,学的是已有的知识,而研究生要自己找题目,自己找方法,在本科念得多好,都不见得在这方面很快就容易达到一个顺利的地步。

做的不成功,当然会不高兴,不过也不要沮丧。这是我自己的经验。

幸亏我在联大的时候念了很多东西,有好几个问题是别人做了,但还没有完全解决的,我就把这些问题拿出来研究。

在那一年我一共研究了四个问题。

第一个是贝特(**Hans Bethe**)在1930年关于自旋波(**spin wave**)的数学工作,自旋波跟固体的构造有密切的关系。在当时,有几位很年轻、很重要的理论物理学家,他们有一套理论,在中国的时候,我就知道这个很重要,所以在芝加哥大学,我就把他们的文章拿来拼命地念。

第二个是昂萨格(**L. Onsager**)在1944年的文章,昂萨格做的是统计力学,其中有一个非常难的数学问题,被他在1944年解决了。我还记得这个文章当时印出来的时候,我还是王竹溪先生的研究生。王先生曾经研究过这个问题,没能做出来。忽然看见昂萨格做出来了,他就告诉了我。王先生是一个平常不苟言笑的人,可是那天我可以看出来他很激动,这么困难的问题居然被解决了,我就知道这个里头有文章!所以在1947年,就对这篇文章进行研究。

第三个题目是泡利(**W. Pauli**)关于场论的文章。

第四个是泰勒的一个理论。

这四个题目我都去研究了,每一个花了好几个礼拜到一两个月。结果前三个都不成功!那个时候,除了第四个题目以外,芝加哥大学既没有老师又没有同学对那三个题目发生兴趣,所以我就一个人在图书馆里头研究。

又比如说昂萨格的文章,有十几页,看不懂。他说把公式一换到公式二里头就得出公式三,照着做果然是对的。依此类推都是正确的。但所以说不懂,最主要的是他为什么要这么走?只是跟着一步步操作下来,不能够算了解。最后感觉就像变戏法一样得出了结果,这说明并没有念通。

所以那一年是很不高兴的。

不过,幸好第四项做出来的东西,泰勒发生了兴趣。他来找我说,你不一定要写个实验的论文,这个题目上做得很好,把它写出来,我就接受这个作为你的博士论文。

所以,我是以第四个题目的工作得到了芝加哥大学的博士学位。

但由于前三个题目都是没有成功,所以在 1947 年,我曾经在给黄昆的一封信中,说自己 **disillusioned**(理想破灭)。

可是,我今天要特别给大家讲的是,前三项花的力量并没有白费,因为后来都开花结果了!我要把这个经验告诉大家。

在 1948 年得了博士学位以后,我留在芝加哥大学做了一年助教。1949 年理论物理有个新的发展,叫作重整化(**renormalization**)理论,是个崭新的理论。芝加哥大学没人搞这东西。在普林斯顿一个知名的高等研究所里聚集了很多重要的、年长的以及年轻的研究员在搞这些东西,所以我就请求到那儿去做博士后。

普林斯顿高等研究所

这是一个很小的机构。既没有本科生也没有研究生,只有大概十几位教授,有几百位博士后以及一些访问学者。我在那里前后待了 17 年。

在我去的第一学期,大概是 1949 年 10 月,因为一个同坐班车的机会,路丁格(**Luttinger**)对我说,昂萨格的文章被他的学生考夫曼(**Bruria Kaufman**)简化了,昂萨格这个难懂的文章被用一个考夫曼的新方法解决了。他在那仅几分钟的工夫里,告诉我新方法的关键部分,是几个反对易矩阵(**anticommuting matrices**),而我对这部分极熟悉。

所以一到研究所,立刻就放弃了当时在做的场论研究,把新的想法用到昂萨格的问题上去。因为这确实是关键,所以不过用了两三个钟头,就完全做通了。后来我也就成为这个领域的一个重要贡献者。

这个事情对我启示是什么呢?为什么我能够从路丁格的话中得到那么大的好处呢?

第一,因为我曾经在昆明做过狄拉克矩阵(**Dirac matrices**)的仔细研究;第二,更因为在 1947 年的不成功,但对昂萨格工作的研究使得我对于总体的困难有所了解,问题在哪里也比较有把握。所以等到路丁格的出现,自然会把它们加在一起,也就成功了。

这是说明,欲做好研究第一个重要点就是要有兴趣!

我为什么有兴趣?就是我做研究生的时候,王先生告诉我,昂萨格解决了一个非常困难的问题,简直是难以想象的妙!

第二个重要点,就是要花功夫去研究。我花了几个礼拜去研究不成功,但那不要紧,不成功其实是为后来铺了路。

第三个重要点是要有机遇,当然这是要有点运气的,可遇而不可求的。我那天的运气就是碰见了路丁格,才能产生突破。

结论是:要做好一项科学研究,最重要的三个步骤是兴趣、努力的准备和最后的突破。这三部曲也是后来我所有研究工作所遵循的路线!

有趣的是一百年前,王国维在他的《人间词话》中写到的境界论，非常有意思。

他说古今之成大事业、大学问者，必经过三种境界：昨夜西风凋碧树，独上高楼，望尽天涯路，此第一境界；衣带渐宽终不悔，为伊消得人憔悴，此第二境界；众里寻他千百度，蓦然回首，那人正在灯火阑珊处，此第三境界。

大家对这境界论的解释多多少少都有类似的、统一的解释。

第一境界说的是对于想要追求的事情要有点执着，所以要独上高楼，去追寻你所要看见的天涯路，说的就是兴趣。第二境界是什么意思呢？就是说即使人变得消瘦了也不要后悔，还要继续下去，要努力作准备。第三境界中，在不经意间一回头，忽然发现秘诀在那里，就是机遇带来的突破。

我认为这就是代表兴趣、准备、突破的三步曲，不仅在科学领域里是一条好的道路，在文学里同样是这条重要的路径。

杨振宁与听众的交流与对话

• 中国科学院生态研究中心研究生：杨老师您好，今天有机会听您讲自己的经历，感到非常难得和荣幸。不管是您对兴趣的坚持，还是对科研方向的敏锐直觉，以及您广交朋友不懈钻研的精神和态度，都给了我们很大的启发。

如果请您给国科大的学子们一句鼓励或者赠言，您会对我们说什么呢？

杨振宁：我希望各位同学都把握住这个时代，这是一个大时代，而且要了解到，你们碰到了一个千载难逢的机会，要努力！

我想如果足够努力的话，不敢讲一定会有大成绩，但在今天中国的发展情形之下，取得一定的成绩必定是可以达到的。希望你们记住！

• 中科院高能物理所研究生：杨先生您好，我是来自高能所研一的学生，研究生之后会从事 **CEPC**（高能环形正负电子对撞机）的工作。您是高能物理界的老前辈，为粒子物理作出了很大的贡献。我们全所人都非常崇拜您。但是2014年我们所提出的中国要建 **CEPC**,当时您是反对的,所以借今天这个机会里,我代表我所所有的同学们想再问您一次,您现在对我们要建 **CEPC** 这个想法有没有改变?

杨振宁: 我完全没有改变!我要讲,这是一个很重要的事情。我希望你们到网上找一下我两年以前发表的文章——《中国今天不宜建造超大对撞机》。这个事情与我们刚才讲的有密切关系!

对一位年轻的研究生最重要的一件事情是什么呢?其实不是你学那些技术上的内容,而要使自己走入将来5年、10年有大发展机会的领域,这个才是做研究生的时候所要达到的最重要的目的。

根据这个目的,不要去搞大对撞机,现在处于没落的时候。这个领域在我做研究生的时候,刚开始大放光彩。事实上你也可以说这几十年来,在物理学里面大家认为最重要、最大发展的就是这个领域。可是这领域在30年以前开始,就已经走在末路上了!多半的人却不知道。

我再三讲,我不是今天讲,不是两年以前讲,在1980年间就讲了。那时候有一个国际性的会议,周光召先生也参加了。会上讨论到,以后10年高能物理向什么方向发展?我在会上讲了一句话——**"The party is over"**,盛宴已过。

当时就看出来了,20世纪50年代60年代的时候,是高潮期,名气非常大。可到了80年代,重要的观念都已经有了,后来还可以去做,但是没有最重要的新的观念,尤其对于理论物理方面,没有重要的新的观念,就做不出东西来。

不幸的是,很多年轻人没有听清我这句话,那些老师也没有懂我这句话,所以今天我非得讲得更清楚一点。

有人就对我说,杨振宁你这个话完全错误,因为2013年有科学家在瑞士做了一个实验,证明了五六十年代那些观念是对的,这当然是重要的贡献。

可是,这个重要的贡献的理论源头,不是 30 年前,而是在 20 世纪五六十年代,所以 80 年代的时候我会讲,这个领域做实验的还可以做,那么 2013 年就做出来了,获得诺贝尔奖了。

可是,这个实验当时是 6000 人在做,那时候的文章,每一篇署名人都是几千人。那么这个做完了以后,需要更大的机器,要花的钱至少是 200 亿美元。别的国家都没有,大家说中国有钱,所以就到中国来了。

我知道我的同行对我很不满意,认为我要把这行给关闭掉。可是要让中国花 200 亿美元,我没法子接受这件事情!我很高兴中国政府没有上当。我再加一句,为什么非要搞高能物理呢?现在重要的东西多了。

• 中科院高能物理所研究生:杨先生,首先,就像您刚刚报告中讲的,我们对高能物理肯定是有兴趣所以才会去做。而且高能物理到底还有没有前途?可能要靠我们的努力来证明,科学的未来谁也说不清。

杨振宁:我想你讲的这个话,代表了你的态度是好的,值得赞成。可是这个想法,不是目前整个世界科技发展的总方向!所以我趁这个机会再说一下,整个的科技发展,包括任何一个领域,它都是在经常改变的。

19 世纪物理学所研究的东西、方法、态度跟 20 世纪是不同的。那么 21 世纪物理学发展的方向,研究的题目同 20 世纪也是完全不一样的。

所以必须要注意,20 世纪变得非常红的东西,到 21 世纪还继续下去,是很少有的。20 世纪的后半世纪最红的物理学是高能物理,那么绝对不会是 21 世纪的方向。你为什么不走到 21 世纪将要发展的方向上呢?

如果要问我 21 世纪发展些什么,具体的没法讲,可是总体是看得很清楚的!可以自信地告诉你,我懂高能物理,我认为你不要走这方向。

• 中科院物理系学生：杨老师您好，现在物理的发展越来越细、越来越多，投入其中往往都是一生的时光。可是感兴趣方向的可能有很多，如何平衡兴趣和自身精力有限这个问题呢？

杨振宁：我常常想，在我做研究生的时候的物理学，与今天的物理学有很大分别。那时候物理学比较简单，有几个大的方向，在每一个方向上学习一两门课，大概的意思都可以掌握了。

今天的物理学或者说所有的科学前沿，都是越来越细，有很多方向。所以你要问怎么选择，我想是这样：要问你自己，尤其是年轻的时候，特别喜欢哪个方向？哪方面做得好？

要知道自己的能力和兴趣。我在美国教了很多年的书，美国大学生和中国大学生有两个最大的区别。一是美国学生训练得不够，而中国学生训练得比较好。第二点是中国学生比较成熟，比较努力。但并不是说中国学生就绝对好，不好的地方就是不够灵活，不够胆子大。

我的建议是：一方面要问你自己真正喜欢什么东西，真正的能力在哪个地方。另一方面考虑一下，你的想法是不是可以朝着胆子更大的方向走一下。美国学生对于掌握自己方向的能力比中国的学生要好。

• 中科院理化技术研究所研究生：杨院士您好，吴健雄先生帮您和李院士一起完成了宇称不守恒下的弱相互作用的实验证明。但是可惜的是，吴健雄先生并没有能够获得诺贝尔奖的提名。您怎样看待这个问题？再有，一些学术上的热点我们需要追吗？

杨振宁：需要补充一点，之所以吴健雄是一位伟大的物理学家，最重要的一点是什么呢？李政道和我 1956 年写了这篇文章以后，认为宇称可能不守恒，然后我们就提出来了好几种实验。每一种实验都比较复杂，比较困难。当时很多的实验物理学家都不肯做这些实验。记得当时有一位年轻的哥伦比亚大学教授，后来获得了诺贝尔奖。我曾对他说，我觉得和李政道的这个文章有点道理，其中有一个实验，你的实验室比较容易做，为什么不做呢？他开玩笑回答,这么难的一个题目,我要有一位好的研究生,我就让他去做,我自己不做。这是一般的态度。

所以大家都觉得吴健雄很傻,她去做了一个大家都觉得做不出结果的事情。吴健雄厉害的地方,也就是她伟大的地方,就是她认识到,这是一个基本的实验,基本的实验既然还没有做,当然应该做了,所以不要管做出来结果怎么样,这是研究科学的真精神!这是她伟大的地方。

吴健雄错失诺贝尔物理学奖,连美国人都觉得不平。也还因此,在男性诺贝尔奖得主林立的美国物理学界,让这位东方女性担任美国物理协会主席,也是对她学术贡献的充分肯定。至于说她为什么没有得奖,这是所有的人都不理解的。这个事情我想几十年以后,恐怕会有人研究出来的。最重要的是研究的诺贝尔奖金委员会的开会记录。诺贝尔奖基金委员会曾有一个规矩,某个奖50年以后可以公布当时讨论的记录。可是他们现在改了,要在当事人都不在了以后才可以公布,那么李政道跟我现在都还在,所以不能公布。

关于追逐热点问题,选择热点的方向这当然是重要。但是更重要的是要掌握自己的能力和兴趣。自己的能力、兴趣与热点,这三个哪个更重要?我会把热点放在第三位。因为现在热门的多得很,如果你有能力又在某一方向有兴趣,这样较容易成功。

如果你对热点问题并没有兴趣,只是听说这个东西红得不得了,我想这个就不是最好的一个选择。

哥本哈根精神是“高度的智力活动、大胆的涉险精神、深奥的研究内容与快活的乐天主义的混合物”。

杨福家

哥本哈根精神

什么是哥本哈根精神？似乎很难找到一个确切的定义。

玻尔的挚友、著名物理学家罗森菲耳德所下的定义是：完全自由的判断与讨论的美德。澳大利亚物理杂志编辑罗伯逊的看法是：“哥本哈根精神或许可以很好地被表征为玻尔给人的一种鼓舞和指导，它与聚集在周围的青年物理学家的才华相结合，体现

本文节选自上海教育出版社 2001 年版《博学笃志——知识经济与高等教育》。作者杨福家系核物理学家。1936 年生，1987 年任上海原子核研究所所长，1991 年当选为中国科学院学部委员（院士），1993—1999 年任复旦大学校长。他在原子核反应能谱方面曾在实验上发现一些新的核能级，至今仍为国际同行采用，同时对复杂能级的衰变规律作过深入研究，所给出的衰变一般公式概括了国内外已有的各种公式。2001—2012 年，被英国诺丁汉大学聘为校长，成为第一位担任英国大学校长的中国人。

玻尔研究所真正的名字是哥本哈根大学理论物理研究所，它是因玻尔的存在而建立和繁荣的。1913 年得出阐明原子结构的玻尔理论后，玻尔到丹麦的哥本哈根大学任职。他提倡合作精神，注重集体的天才和智慧，希望建立一个能把科学国际主义信念付诸实践的研究机构。募集到足够的资金后，1921 年 3 月 3 日正式建立玻尔研究所，这是一个名副其实的培养著名物理学家的基地，伽莫夫、海森伯、克莱因、罗瑟等都先后建立了自己的学派。

玻尔主张智慧的交流，鼓励研究所人员随时随地展开讨论。游泳的间隙、林间散步时间、每周的讨论会，大家都毫无保留地对一篇最新的文章或一个人的最新研究进展提出意见。讨论没有时间的限制，不拘形式，人人都可以自由地提问和发表评论。玻尔以自己的鼓舞力点燃了想象的火炬，让他周围人们的聪明才智充分地发挥出来，使玻尔研究所闻名于世。

了领袖与群众的互补关系。”“玻尔依靠他的洞察力和鼓舞力量，把他周围的人的聪明才智充分发挥出来。”传记作家穆尔则认为，哥本哈根精神是“高度的智力活动、大胆的涉险精神、深奥的研究内容与快活的乐天主义的混合物”。

物理学家杨福家(方鸿辉摄)

抽象的定义与具体的例子总是互为补充的。下面来看几个具体的例子。

1922年6月，玻尔应邀赴德国哥廷根讲学，德国一些著名的学者都前来听讲，盛况空前(后被称为“玻尔节”)。当时年仅20岁的大学生海森伯(德国物理学家，诺贝尔物理学奖获得者)，也随其导师索末菲从慕尼黑专程赶来聆听玻尔的演说。在玻尔的每次演讲末了，照例总有一段时间供大家讨论、提问。有一次，当时在大学里只读了四个学期的海森伯，对玻尔的一些看法提出了强烈的异议。玻尔一眼就看出，这些异议是经过仔细研究后提出来的，于是这位在当时已享盛名的教授，在当天下午就邀请海森伯到附近山区散步，以便能对问题作出深入讨论。在讨论中，玻尔既肯定海森伯的很多想法，又十分坦率地谈了自己的认识过程，还承认“我今天上午说得不够小心”。最后，玻尔邀请海森伯到哥本哈根工作一段时间。海森伯日后回忆说：“我真正的科学生涯是从这次散步开始的。”

玻尔则认为，他到哥廷根讲学的最大收获是第一次遇到了两位有才华的青年人——海森伯和泡利(奥地利物理学家，诺贝尔物理学奖获得者)。

泡利也是索末菲的学生，比海森伯大一岁。他的可贵之处就是敢于提出非常尖锐的批评，后来成了近代物理学中最著名的评论家。在玻尔的邀请下，泡利在玻尔访问哥廷根后就来到哥本哈根。玻尔让他评论研究所的各项工作,并高度评价泡利的作用,不管大事小事,总要去找泡利聊一聊。虽然研究所里很多人都怕泡利,但是,逐渐地大家都开始珍视泡利的批评,甚至当泡利离开哥本哈根之后,他的每次来信都被看作是一件大事,在所内广为传阅。

无疑地,玻尔、海森伯、泡利之间的合作对量子力学的发展起了不可估量的作用。正是他们,形成了哥本哈根学派的核心。

玻尔一心一意致力于在自己的国土上建立一个物理研究所。1921 年 3 月 3 日,在近代物理史上有重大影响的玻尔研究所终于宣告成立。在成立大会上,35 岁的所长玻尔说道:"……极端重要的是,不仅要依靠少数科学家的才能,而且要不断吸收相当数量的年轻人,让他们熟悉科学研究的结果与方法。只有这样,才能在最大程度上不断地提出新的问题;更重要的是,通过青年人自己的贡献,新的血液和新的思想就会不断涌入科研工作。"

正如澳大利亚学者罗伯逊所指出的:"年轻的丹麦和外国物理学家所带来的新思想和朝气,在玻尔及其周围一批有经验的合作者的指导下,不久就转化为丰硕的成果。"在人口不到 500 万的一个小国里,出现了与英、德齐名的国际物理学研究中心,这里一直被许多物理学家誉为"物理学界的朝拜圣地"。

这个圣地的中心人物,当然是尼耳斯·玻尔。他事业心极强,夜以继日地工作,但又幽默好客,不摆架子。他爱才如命,到处物色有希望的青年人来所工作。他积极提倡国际合作,以致被人誉为"科学国际化之父"。

在他的研究所里,既有 22 岁当讲师、27 岁当教授的海森伯和作为"上帝的鞭子"的泡利①,又有开玩笑不讲分寸的朗道(苏联物

① "上帝之鞭"的泡利:泡利是 20 世纪理论物理学家之一,发现描述电子能量状态的泡利不相容原理,提出了中微子假设,因此获得 1945 年诺贝尔物理学奖。他是旧量子理论最严厉的批评家,口头禅总是:"我不能同意你的观点",所以被物理学界戏称为"上帝之鞭"。

理学家,诺贝尔物理学奖获得者),以及“几乎把画漫画、做打油诗作为主要职业,而把物理倒变成副业”的伽莫夫(也是苏联物理学家)。

哥本哈根的气氛使人感到繁忙、激动、活泼、欢快、无拘无束、和蔼可亲。哥本哈根精神随着量子力学的诞生而诞生,现已成为物理学界最宝贵的精神财富。

对我们多数人来说，等不到成年，这种锐利的目光，爱一切美丽的和令人敬畏的事物的天性，就已经迟钝，甚至丧失殆尽，这真是我们的不幸。

雷切尔·卡森

赋予世间的儿童以新奇感

儿童的世界新奇而美丽，充满惊异和兴奋。可是，对我们多数人来说，等不到成年，这种锐利的目光，爱一切美丽的和令人敬畏的事物的天性，就已经迟钝，甚至丧失殆尽，这真是我们的不幸。据说有一位善心的仙女主持所有儿童的洗礼。假如我能对她有所影响的话，我倒想向她提个要求：请赋予世间的儿童以新奇感——无可摧毁的、能伴随他们终身的新奇感——并使它成为

本文作者是蜚声文坛的作家雷切尔·卡森。1907 年 5 月 27 日卡森出生于美国宾夕法尼亚州，1928 年毕业于宾夕法尼亚州女子学院，主修英文。1929 年获约翰－霍普金斯大学动物学硕士，后在伍兹霍尔海洋生物实验室做研究生。她从小对森林、大海及形形色色的野生植物产生了浓厚的兴趣，并全身心投入了广泛收集人类损害自然资源的资料工作。1962 年，卡森所著的《寂静的春天》一书在美国出版，立即引起了全国的轰动，触动了美国社会，引起了一场历时数年之久的杀虫剂论战。而 20 世纪人类生活中的一个重大问题——环境污染，就是由卡森在《寂静的春天》专著中首先提出来的。这本专著也引起了世界各国的重视，很快就译成 12 种文字出版。雷切尔·卡森以其勇气、智慧和远见卓识，成为世界上第一位提出环境问题、呼吁人类保护自己生息的人。1964 年，雷切尔·卡森由于身患绝症而逝世。在卡森逝世 6 年后的 1970 年 4 月 22 日，美国掀起了一场声势浩大的群众性环境保护运动，当时有 2000 万人参加了这一活动。以后人们就把每年的 4 月 22 日定为世界“地球日”，以此不断地提醒和加强世界各国人民保护环境的意识。

万灵的解药。有了它,他们在以后的岁月中就会永远陶醉在新奇之中,不致产生厌倦感,不致徒劳地全神贯注于人为虚假的事物,不致脱离力量的源泉。

环保先驱——雷切尔·卡森

假如一个儿童没有仙女的赏赐而要保持他的天生的新奇感常新,他至少需要有一个能同他共享新奇感的成年人与他做伴,并且跟他一起不断再发现我们生活的这个世界的一切欢乐刺激和神秘。做父母的常有力不从心之感,他们一方面要满足孩子的感觉灵敏而又急于求知的心灵,可是另一方面复杂的物质世界却使他们感到难于应付,这个世界的生活形形色色,他们自己都感到生疏,好像没有理出头绪、弄个明白的希望。他们自己就泄了气,喊道:“我哪能教我的孩子认识大自然!啊,我连两只鸟都分不清哩!”

我真诚地相信,对于儿童以及力求引导儿童的父母来说,感觉以及激情远比知识更为重要。如果说事实等于种子,以后会萌发知识和智慧,那么,激情以及感官得到的印象就等于肥沃的土壤,种子离开它无法生长。童年早期是准备土壤的时期。一旦唤起了种种感情——美感、对新鲜事物和未知事物的兴奋感、同情心、恻隐之心、钦羡之情、爱慕之心——那么,我们就希望获得引起感情反应的事物的知识。而这种知识一旦获得,就有深远的意义。为孩子的求知欲铺路,比像饮食似地规定孩子吞下他还吸收不了的事实更为重要。

人类中会分化出一些更接近老鼠的鼠人，或更接近于鼠类天敌的蛇类的蛇人，以及其他，狼人狗人等，依此类推；这不仅是可能的，似乎也已是部分的现实了。

邵燕祥

人啊，人

人啊，人，你们是怎样认识自己的？

中国人说人是万物之灵，该是灵长类里的灵长吧？

“非我族类”的非中国人怎么看人类？可能有各种说法，而认为地球上的世界以人类为中心，大概是一致的。

现代科学提供了宏观和微观的参照系，我们可能从新的角度来看人类在宇宙中的位置。

外电悉尼消息，2 月 8 日澳大利亚新南威尔士大学天文学家莱恩威弗，在《国际民航组织通报》上发表一项研究成果。

本文发表的背景是：2003 年 4 月 15 日，在 **DNA** 双螺旋结构模型发表 50 周年前夕，中、美、日、英、法、德六国元首或政府首脑签署文件，六国科学家联合宣布：人类基因组序列图完成。人类基因组图谱的绘就，是人类探索自身奥秘史上的一个重要里程碑，它将为疾病的治疗预防和克服人的先天性缺陷带来长足的发展，以后拿着基因组图谱去看病将不再是幻想。

作者邵燕祥系著名诗人，浙江绍兴人。1947 年发表诗作。新中国刚建立时，在中央人民广播电台任编辑、记者。1978 年 11 月后，任中国作家协会主席团委员、《诗刊》编辑部副主编等职。著有诗集《在远方》《邵燕祥诗选》等 15 部，还有诗论集《赠给十八岁的诗人》《晨昏随笔》以及杂文集《真假荒诞》等。

据他计算,环绕天体运行的行星,平均比地球早出现十八亿年。

十八亿年是个什么概念呢?他说:“客观地就时间长短来看,我们的祖先在二十亿年前只是单细胞变形虫。”

他得出的结论的确让我们地球人沮丧,很失面子;人类一直幻想跟外星人接触,但外星人既然在发生和进化过程中先行了十八亿年,他们眼里的地球人还处于非常原始阶段,他们才不想跟地球人接触;正像人类没兴趣以细菌、树木和海豚的语言来跟它们沟通一样。

莱恩威弗先生有点没说对,人类还是乐于跟海豚有所沟通的,你在海洋公园能看到饲养员逗海豚玩。然而人类的哪个成员,愿意成为外星人手下的宠物呢?

人寿几何,很难想象十八亿年、二十亿年以后的事。更上一层楼,夸张地说不过能穷千里目,上十层楼,就算穷万里目,又怎么能把若干太阳系银河系若干天体尽收眼底?这倒使人想起白居易两句诗:“蜗牛角上争何事,石火光中寄此身。”以无限的宇(空间)宙(时间)为坐标,也许真的感到地球上的人类不仅处于幼稚蒙昧的童年,甚至还处于细菌的阶段,有什么值得骄傲而不可一世的?

不过在人言人,也不必因此失去演化的信心。积以时日,积以世代,人类总能以明澈的理性取代本能和“集体无意识”中蛮性的遗留,这些蛮性等劣根性,哪些来自兽性,哪些来自单细胞变形虫性,我就说不清了。

外电华盛顿消息,科学家将于 2 月 12 日公开破译人类基因组图谱,大大增加了医学界攻克顽疾和扫除先天性缺陷的希望。业界担心因而出现基因歧视和甄选性繁殖。看来自然科学能有助于对自然人品质的改善,但也不能排除社会因素的干扰;而对社会人品质的改善,例如与先天性的蛮性结合的后天的霸道,要加以抑制更不用说根除了,绝不是一朝一夕之功了。

围绕人类基因组图谱的工作草图,研究人员发现,人类基因组的数目比原先估计的要少得多，仅三万个左右，只比小小的果蝇多一倍。

而人类基因的分析结论是，人类基因的构成跟其他哺乳类动物没有很大的不同。例如人同老鼠相比，只有三百个基因是老鼠所没有的。

简直又回到了孟子的感叹："人之所以异于禽兽者几稀！"

这个分析结论，也是对自以为是的人类的当头棒喝，至少是兜头一盆冷水。看来人类之成为地球上的"中心"，不能说不带点偶然的因素。换一个偶然，比如生物链出了故障，蛇类大规模消失，也许那只比人类少三百个基因的鼠类，竟会取人类而代之，鼠类的繁殖能力是远远超过人类多少倍的。

就人言人，要想保持在地球上的中心位置，真还得从自然和社会两方面自我改善才行。

不过事实是，这种改善也总是不平衡的。人类中会分化出一些更接近老鼠的鼠人，或更接近于鼠类天敌的蛇类的蛇人，以及其他，狼人狗人等，依此类推；这不仅是可能的，似乎也已是部分的现实了。

时至今日，瓦尔登湖何处觅？

詹克明

瓦尔登湖——大地的眼睛

梭罗称瓦尔登湖“是大地的眼睛”“湖边的树木是睫毛一样的镶边。”我们的大地曾经有过多少这样纯洁、明澈，长着长长睫毛的美丽大眼睛啊！它们曾经那么地让人牵魂动魄过，可惜如今大多已风光不再。更有一些早已完全干涸，枯黄的凹陷倒像是骷髅的眼窝。面对大地上这些死寂的“眼眶”，人们仍能想象出它“生前”那副动人的盈盈秋波。

瓦尔登湖又是当年这位哲人的眼睛，一本《瓦尔登湖》就是作者深邃的、醒着的眼睛，冷峻地观察记录了他对人生一些鞭辟入里的真知灼见。瓦尔登湖常有，但“识湖”的慧眼难求。百年前的哲人已闭上了眼睛，瓦尔登湖却因这本书，“眼睛”向世人长久地张着。

“眼睛是心灵的窗口”。当前人类已成为地球的“主宰”，湖又是人类的眼睛。因此，湖的清浊净臭也反映着人类心灵的善恶美丑。

在人类过着简单生活的年代，湖水清亮得像儿童那纯净的眸子。“至人无梦”，赤子的心灵无欲无梦，无染无垢，如同瓦尔登湖那样一眼望到底，“二十五至三十米下的水底都可以清楚地看到。”如今，当人们充满贪婪争相竞夺，永无餍足地占有“多余的东西”时，为生产和消耗这些过剩的奢侈品，越来越多的污水倾泻到

本文节选自詹克明《瓦尔登湖——大地的眼睛》一文。原文 12 000 余字，见《散文月刊》2002 年第 2 期。

每一个湖中。湖水也像人们那混浊失神、充满血丝的涩眼那样黯淡无光。正像梭罗所形容的,悭吝人“一块大洋或一只光亮的角子的反光,从中他可以看到自己那无耻的厚脸。”人类从污染的湖面能够照见自己的贪婪。

人类拥有科学理性、人文精神和技术实力。与这三个层面相对应,科学联系着大自然,人文联系着社会,而技术联系着的则是一个庞大的人工世界。我们人类就生活在自然环境、社会环境与人工环境这三界之中。

人工制品凝聚了人的主观精神,又是客观存在的实体,既不同于完全的主观世界,又不同于“纯粹”的客观世界。20世纪著名西方哲学家卡尔·波普尔称之为“第三世界”——客观精神世界。它是“第一世界”与“第二世界”的“交集”。随着科学技术、文化艺术的发展,我们正在创造着一个日益庞大的“第三世界”,我们越来越疏离自然环境而生活在一个举目皆是人工制品的人造世界里。就连接触到的仅有的一点“自然”——日光、空气、水和大地也都因人类的活动,早已面目全非了。

大凡生命体必须与周围环境隔离,就连最简单的生命体——细胞都有一层“细胞膜”。由生命单元体群聚成的生命集合体(如蚁丘、蜂群),某种意义上也是一种生命体,它们均与环境围隔,自成一体。

人类的生产活动也是一种整体有序的生命活动。这种生命活动必然伴有新陈代谢过程,除了能量、信息的交换外,还有物质的交换:原料、设备的输入,产品的输出,废水废气废料的排放。生产发展上的突飞猛进带来了愈演愈烈的排污。可叹,人有厕所,而人类却没有“厕所”。倘若借助数学上的拓扑变形,人们就会发现,原来自己的喝水、煮饭、洗涤、排泄、工业废水、农业杀虫毒剂竟然全都在同一只“缸”里。这就是地球上最具智慧的生物干出的比最蠢的动物还要愚蠢的事。湖作为人类的“眼睛”,它的腥臭反映了人类邪恶的一面,正如梭罗一针见血指出的:“在一个高度的文明底下,人的心和人的脑子变成了粪便似的肥料。”

生命需要护卫。作为一种最复杂的高级有序,生命是十分脆弱的。最软的蜗牛有最硬的壳。每个国家都把国防放在首要位置上。当前,环境污染对人们生存的威胁绝不亚于外部敌人,我们在防卫上常常重“外”轻“内”,并不像重视国防那样同时关切对生命的内部护卫。环保总局应当具有与国防部、公安部、安全局同等的权威性与震慑力。

如同每个物种个体都有一个平均寿命,作为一个生物物种整体也都有自己的“物种寿期”,都有它的青年、壮年、老年,以及它的消亡。整个过程一般都以亿年计。迄今所有物种,除了像恐龙那样6500万年前突然遭变骤亡,几乎都能寿终正寝。我们人类凭借着自己的“聪明”,为着自己难以餍足的贪欲与奢华,不顾长远,不顾子孙后代地任意胡来,能源耗尽,资源挖空、森林砍光、草原退化、土壤沙化,把江河湖海、大气高空、山地平原污染殆尽,这种群体性、长时期地饮毒、食毒、吸毒,难道就不会让咱们物种“折寿”?我们人类会不会像一个欲念缠身的阔少那样糟践自身,以致未及尽享天年?

人类,从微观个体来看个个都挺聪明,但从宏观整体来看却为什么如此地缺少“大聪明”呢?人类不论是“治家”还是“治国”都能够井井有条,为什么在“治球”上显得这么“弱智”呢?让现阶段人类来主宰地球,真像让一个工艺精湛的手艺人去治理一个国家,虽不傻,但满身“匠人气”,缺乏那种高瞻远瞩的哲人头脑,运筹帷幄的大度襟怀与精深浑厚的文化底蕴,把一个本来和谐秀美的地球整治得斑驳陆离、百孔千疮。这种捉襟见肘、顾此失彼的“治球能力”,与我们在地球上的身份实在太不相称了。

“治球”与“治国”一样,不能单凭“力”,而必须依托文化。当年满族人入关也许凭借武力,但治理中华大地必须要有足够的文化支撑。一般说来,武夫虽然强悍,但在文化上则是谦虚的。他们不仅不去摧毁汉地文化,反而嫁接、依附于这种悠久的传统文化,以求达到自己的长治久安。最后他们反而成了这种传统文化的主导者,以致连晚清许多国学大师都以清季文明当作自己生命的支撑。正如陈寅恪教授在《王观堂先生挽词序》中所说:“凡一种文化值衰落之时,为此文化所化之人,必感痛苦,其表现此文化之程量愈宏,则其所受之苦痛亦愈甚。”也许是为着一种文化的破灭,王国维先生自沉于昆明湖。倘若当年的瓦尔登湖也像今天众多湖泊那样严重污染,腥臭难挨,作为一种“瓦尔登湖文化”的破灭,我们绝望的哲人会不会也自沉于瓦尔登湖?

正如梭罗所说:“大自然既能适应我们的长处,也能适应我们的弱点。”虽说大自然以极其博大的宽容,任我们胡作非为而不置一词,但大自然的“天眼”在注视着我们,考察着我们。从物种更迭来看,曾经出现过几个在地球上占统治地位的物种。我们的“前任”是恐龙,执掌 1.5 亿年。按天文学家估计,太阳还能存在约四五十亿年。我们人类有幸出现在正值盛年的太阳活动期,作为一个最智慧的物种,我们理应“如日中天”,充分利用太阳与地球最佳联系的地利天时,珍惜大自然赐给我们的这次机遇,成为地球上以理性治球的一代明君,善待一切生物物种,顺从大自然的天意,以期亿年久安,颐养天年。

蒙田说:“人应该带上可以漂在水面的食粮,遇上海难可以与它一起游着脱险。”当前拼命谋求发展的人类正面临着生存环境急剧恶化的严重威胁。我们人类似乎也处在套着一只“食粮救生圈”漂浮在水面上的两难境地,这就是——当前的发展与持续的生存。为着持续生存,我们必须理智地、有节制地消耗我们有限的“食粮”。特别是那些不可再生性资源。那种盲目地追求“疯长”,永不满足地增加奢望,不顾一切地争吃抢挖“救生食粮”,这无异于让人类陷入灭顶之灾。应该清醒地看到,如今这种“争食”并没有引起充分的注意,得到有效的抑制。

生存还是毁灭,这是一个值得考虑的问题。

哈姆莱特的问话对今天的人类仍旧是个至关重要的,极为严肃的话题。

缺少了掌握先进科学技术的年轻一代,中国是根本不可能进行现代化建设的。

李政道

我和 CUSPEA

1979 年提出的中美联合培养物理类研究生计划(**China-U. S. Physics Examination and Application** 的词头缩写即为 **CUSPEA**)已过去二十多年了。在 1979 年开始到 1989 年的这个项目实施的十年中,到美国深造的有近千名中国物理专业的年轻研究生。现在他们都已进入了壮年,在学术和个人的事业上都有了不同的成就。二十多年来,中国实行改革开放,经济上有了很大的增长,科学技术和教育事业也有了长足的进步。中国变化之大,令人惊叹不已。今天在中国,出国留学已是十分平常的事

本文作者李政道(**Tsung-Dao Lee**)系美籍华裔物理学家。1926 年 11 月 24 日生于上海,江苏苏州人。哥伦比亚大学全校级教授。因在宇称不守恒、李模型、相对论性重离子碰撞(**RHIC**)物理、非拓扑孤立子场论等领域的贡献闻名。1957 年与杨振宁一起,因发现弱相互作用中宇称不守恒而获得诺贝尔物理学奖。1985 年倡导成立了中国博士后流动站和中国博士后科学基金会,并担任全国博士后管理委员会顾问和中国博士后科学基金会名誉理事长。1986 年争取到意大利的经费,在中国科学院的支持下,创立了中国高等科学技术中心(**CCAST**)并担任主任。其后,成立了在浙江大学的浙江近代物理中心和在复旦大学的李政道实验物理中心。2004 年任 **RIKEN-BNL** 研究中心名誉主任。2006 年至今任北京大学高能物理研究中心主任。2016 年获得“2015 中华文化人物”荣誉。2018 年 4 月起担任上海交通大学李政道研究所名誉所长。本文为北京大学出版社出版的《**CUSPEA** 十年》第二版序。标题为选编者所加。

李政道(右)与周光召(来源:江苏理工学院物理实验中心)

了。回忆二十多年前 **CUSPEA** 开始实施时的情景,确实使人感慨万千。

当时,因为长期的封闭,再加上“文化大革命”长达十年的动乱和浩劫,使得中国在许多方面远远落后于世界先进水平。科学技术方面的落后,尤为严重。这主要是由于教育的停顿,使国家整整一代年轻人没有受到系统的高等教育。缺少了掌握先进科学技术的年轻一代,中国是根本不可能进行现代化建设的。

1979 年春,我趁着国内刚趋好转的形势,在北京为中国近千位优秀青年补课,每天从早到晚讲了近两个月研究生的物理课。

目睹当时国家面临人才断档的严重危机状况,我忧虑万分。我深感,为加快中国科学技术人才的培养,只在国内举办讲座补课是远远不够的。我从自己成长的经历中深切感到,必须尽快为中国的一批年轻人创造系统学习和发展的机会,特别是让他们能到美国世界第一流的研究院和大学去系统学习,这才是培养人才的一个长远之计,也是我义不容辞的责任。

正是出于这样的考虑,我才在 1979 年设计了这一独特的 **CUSPEA** 项目。但是,当时中国的改革开放还刚刚开始,总的说

李政道讲课后回答求知若渴学生的疑问(来源:李政道数字资源中心)

来国家还处在封闭状态,出国留学的渠道不通。再加上国家财政十分困难,不可能拿出大量的外汇经费支持他们出国学习。更严重的是,尽管当时中国"文化大革命"已经结束,拨乱反正正在进行之中,"文化大革命"的流毒在人们思想上还有很大的影响。出国留学还十分罕见。国内外不少人仍用"文化大革命"的观点对待这个用改革开放方式为中国培养优秀年轻人才的计划。国内教育界也有相当多的朋友还对"文化大革命"心有余悸,因而不敢赞同。

在美国也遇到了极大的困难。因为申请入美国大学或研究院的手续和当时中国国内的情况,完全不同。凡要入美国任何大学的研究院的学生都必须先通过 **GRE** 考试,非美国的外国学生还必须通过 **TOEFL** 考试。学生要先填好想入的各校各不相同的入学申请表,随同学生所在学校的成绩单、教授介绍信、入学申请费(美元)等,一并寄到学生想入的各所大学的招生办公室。招生办公室审查合格并初选后才转到该校研究院的各系。各系招生组的教授才能选择录取。

1979 年和 80 年代初期,在中国根本没有 **GRE** 和 **TOEFL** 考试。美国的学校对中国大学在"文革"后的学术水平又毫无了解,若按上述程序申请赴美国大学的研究院学习,是根本走不通的。因此必须创造一个新的特别的入学渠道,而且还要有维持这么多留学生的经费,这是极为困难的问题。

1979 年春,当我还在北京讲课的时候,就为这个问题做了一点试验。我和我任教的哥伦比亚大学物理系的教授们联系,请他们出一份能达到入哥校物理系研究院标准的试题,寄到北京。在科大研究生院严济慈院长、吴塘副院长协助下,举行了第一次 **PRE-CUSPEA** 试点考试。从中选了五位同学。然后我将这五位同学的试卷和履历寄至哥校,请哥校物理系开会决定,这五位同学是否能入哥校为研究生。如能够入哥校研究生院,能否由物理系承担他们所需的全部经费,直到得到博士学位。同时,我又请物理系替这五位同学向哥校大学招生办公室补办了入哥校的全部手续。由于这五位同学成绩优异,他们都获得了哥校物理系的同意,顺利地入学了。有了这样一次具体的实践,我就比较容易说服中国科学院和教育部的领导和同仁们,并取得了他们的支持和赞同。

因为我是哥校的教授,哥校的手续比较容易办,而其他大学呢?这就产生了 1979 年年底第二次 **PRE-CUSPEA** 试点考试。在美国除了哥伦比亚大学外,有 **CCNY**, **Carnegie-Mellon**, **Oregon**, **Pittsburgh** 和 **Virginia** 五校的物理系参加。

开始的时候,这五校的招生办公室都是反对的,因为按美国大学的规定,申请入学的第一轮审查机构应该是大学招生办公室。他们不能放弃这份责任和权力。因此,我很费力地向各校的招生办公室主任说明当时中国的特殊情形。各校物理系的朋友们也给了我很大的帮助。很幸运,我都说服了各校招生办公室的负责人员。同时,这五校物理系也同意负担被选上的 **PRE-CUSPEA** 学生全部教育和生活费用,直到获得博士学位。

1980 年 2 月 1 日,我开始大规模地展开工作,向 53 所美国高水平的大学物理系系主任和教授们发了两百多封内容相同的信。从那时起,**CUSPEA** 才算正式全面地开始了。因为 **CUSPEA** 的制度和美国入学制度完全不同，而且规模又不小，因此，在美国的工作量也是相当大的。

出人意料的是，正当第一届 **CUSPEA** 繁忙地展开工作的时候，却有一些很有影响的美籍华人学者完全不和我讨论，直接给国内写信，反对 **CUSPEA**。更不可思议的是，他们甚至在信中，对 **CUSPEA** 用了“丧权辱国”“比 19 世纪末 20 世纪初半殖民地都不如”之类“文化大革命”式的大帽子。他们说，20 世纪初中国处在“半殖民地”时，虽然是用庚子赔款设定的清华留美奖学金，但清华留美的考试还是中美合办的。可是在新中国领土上进行的 **CUSPEA** 考试试题却完全是由美国人出的。这岂不是比“半殖民地”更低。

所有经历过“文化大革命”的人都可以想象出来，这样的帽子在当时的中国是多么严重和可怕的事。当时 **CUSPEA** 这个项目面临的阻力和压力之大，是现在的年轻朋友们不可想象的。

为此，我不得不又专程到北京去解释：清华留美考试是奖学金的考试，得了这个奖学金不等于入了美国大学。入美国任何大学，还必须通过美国各大学承认的入学考试。美国大学的入学考试也必须是美国学校出题。而当前，**CUSPEA** 仅是将几十所美国大学组织起来，成为一个集中的“入学考试”。况且，全部经费是由美国各大学来负担，所以试题当然是由美国学校出。如同现在每一位赴美国大学和研究院学习的外国留

CUSPEA EXAMINATION (1980)

I CLASSICAL PHYSICS

(4 hours)

A. Mechanics

Solve 2 of the following 3 problems

A1. Two uniform cylinders are spinning independently about their axes, which are parallel. One has radius R_1 and mass M_1; the other R_2 and M_2. Initially they rotate in the same sense with angular speeds Ω_1 and Ω_2 respectively. They are then displaced until they touch along a common tangent.

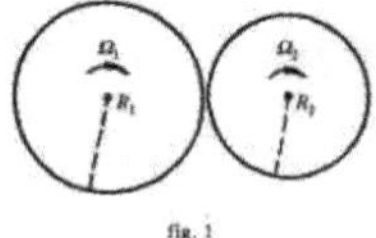

fig. 1

After a steady state is reached, what is the final angular velocity of each cylinder?

1980 年 **CUSPEA** 的物理试题（来源：《**CUSPEA** 十年》）

学生,都要经过由美国出题的 **GRE** 和 **TOEFL** 考试一样,是与"丧权辱国"之类帽子毫不相干的事。

就在 **CUSPEA** 存亡的关键时刻,幸而得到了小平先生和当时其他中央领导的坚定支持,以及国内科学界、教育界的不畏压力的忧国忧民之士的大力帮助,克服了重重阻力,才得以实施。

这样独特的招生方式,在美国正规的招生计划之外,每年从一个特殊的外国招收近百名物理研究生,在美国历史上也是没有的。我的基础工作就是一所大学、一所大学地从物理系到招生办公室去作说服。终于说服了他们,并在美国各所大学友好学者的支持下,**CUSPEA** 的第一年,就得到了包括美国所有名牌大学在内的 53 所大学的认同,使它的实施得以成功。后来参加 **CUSPEA** 的美国和加拿大的大学则增加到了 97 所。

中国国内的 **CUSPEA** 工作是在当时主持科教工作的方毅副总理及国家教委和中国科学院领导下,由中国科学院研究生院吴塘、北京大学沈克琦教授负责日常工作。老一辈物理学家王竹溪、马大猷、谈镐生、沈克琦、赵凯华先后主持了物理考试的阅卷,李佩负责英文考试。以严济慈老为主席,钱三强、王淦昌、王竹溪、黄昆、马大猷、朱洪元、谈镐生、陈佳洱及各有关高校的教授、教委的黄辛白以及有关领导组成的 **CUSPEA** 委员会,每年开会审查、确定向美国推荐的学生名单,工作十分严肃认真。

国内 **CUSPEA** 工作每年从报名、考试、阅卷到确定名单,没有任何行政方面不恰当的干预,严格公正,绝无不正之风,赢得了中美两国有关高校及中国青年学生的高度信任。中国这些老一辈的领导人和科学家工作之辛勤严谨,他们对年轻一代的爱护和关心,真是令人肃然起敬。

每年 **CUSPEA** 考试后,安排被选上的近百名 **CUSPEA** 学生进入美国几十所参加 **CUSPEA** 项目的大学研究院,又是一个很复杂的问题。我定的原则是,每位 **CUSPEA** 学生均可自由选择想入的某一所参加 **CUSPEA** 的大学;每一大学亦均可自由录取向该校申请入学的某一位 CUSPEA 学生。因此,落实入学学校的手续是需要精细设计的。

每年从 1 月至 4 月,在我确定的日期内,分三轮进行。每一轮中,每一位 CUSPEA 学生可向想入的某一所 CUSPEA 学校申请,而每一所 CUSPEA 项目的学校可决定录取某几位申请入该校的学生。最后的去向则完全由学生自己决定。

在美国大学,通常录取学生的标准不完全依靠考试分数,个性、喜好等也是很重要的。因此,每年我邀请两位物理学教授和他们的夫人,为 CUSPEA 面试学生。他们专程去中国北京、上海等主要城市,与该年已被选上的近百名 CUSPEA 学生,一对一地作一小时的英文谈话。通过谈话,他们对每一位 CUSPEA 学生,作一扼要的性格形象评价。由于被邀请的 CUSPEA 面试人都有较丰富的教育经验,他们对每位 CUSPEA 学生的评价,虽然只是短短五六行字,但通常是很准确和中肯的。然后,由我的助理 Irene 女士将每位选上的 CUSPEA 学生的考试成绩、简单履历和 CUSPEA 面试的评价汇编成一 CUSPEA 册子,寄到美国各所参加 CUSPEA 的大学研究院,各校以此作为录取 CUSPEA 学生的主要材料之一。

在美国,所有实施 CUSPEA 的组织协调工作乃至每年三轮向美国各大学和国内各大学发信,每一轮学生申请入学的细节,甚至每位学生在美国留学时学习及生活上的种种琐碎之事,都是我和夫人秦惠箬及助理 Irene 女士一件件地去做的。在 CUSPEA 实施的十年中,粗略估计每年都用去了我约三分之一的精力。虽然这对我是很重的负担,但我觉得以此来回报给我创造成长和发展机会的祖国母校和老师是完全应该的。

现在看来,CUSPEA 实施的十年不过是中国物理学发展历史中一个小小的插曲,但它确实是在一个特殊的历史时期,起到了它应有的历史作用。

每当想起 CUSPEA,我都会想到小平先生和中国当时主管科教工作的方毅副总理等中国领导人，想到上面提到的这些老一代科学家和教育家以及很多很多支持 **CUSPEA** 的科学界和教育界的朋友。我也十分感谢美国支持 **CUSPEA** 的 90 多所大学的教授们。我的夫人秦惠箬及助理 **Irene** 女士在 **CUSPEA** 实施的十年中，为所有赴美的中国年轻人所做的一切，更是历历在目。今天，他们中间的很多人已经离开了我们，但他们在中国科学和教育处于人才断档的严重时刻及经济十分困难的环境下，为中国科学和教育的发展所做的努力，将永载史册。

坚定信念、顽强奋斗、努力工作都是在一个集体中备受称赞的品德，再加上想象力，那就是锦上添花了。

莱德曼

寻找自我

亲爱的年轻大学生：

我没有把握是否能回答您提出的一系列复杂而棘手的问题。但我可以谈谈我自己的经历。我在高中时的成绩总是在**B**－到**B**＋间徘徊。我大学毕业于纽约市立学院，它在当时是所相当不错又免收学费的学校。我的成绩平均为**B**＋，可称得上优异了。我对科学有一种热情。但是我明白，不论是在高中还是在大学，比起班级里的尖子学生，我远远不如他们。他们是我的好朋友，是我乐于与之相处的人。第二次世界大战中，我在美国陆军服役3年，这给了我思考的时间。然后，我就开始做物理学研究生，并且相信：假如我能与我的那些天才朋友们坦诚相处，那么我一定会生活得很好。我所经历的不景气的年代，使我得到教益，造成了我对金钱的一种宿命论的看法。在市立学院里，我们同学之间经常说："我准备在化学界失业，你准备在哪里失业？"

本文选自2003年第4期《科学生活》。作者莱德曼教授系美国物理学家，1988年诺贝尔物理学奖获得者。他曾对一批有抱负的大学生做了个演讲，题为《低报酬、超工时》。一周后，莱德曼收到了一名听过演讲的年轻大学生寄来的一封很有想法的信件，莱德曼教授为此作了详尽的答复。从中可以看到一位诺贝尔奖获得者是怎样看待科学和科学研究工作的。

今天,任何受过训练的科学工作者或工程技术人员,即使他们的成绩平平(**B**),他们都可确保就业,并得到相当不错的报酬。但我认为,您必须自问:您想从生活中得到什么?假如您能想象出,一早醒来就急不可待地渴望去工作;假如一周三十多小时的工作,是您热情的体现而不是渴望得到超工时报酬;假如您是在工作中寻找真正的乐趣,而不管您在那里是一周工作40还是70小时(您的主要时间都花在工作上了)。假如上面所有这些对您都是真的话,那么您仍旧需要问一问,这些"乐趣"值不值得使您因放弃做保险统计员而放弃一年2万美元的额外报酬,对您的生活,什么样的报酬是更好一点呢?

我并不认为您需要超级科学家的大奖赏,集体性的工作是至关重要的。科学的享乐是带有观赏性的,您必须学会如何从别人的成就中获得乐趣。假如您通过辛勤劳动体会到了学术研究的全过程,并且得到了胜利的话,那么您是一名真正的科学家!立刻,您就成了令人敬畏的大师——牛顿、法拉第、爱因斯坦、费米……中的一分子。想一想,当您在晚上回家时如何向您的孩子们描述您一天的工作?

总结如下:

一、现在成绩平平,并不是决定性的。寻找自我!您有没有梦想过,您有过新的想法没有,即使是错误的想法?您是否享受过科学的快乐,即使成为一位旁观者?

二、定出的目标应比您认为是合理的更为高一点,这是值得的。以后您可以稍退一点。据我所知,人的生命只有一次,它只给您一次机会。

三、自己为自己提出一些尖锐的问题。尽可能地试图怀疑您自己的处世哲学、生活动机。什么是您真正的快乐?在这个星球上什么才是有价值的东西?在上一周,为什么您决定做这做那呢?在过去,什么是您的驱动力?如此等等。

现在再回答您一些特定的问题,大约是在我得到博士学位5

年之后，我开始认识到我颇有竞争力。在这10年之后，我惊奇地发现，与那些带我进入物理学世界的最好的朋友们相比，纵使他们比我懂得多，但是我与他们同样有成效。做了一个像我们中微子那样的好实验之后，使我有可能做一些有趣的演讲，它令人快乐无比，但更迷人的是，它导致下一轮实验。

什么是连续不断的驱动力？科学本身!! 成功会给人带来额外的动力。人处在低潮时(经常如此)会感到乏味，但是这就是工作，何况我有遍及世界的同事、学生、教师、朋友们的支持。我已经或多或少地涉及了您的第二个问题，努力工作，这确实是成功的要素。大多数科学家并非才智横溢，其中有一些甚至很迟钝，具有坚实的基础是重要的，它意味着您真正懂得了您必须掌握什么，即使要花很长的时间，也应在所不惜。许多“聪明的”年轻人，其实很肤浅。坚定信念、顽强奋斗、努力工作，都是在一个集体中备受称赞的品德，再加上想象力，那就是锦上添花了。希望上面某些话对您有用。祝您好运！

莱德曼

附学生来信

亲爱的莱德曼博士：

我工作努力，学习也不错，但是至今未在我学习的领域显出任何真正有希望的成绩。看来，我已陷入平平庸庸的人流之中。我常自问：为什么我要设法进研究生院去苦苦求读，然后进政府研究部门或其他学术研究机构？或许最好的结果只是发现一两件其他人也可能发现的东西。我何不只拿一个学士学位，然后去当一个保险统计员，9点上班，17点下班，工资又很高。

我必须承认，做一名保险统计员并不能使人满足，因为我渴望做推进人类福利的宏伟事业，并且相信，对我来说，科学是达此目的的最好途径。但令人失望的是,我最大的努力只换来平庸的结果,因此我就常常在想,为什么我要从事科学工作呢?在您的演讲里,您认为参加科学工作的报酬在于:当您发现了什么,认识到您懂得了某些别人不懂的东西,这样的时刻所带来的喜悦。假如我的过去可以说明将来的话,那么我相信,在我一生中,您说的这种时刻不大会出现。确实,在我看来,只有那些在过去做得很好并且成功地获过大奖的人,才能在将来得奖。顺便说一句,在我看来,社会只表彰那些已经获得的成果,而并不表彰导致这些成果而付出的艰苦劳动。那些付出辛勤劳动但并不成功的人,并不受到表彰,这一点使我感到沮丧!

我想提两个问题来结束这封信,第一个问题是和您有关的:是什么促使您从事科学事业?是什么使您感到您在科学上有才华,优于您的同学或同事?您从事科学研究工作40年,最终您在1988年获得诺贝尔物理学奖,您在几十年前就知道您是拿诺贝尔奖的材料吗?或许最重要的是,是什么促使您在漫长的科学生涯中奋斗不息?

第二个问题涉及像我们这样的一些人——那些有抱负的学生,不管他们如何努力,至今未能从平庸中脱颖而出。为什么我们要追求科学事业?我们成功的前景何在——不论是得到伟大的科学成就,还是脱颖而出?艰苦的劳动能代替天赋的才能吗?或者,除了艰苦劳动,还必须有天才,才能成功?

最后,如何能使我们始终保持旺盛的斗志,特别是在我们成功之前的漫长的昼夜里?

一名年轻的大学生

人类对宇宙有一种科学的态度，
也有一种道德的态度。

林语堂

乐园失掉了吗？

在这行星上的无数生物中，所有的植物对于大自然完全不能表示什么态度，一切动物对于大自然，也差不多没有所谓“态度”。然而世界居然有一种叫作人类的动物，对于自己及四周的环境，均有相当的意识，因而能够表示对于周遭事物的态度：这是很可怪的事情。人类的智慧对宇宙开始在发出疑问。探索它的秘密，而寻觅它的意义。人类对宇宙有一种科学的态度，也有一种道德的态度。在科学方面，人类所想要发现的，就是他所居住的地球的内部和外层的化学成分，地球四周的空气的密度，那些在空气上层活动着的宇宙线的数量和性质，山与石的构成，以及统御着一般生命的定律。这种科学的兴趣与道德的态度有关，可是这种兴趣的本身纯粹是一种想知道和想探索的欲望。在另一方面，道德的态度有许多不同的表现，对大自然有时要协调，有时要征服，有时要统制和利用，有时则是目空一切的鄙视。最后这种对地球目

本文作者林语堂（1894—1976）系现代散文家、小说家。原名玉堂，福建省龙溪县人。曾留学美国、德国，获哲学博士学位。1922 年回国后，在北京大学、北京女子师范大学任教。曾是鲁迅主持的《语丝》撰稿人。1926 年任厦门大学文科主任，次年到国民党武汉政府外交部任外文秘书。30 年代在上海编辑《论语》《人世间》等刊物。以后赴美国任教并写作，1976 年在香港病故。著有《剪拂集》《我的话》等。在美国写的长篇英文小说《京华烟云》（又译名《瞬息京华》），有中文译本出版。本文选自林语堂散文集《人生的盛宴》。

空一切的鄙视态度,是文化上一种很奇特的产品,尤其是某些宗教的产品。这种态度发源于“失掉了乐园”的假定,而今日一般人因为受了一种原始的宗教传统的影响,对于这个假定,信以为真,这是很可怪的。

乐园失掉了吗?

对于这个“失掉了的乐园”的故事是否确实,居然没有一个人提出疑问来,可谓怪事。伊甸乐园究竟是多么美丽呢?现在这个物质的宇宙究竟是多么丑恶呢?自从亚当和夏娃犯禁以后,花不再开了吗?上帝曾否因为一个人犯了罪而诅咒苹果树,禁止它再结果呢?或是他曾否决定要使苹果花的色泽比以前更黯淡呢?金莺、夜莺和云雀不再唱歌了吗?雪不再落在山顶上了吗?湖沼中不再有倒影了吗?落日的余晖、虹影和轻雾,今日不再笼罩在村落上了吗?世界上不再有直泻的瀑布、潺潺的流水和多荫的树木了吗?所以,“乐园失掉了”的神话是什么人杜撰出来的呢?什么人说我们今日是住在一个丑陋的世界呢?我们真是上帝纵容坏了的忘恩负义的孩子?

我们得替这位纵容坏了的孩子写一个譬喻。有一次,世界上有一个人(他的名字我们现在暂且不说出来),他跑去向上帝诉苦说,这个地球给他住起来还不够舒服,他说他要住在一个有珍珠门的天堂。上帝起初指着天上的月亮给他看,问他说,那不是一个好玩的玩具吗?他摇一摇头。他说他不愿看月亮。接着上帝指着那些遥远的青山,问他说,那些轮廓不是很美丽吗?他说那些东西很平凡。后来上帝指着兰花和三色堇的花瓣给他看,叫他用手指去抚摩那些柔润的花瓣,问他道,那色泽不是很美妙吗?那个人说:"不。"具着无限忍耐的上帝带他到一个水族馆去,指着那些檀香山鱼华丽的颜色和形状给他看,可是那个人说他对此不生兴趣。上帝后来带他到一棵多荫的树木下去,命令一阵凉风向他吹着,问他道,你不能感到个中的乐趣吗?但那个人又说他觉得那没有什么意思。接着上帝带他到山上一个湖沼边去,指给他看水的光辉,石头的宁静和湖沼中的美丽的倒影,给他听大风吹过松树的声音,可是那个人说,他还是不感到兴奋。上帝以为他这个生物的性情不很柔和,需要比较兴奋的景色,所以便带他到洛矶山顶,到大峡谷,到那些有钟乳石和石笋的山洞,到那时喷时息的温泉,到那有沙冈和仙人掌的沙漠,到喜马拉雅山的雪地,到扬子江水峡的悬崖,到黄山上的花岗石峰,到尼亚加拉瀑布的澎湃的急流,问他说,上帝难道没有尽力把这个行星弄得很美丽,以娱他的眼睛、耳朵和肚子吗?可是那个人还是在吵着要求一个有珍珠门的天堂。那个人说:"这个地球给我住起来还不够舒服。"上帝说:"你这狂妄不逊、忘恩负义的贱人!原来这个地球给你住起来还不够舒服。那么,我要把你送到地狱里去,在那里你将看不到浮动的云和开花的树,也听不到潺潺的流水,你得永远住在那边,直到你完结了你的一生。"上帝就把他送到一间城市的公寓里去居住。他的名字叫克里斯添(**Christian**——义译为"基督徒")。

这个人显然是很难满足的。上帝是否能够创造一个天堂去满足他,还是问题呢!以他的百万富翁的心理错综,我相信在天堂住到第二星期,对于那些珍珠门一定会感到相当厌倦,而上帝到那时候一定是束手无策,想不出什么办法可以博得这个纵容坏了的孩子的欢心了。一般人都相信：现代的天文学在探索整个看得见的宇宙时，是在强迫我们承认这个地球本身便是一个天堂，而我们梦想中的“天堂”必须占据相当的空间；它既然占据了相当的空间，一定是在苍穹的什么星辰上，除非它是在星辰当中的空虚之中。这个“天堂”既然是在一颗有月亮或无月亮的星辰上，我真想象不出一个比我们的地球更好的处所。当然那边也许不只有一个月亮，而有十二个月亮，粉红色的，紫色的，绀青色的，青色的，橙黄色的，淡紫色的，绿色的，蓝色的，此外也许还有更好而且更常见的彩虹。可是我相信一个人如果对一个月亮感到不满足，对十二个月亮也会感到厌倦；一个人如果对于时或出现的雪景和彩虹感到不满足，对更好而且更常见的彩虹也会感到厌倦。那边一年中也许不只有四季，而有六季，春和夏，昼和夜的递变也许一样的美丽，可是我不知道那有什么不同。如果一个人不会享受地球上的春和夏，他怎么能够享受天堂上的春和夏？我现在说起这种话来，也许是个傻瓜或非常明哲的人，可是我的确不赞成佛教徒或基督教徒的愿望：他们假想着一个不占空间，而由纯粹的精神创造出来的天堂，因此企图逃避感官和物质上的东西。在我自己看来，住在这个行星上跟住在别个行星上是一样的。的确没有一个人可以说这个行星上的生活是单调无聊的。如果一个人对于气候的变迁，天空色彩的改变，各季节中的果实的美妙香味，各月中盛开的花儿，感到不满足，他还是自杀的好，不要再徒劳无功地企图追求一个无实现可能的天堂，因为这个天堂也许可以使上帝感到满足，却不能使人类感到满足。

以今日的实际事实而言，大自然的景色、声音、气息和味道，与我们的视觉、听觉、嗅觉、味觉等感官之间，是有着一种完美的，几乎是神秘的协调的。这种宇宙的景色、声音和气息与我们的知觉之间的协调，乃是极完美的协调，这种协调成为目的论（伏尔泰所讥笑的目的论）最有力的理由。可是，我们不必都变成目的论者。上帝也许曾请我们去参加这个宴会，或许不会请我们。中国人的态度是：

不管上帝有没有邀请我们,我们都是要参加宴会的。当菜肴看来那么美味可口,而我们的胃口又这么好的时候,不去尝尝盛宴的味道,可就太不近情了。让哲学家们从事他们的形而上的研究,探索出我们是否也是被邀请的宾客吧！那个近情的人却趁菜肴还没有冷的时候,狼吞虎咽起来。饥饿往往是和健全的常识结连在一起的。

我们这个行星是个很好的行星。第一,这里有昼和夜的递变,有早晨和黄昏,凉爽的夜间跟在炎热的白昼的后边,沉静而晴朗的清晨预示着一个事情忙碌的上午：宇宙间真没有一样东西比此更好。第二,这里有夏天和冬天的递变;这两季节本身已经是十全十美了,可是还有春天和秋天可以逐渐地把它们引导出来,使它们更加完美：宇宙间真没有一样东西比此更好。第三,这里有沉静而庄严的树木,在夏天使我们得到阴影,可是在冬天并没有把温暖的阳光遮蔽了去：宇宙间真没有一样东西比此更好。第四,这里在十二个月的循环中,有盛开的花儿和成熟的果实：宇宙间真没有一样东西比此更好。第五,这里有多云多雾的日子,也有明朗光亮的日子：宇宙间真没有一样东西比此更好。第六,这里有春天的骤雨,有夏天的雷雨,秋天的干燥凉爽的清风,也有冬天的白雪：宇宙间真没有一样东西比此更好。第七,这里有孔雀、鹦鹉、云雀和金丝雀唱着不可模拟的歌儿：宇宙间真没有一样东西比此更好。第八,这里有动物园,其中有猴子、老虎、熊、骆驼、象、犀牛、鳄鱼、海狮、牛、马、狗、猫、狐狸、松鼠、土拨鼠以及各色各样的奇特的动物,其种类之多是我们想象不到的：宇宙间真没有一样东西比此更好。第九,这里有虹霓鱼、剑鱼、白鳗、鲸鱼、鲦鱼、蛤、鲍鱼、龙虾、小虾、蠖龟以及各色各样的奇特的鱼类,其种类之多是我们想象不到的：宇宙间真没有一样东西比此更好。第十,这里有雄伟的美洲杉树、喷火的火山、壮丽的山洞、巍峨的山峰、起伏的山脉、恬静的湖沼、蜿蜒的江河和多荫的水涯：宇宙间真没有一样东西比此更好。这种可以配合个人口味的菜单,简直是无穷尽的;人们唯一近情的行为便是去参加这个宴会,而不要埋怨人生的单调。

如果我们希望有朝一日走在世界的前列，应该是需要有科学技术支撑的原创性工作。

饶 毅

中国的未来与科学的隐患

我今天主要讲四点：(1)中华民族缺乏科学传统；(2)中国科学发展的历史很短；(3)华人群体盛行实用主义；(4)中国未来需要自然科学。

中华民族缺乏科学传统

第一点需要说明，中国流行一百多年的一种说法："中国古代有很好的科学传统，到明清后中国科学落后于西方"。这是误传，误

本文作者饶毅系神经生物学家。1962 年出生于江西省南城县，1983 年江西医学院本科毕业后考入上海第一医学院研究生，1991 年获美国加州大学旧金山分校神经科学哲学博士。1991 年进入美国哈佛大学生物化学和分子生物学系做博士后，研究脊椎动物神经诱导的分子机理；1994 年在圣路易斯华盛顿大学解剖和神经生物学系任教并领导独立的实验室；2004 年起任美国西北大学医学院神经科教授、美国西北大学神经科学研究所副所长。2007 年回国，受聘出任北京大学讲席教授、生命科学学院院长；2016 年 4 月任北京大学理学部主任；2018 年 6 月任首都医科大学校长。实验室研究方向是高等动物发育的分子信号、细胞迁移的分子机理及其在控制肿瘤转移的应用。曾发现两个眼睛在发育中来源于同一形态发生场，发现 **Slit** 为神经导向蛋白质，提出体细胞运动共同分子机理，发现争斗的中枢和外周机理、求偶的分子控制。目前主要研究方向：(1)以分子生物学研究神经环路；(2)以新的途径发现神经递质分子；(3)用遗传学研究动物和人的睡眠机理；(4)用果蝇、老鼠、猴、人，研究重要社会行为和认知的分子和细胞机制。

饶毅教授

传的原因含有善良的成分。鸦片战争后，中国内忧外患，国人希望中国强大，提出来我们"古代行，现代不行"以便鼓励自己。这种的说法传给外国人，特别是由英国的李约瑟再用英文说一遍，出口转内销对我们的心理有很大的安慰作用。

这一说法违反基本事实。中国在古代有没有过科学？有，但很弱，而且特别缺乏抽象、系统、深刻的科学，有的主要是比较简单的、接近实用和实用的，如与天文、农业、医学相关的科学。以古希腊为重要起源的科学，经欧洲传入阿拉伯，再从阿拉伯传回西方，非常有趣的、很长的历史进程，而中国极少参与。看过欧几里得《几何原本》的，就系统性、深刻性、准确性而言，会感慨是否西方科学在两千多年前达到的程度在两百年前的中国可能都未达到？

我们传统在科学方面不如西方，但我们并非愚蠢的民族，而可能是因为我们的智力主要没用于自然科学。我们的人文，例如中文的诗歌，可能有些人会认为是比英文的诗歌要美很多，包括结构上的巧妙。在两千多年前、甚至一千年前，很难看出选择科学、还是人文一定会有很大的后果。最近几百年，人类才有共识——自然科学传统的巨大意义。我们的文化对真理的追求相当弱，对自然的好奇整体上也是相当差。不仅以前差，现在恐怕还是不能盲目乐观。对真理和自然的态度成为文化传统的重要隐患，今天可能还不仅影响我们的科学技术，而对我们的社会也有影响。

中国科学发展的历史很短

我们的科学主要是从国外、特别是西方引进，西学东渐最初很慢。几百年前一般人包括大多数中国人看不到科学的意义。西方传教士为了传教而用科学技术来向我们显示西方文化,用科学技术来作为例子。而中国人很多还称之为“奇技淫巧”。当时只有很少数的中国知识分子在翻译西方科学著作的时候,深刻地体会到西方的科学很强,而且远优于我们,但中国人普遍不了解。

1840 年鸦片战争,西方用枪炮打开中国大门以后,中国才有普遍的共识,我们的科学技术不如人,并且科技对于国家整体发展很重要。此后,我们引进科学的速度加快,同时我们国家小学、中学、大学逐渐普遍采用西方模式,替代了中国原来以文科为主的教育。19 世纪末 20 世纪初,大学逐渐建立,西方的理科教育引进中国。理工科大面积引进西方的模式和内容,至今为止,绝大部分的中小学和大学的理工科教材,以西方的体系和成就为内容,教科书以翻译西方的教科书为主,当有少数翻译得比较好,少数为编译(在翻译的基础上加入了自己的说法)。偶尔出现过中国写书西方用的情况。20 世纪 40 年代,北京大学生物系的李景钧教授,用英文撰写《群体遗传学》一书,由北京大学出版社出版。在 20 世纪 50 年代初,因为李森科主义在中国流行,李景钧被迫离国出走,通过香港转至美国,在美国重新出版了这本书,且再版几次,成为全世界的群体遗传学教科书。

1949 年以前科研条件很差,科研规模也小。我们经常讲西南联大或北平协和医学院,它们确实在一些学科取得了重要成就,程度相当高。有可能清华大学数学系在同时拥有陈景润和华罗庚的时候,是迄今为止我国数学离世界数学高峰最近的时候。当然,今天中国数学做得好的人比那时多,但要超过陈景润和华罗庚这样的组合,恐怕今天不能说一定出现过,以后应该会出现。协和医学院在 20 世纪二三十年代的医学科学研究做得非常好。协和医学院是由美国富豪洛克菲勒出资建立,且非教会学校。建校原则要求研究、教学和医疗服务三头并进。这种方针和政策在当时是很独特的。20 世纪 20 年代的中国,相当多的人连饭都吃不饱,协和医学院居然要研究、教学、医疗并重,且研究做得非常好。我最近看到一个例子，有一位鲜为人知的微生物学家——谢和平，他在北平做的研究工作、发表的论文数量和质量，在微生物方面，以后几十年协和医学院其他人全部加起来，可能也不如他当时的工作。国民政府主要在南京成立了中央研究院，蔡元培任院长。一方面经费有限，另一方面，中央研究院和北京的北平研究院在建立以后不久，特别是当他们的研究所的房子建好不久，抗日战争就开始了，所以投入后得到的回报有限。当时做科学的人少、规模小，谈不上蓬勃发展。

我在我们的新书《辛酸与荣耀——中国科学第一个诺奖之路》不仅介绍了屠呦呦的工作，还介绍了 20 世纪 40 年代从中药获得抗疟化学分子常山碱的先驱科学家——张昌绍，他从西方留学回国后为我国找抗疟药，他和他同代的留学西方回国的科学家从科学研究到人才培养做的工作，为 50 年代屠呦呦等大学生做了必要的铺垫。可惜张昌绍 1967 年在“文革”中含冤去世了。

1949 年以前，除了国家内忧外患、经济情况不能支持大规模科学技术研究以外，还有一个重要的因素是中国人并不很喜欢自然科学，中国人真正愿意学自然科学的很少。北京大学生物系在创办的前几年，一共只有三位学生，其中一位是现在中国科学院物理学家郝柏林的父亲郝景盛。其他学科比生物好不了很多，总体学科学的学生人数相当少。

也许从 1949 年到 2000 年左右的五十年间，因为做官发财成为高危职业，中国人愿意做自然科学的较多了，这也许是中国历史上不仅空前还绝后的对科学兴趣最高的年代。但是，中国的经济情况并不允许支持大规模的科学研究。中国科学院多个研究所在 20 世纪 50 年代建立，对中国科学是一个很大的带动，当然与民国政府时代成立的中央研究院和北平研究院有承接关系。曾经定位科学院做研究，高校做教育，出现争议。热情最高的年代却经费局限。“两弹一星”以及相关的学科得到了支持。在非军事目的的科学方面，投入有限。生物学方面，20 世纪 50 年代后期至 60 年代中期,结晶牛胰岛素的工作做得很漂亮。袁隆平作为个人,在当时国家并不是特别支持他的情况下,在农业研究方面也获得了突出成就。袁隆平于1930年出生于协和医院,他的出生证现在还存有,有他的小脚丫印,更有趣的是负责接生他的医生是林巧稚大夫,所以袁隆平远非一般人认为的是农民出身,他实际上是民国政府的“官二代”,他报考重庆的大学也是因为那时重庆是“国统区”。袁隆平是自己一个人开始做研究,后来才得到支持的。他做科研从1956年开始,研究水稻从1960年开始,杂交水稻是1964年开始,杂交水稻成功是1974年。今年(2015)获诺贝尔奖的屠呦呦参加的“523计划”,早期由当时的中国人民解放军总后勤部部长邱会作参加,以后主要直接主持的是军事医学科学院的领导和卫生部的局级领导人作为行政主管,协调了全国比较多的单位。“文革”期间,以前的留学生很难参与科学研究工作,除了像张昌绍等含冤去世以外,有一些人被打进“牛棚”,另一些人靠边站。屠呦呦这一辈人的老师主要是西方留学生。屠呦呦和她的课题组在青蒿素方面做得很漂亮,她获诺贝尔奖是当之无愧的。需要仔细知道的人,可以看我们写的书:《辛酸与荣耀:中国科学的诺奖之路》,是参与青蒿素工作不同的、有争议的人共同公认的、比较客观的有关青蒿素历史的书。

《辛酸和荣耀》这本书,我们不仅介绍屠呦呦和20世纪六七十年代的工作,也把张昌绍先生的工作加进去,所以至少是两代科学的传承,从一位放弃平和的国外生活,回到战争中的中国科学家,他做了重要的科学工作,到他1967年去世;屠呦呦这辈科学家,重新寻找抗疟药,到成功找到,到屠呦呦获得诺奖。所以从自杀的科学家,到得诺奖的科学家,这个历程非常令人感怀。抗疟的“523计划”并非20世纪70年代唯一的大项目。比如说参与过屠呦呦课题组工作,在屠呦呦以前注意到青蒿的余亚刚,他很快被调走是因为要他参加支气管炎研究,其目的是为毛泽东同志的疾患找到治疗办法。70年代受“文革”影响很严重,很多人不从事科研工作,很多人上班看报纸,大量才华被浪费。

毛泽东主席去世之后,邓小平对中国发展有很大的推动。他首先非常支持中国高等教育和科学技术,20 世纪 70 年代中晚期很多年轻人投身科学技术,与那时风气分不开。不过很快,大家意识到中国科学技术与西方有很大差别,很多人出国留学。从 70 年代末至 90 年代末,虽然中国人对科学感兴趣,但出国造成了中国国内自然科学人才的缺乏,虽然有少部分人回国,还有更少部分人在中国也做了重要工作,但留学对中国国内的科学技术在短时间造成的直接问题是负面为主,长期也许还是带来了更多正面。

中国投入自然科学的经费直到 90 年代都非常有限。经费的增加主要是 1998 年北京大学百年校庆的时候,联合清华大学向国家提出建设世界一流大学,也就是所谓"985 计划",而同期中国科学院向国家提出"知识创新计划",两个计划为高校和科学院带来了新的资源。但 1998 年高校和科学院都不清楚支持能持续多久,当时主要目的是救穷救急。

"985 计划"和"知识创新计划"到 2003 年得以延续第二期,大家也看到中国经济的发展会持续,所以我认为中国高校和科研机构普遍能够真正、而非口头上考虑如何发展科学,恐怕从 2003 年算起。在之前都是某个特殊计划按某个当时的情况投入,而 2003 年以后大家共同认识到中国可以稳定地发展科学,真正能摆脱当时的问题,用心思来想发展,也可以说是这十几年。

了解科学在中国的历程,虽然有一百多年可以算上去,但很多人有共识可以安心考虑发展的只有十几年。

华人群体盛行实用主义

是否我们就一定可以快速、长期、稳定的发展?很多人包括我自己都这样希望。希望与现实的距离与这第三点有关:华人是一个盛行实用主义的群体,不论是国内还是海外。而实用主义可能促进科学,也可能促退科学。

“学好数理,走遍天下都不怕”是实用主义的口号,从1950年到2000年可能让较多人对科学技术感兴趣。但那50年的兴趣不是因为我们真正对真理有追求,对自然有好奇,而是1949年发现:升官发财是非常危险的道路,以前做官的失去生命,富人被剥夺财产,就是做20世纪五六十年代的官员也很容易被批斗,高危职业朝不保夕。作为整体,我们中国很多人对科学感兴趣是因为实用主义。虽然当时口号也叫“向科学进军”,但恐怕“实用”才是中国人愿意做科学最大的原因。这个原因一旦消失,科学技术的人才就出现问题。

经济发展很快的现在,升官发财再度成为中国人的追求。海外华人本质上也很实用主义。即使很多海外华人说不回国是因为在国内创造性的教育比较差,影响孩子的教育,但仔细看海外的华人,他们的第二代大部分人是学实用的职业,按当地赚钱为标准,其中学医算高尚的有道德地赚钱,从事忽悠行业的华人比较普遍,学自然科学、以自然科学为职业的海外华人的第二代、第三代比例相当低的,显示我们中国人万变不离其宗的实用主义。

即使有1950年到2000年左右50年的中国人表现对科学的较高兴趣,其实科学在中国、在华人里都相当弱,它没有成为文化。今天我们既可以看到科学经费和其他的环境条件对中国发展科学是越来越好,同时我们要考虑缺乏科学文化、缺乏对真理的追求、缺乏对自然的好奇的文化,实用主义对中国科学进一步发展有很大的负面影响。有些人比较幼稚认为,莫言得文学奖、屠呦呦得医学奖是中国要井喷诺贝尔奖。我们做出的重要科学工作会与日俱增,但这个增是有限的,限制之一是我们科学人才越来越少。条件的上升曲线和人才的下降曲线将决定我们中国科学最后的高度,不一定是不断上升,而可能出现平台,而平台的高度不一定能够达到我们希望的高度。如果用简单的、容易记的、有点肤浅的诺贝尔奖的数字来说:遥远的人口小国瑞士是只有700多万人口,已经获得过20多次诺贝尔自然科学奖;邻国日本从1949年获得第一次诺贝尔奖至今也已获 20 多次诺贝尔奖，可以预计到 2049 年中华人民共和国建国 100 周年，也是日本获得诺奖 100 周年，我们几乎不可能在诺奖的数字达到日本的数字，当然是不是 2049 年中国总体科学超过日本，这个问题目前没有确定的肯定或者否定，我们仍需拭目以待；作为一个民族，我们经常喜欢说中华民族是勤劳、勇敢、智慧的民族，我们当然希望是这样，我特别希望是这样，但智慧不是很容易衡量的，如果你要用自然科学来衡量，如果你要用诺贝尔自然科学奖衡量，那我们差得还是很远，如果犹太人号称自己是智慧的民族，那有数据支持，犹太人已获 20 多次诺贝尔化学奖、50 多次诺贝尔物理奖、50 多次诺贝尔生理学或医学奖，我们中华民族十几亿人口的民族到 2099 年也不太可能在诺贝尔奖上再超过犹太民族。所以我们只能说，我们要证明自己有智慧，还有相当大的距离，还有相当多的工作。对于我们来说，证明我们是有智慧的民族是一件很有挑战性的事，而不是已经证明了、更不是举世公认的。

中国未来需要自然科学

对任何一个大国来说，科学技术与国家的未来至少在相当长的时间是密切相关的，英国的强盛、德国的崛起、美国的崛起、日本的崛起，都有很强的科学基础。美国在 19 世纪末经济发展的同时，实际为其科学做了很多准备。其中很重要的一方面是美国一批企业家推动、支持建立了美国现代的大学，这些大学在 20 世纪起了很大作用。19 世纪的哈佛、耶鲁在全世界无足轻重，因为当时它们并没有很强的科研。美国在研究上较突出的是霍普金斯大学，它在 19 世纪成立后，学习德国的研究型大学模式，有教学、有研究。霍普金斯在 19 世纪末和 20 世纪初培养了一批重要的科学家，如遗传学的摩尔根是霍普金斯毕业生；卡耐基和梅隆支持大学，今天的卡耐基-梅隆是计算机很好的学校；美国的洛克菲勒是中下阶层出身，他在每三个月只有 25 美元收入的时候就开始捐款，不是在有钱以后才捐，是在穷的时候就开始捐款。他的捐款是很有特色的，效果非常好，他捐款资助的芝加哥大学，在经济学上成就非凡，他捐款成立了洛克菲勒医学研究所（洛克菲勒大学前身）是一所只有研究生、没有本科生的学校，这所学校今天只有70多位教授，一半是美国科学院院士，十分之一是诺贝尔奖获得者，在它历史上出现过20世纪最重要的科学工作，1944年提出的**DNA**是遗传物质，洛克菲勒还捐资成立了北平协和医学院，在美国还捐资成立黑人的女子学院，都很有远见，在不同的方面发挥了重要的作用。"一战""二战"让欧洲的科学技术人才流向美国是美国快速发展的重要因素。但此前美国大学的发展为接纳科技人才提供了必要的基础。何况，犹太移民在美国发挥作用还需要他们在移民美国以后接受大学教育，才具备以后的才华。

美国以国家经费支持科学研究基本是20世纪的事情。一方面是美国的军事相关的物理学研究首先得到国家的支持，"曼哈顿计划"大大地影响了美国物质科学的发展。而"二战"后，受苏联卫星上天的刺激，50年代美国国家对自然科学研究的投入急速增加，包括对生物医学投入的急速增加。生物医学研究投入的增加，其实还跟生物医学对人民的健康息息相关。美国的国立健康研究院（**NIH**）在20世纪50年代初期经费都还很少，以后不断增加经费才成为今天年度经费超过300亿美元的机构。

中国科学发展是比较晚的。科学技术对于中国来说，可能迄今主要作用还是培养可以山寨国外成果的人员。科学在中国产生的原创性工作不多，能直接支撑产业的也不多，可能主要是因为我们培养的人，为我们培养能够引进消化先进技术的作用大于原创的作用。

但是，如果我们希望有朝一日走在世界的前列，应该是需要有科学技术支撑的原创性工作。如果我们的产出不能超过西方、不能超过美国，我们能单纯通过金融或其他分配为主的模式走到前列，人家做发明、你来分配，天底下恐怕没有这般好事。只有产出强的时候,才有分配的主导权。一个大国分配方法、商业模式虽然重要,产出一定是更重要、可能是最重要的。而产出的领先必需科学和技术支撑的原创性成果。科学技术在相当长的时间内与中国的未来有密切关系。如果国家没有措施,按目前的趋势我们的科学技术人才是令人担忧的,中国的前途也存在相当大的隐患,至少从与日俱减的自然科学人才来说。

我们中华民族缺乏科学传统,科学在中国的发展历史短暂,加上实用主义的文化,我们如何扭转科技人才质量下滑、人数减少,激励一定数量的高质量的人才加入科学技术,会正面影响中国的未来,这是很大的挑战。

门捷列夫和法拉第在实验室窗外瞪大了眼睛，对那些抱着键盘握着光电鼠标的后代说："当科学家是这么个玩法吗？"

唐小为

打着游戏学科学
——美国大学的虚拟实验课

打小自由惯了的美国学生上起课来嘴也是很刁的。

这几年我一直带本科高年级的生化实验。这门课对计算要求相对其他课程高一些（但难度不超过中国初中三年级），几乎是所有美国学生，特别是营养学专业同学的软肋。三个小时的课，总得留堂讲两小时数学。问题一涉及溶液稀释倍数（例如一份溶液稀释十倍要加几份水之类）和米氏方程，那场面真叫讲课的寒心，上课时哀鸿遍野，实验报告交上来就死伤无数。

所以尽管本老师心慈手软，从没"当"（**dang**，学生流行用语，略相当于"枪毙"）过谁，期末评定的时候，实验预备和讲解，老师们也都给打优良，可学生总评通常徘徊于"不满意"和"极其不满意"之间。非但没有一个人赧颜于自己的数学太糟，激进一点的学生还要说，让未来的营养学家做那些"数学疯子"才有兴趣做的题，简直是对科学的蹂躏。

本文作者当年系一名在美国（佛蒙特大学植物学）留学的硕士研究生。

这种“蹂躏”在第三年终于有了转机，学院对非生化专业的学生网开一面，允许他们选新开的“虚拟试验”来挣学分，而受了网络教学的恩惠，我的工作也跟着“减负”了。

虚拟实验室是小时候做过的梦。那是才开始有386、486的年代，一写科幻作文，班上准有人幻想：“21世纪”的学校里没有老师、没有书本、没有实验室，只剩一台超级电脑，别的全淘汰了。

眼前的虚拟实验室里撤了瓶子、罐子、离心机 **pcr** 仪，多了两排崭新的戴尔电脑。我们试用的是一个叫 **biocourse** 的网站，每个试验是一个独立网页，附带一个 **PDF** 格式的实验指导，文字显示每一步该选择什么样的设备和材料，配什么样的浓度，设置什么样的温度，用哪一种酶、哪一种反应底物。只要按部就班地点击下去，就能观察到绝对符合理论的颜色反应，得到一模一样实验数据，作出一模一样清晰无误的图。个别地方还戏剧性地配了动画，比方代表蛋白质分子的小球是怎样在层析柱的洞洞里钻来钻去的，纸电泳的电极又怎样把带负电的 **DNA** 吸到正极；只要在每一组实验数据出来之前键入预测结果，数据出来之后键入解释说明，系统就会自动生成一份完整的实验报告。虚拟试验里没有误差这回事，也谈不上失手，做错了一个选择，敲几下“后退”键改过来即可。最省事儿的是所有的数据处理、计算和作图，都由软件自动完成，可算是没有数学头脑并为之骄傲的“科学家”们的一大福音吧！现在的软件还比较初级，多为文字，以后也许会有更多的三维动画视觉效果，能看到培养皿中菌落生长，试管中溶液沸腾，小泡泡产生……

对我而言的好处是，改实验报告再容易不过了，所有人都 **A**，况且虚拟实验课堂上决用不着担心有人让毒气呛着，酒精灯火焰烫着，弄洒了有毒试剂并且刚好没戴手套……总之，除了电脑死机，我不用担心任何事故。

现在我已经坐在当年科幻作文设计的场景中了：我这个助教整节课被晾在旁边喝茶看报，嚣张点儿的学生一面敲着报告，一面

让底下一溜儿 **msn** 和雅虎通的小窗口响得此起彼伏。

我以为这应该就是学生的理想国了。不料几节课晃过去，一个右耳朵穿了两耳钉，**T** 恤上印着“**X - MEN**”和几个动漫“肌肉男”，一看就是被网络游戏毒害过深的男生，很不给面子地评价说，这是他“有史以来”上过的最无聊的课。

“不会吧，这么轻松，该玩儿的玩儿了，该学的也学了，还拿 **A**，多美啊！”

“没劲！太没劲了！”

“这不就跟打游戏似的，点两下鼠标就完了。那你们打游戏怎么那么来劲儿啊？”

“跟打游戏怎么比？打游戏高级多了，选什么角色，用什么装备，看哪张地图，都得讲策略，都有风险，稍不小心就死掉了！”他激动地辩解。

“打网络游戏我们都组战队，一块儿定攻守战略，分享经验，同生共死。哪像这样一点儿互动也没有。”另一个双手插兜的小胖子不满地撇撇嘴。

旁边的学生们也纷纷点头称是。

看来被晾在一边的不光是我。

我不玩游戏。这才知道原来电脑游戏有这么多讲究：不是到哪儿都能简单地把怪兽和魔鬼打死的，得体现打游戏者的选择自主权，让他觉得胜利完全来自他的智慧；过关的诀窍通常要藏起来，不能给得太直白，要人人都一看就懂那就没劲儿了；得让玩家有不小心会被打死的可能，时时处于自危的心理刺激之下；还得互动，得结合一些社交活动的元素，让玩家在合作中建立战斗友谊。反过来看看这些学习软件，所有的步骤整齐划一，结果毫无悬念，所有犯错误的可能都被扼杀于摇篮之中，人人都被恭维为大力士大英雄。

得不到犯错误的机会，原来如此令人沮丧！

学习软件如何从电脑游戏中借鉴经验得到发展，是密歇根大学教育学教授、功能语言学的创始人杰兰克(**Jay Lemke**)手头的热门课题之一。

杰兰克认为,"一个优秀电脑游戏的诱人之处,不光是一个好的故事架子,还是给玩家一个凭自己本事去扮演故事里英雄角色的难得机会。"许多堪称经典之作的电脑游戏,在多媒体、视觉效果、时空转移、装备选择、进程控制、经验值累计等方面的设置,其实"比一般性的学校教育更贴近人类的学习本能"。要当游戏里的"英雄"可没有什么指导手册,需要掌握技巧,综合各种暗示,"摸着石头过河"。这种自主化学习过程,是令玩家自我感觉良好又"上瘾"的有力手段之一,如果能移花接木到学习软件上,有可能会成为学校教育对付网络沉迷症和游戏上瘾症绝妙的制胜武器。针对这一点,杰兰克教授正准备对使用学习软件和玩电脑游戏的受试者进行录像分析,以找出可以应用于新生代学习软件设计的指导原则。

不妨想象一下游戏化了的虚拟实验课,呵呵,这里的黎明不再静悄悄了——

屏幕上,一间一应俱全的实验室取代了猛兽蟒蛇出没的热带雨林,实验设备们取代了盔甲和激光枪。

假设那一课的题目是提纯血红蛋白,起始物会是冰箱里试管架上一小管诡异的红色血液。

药品栏里贴着标签的试剂瓶里,混淆耳目的颇多,究竟该用什么,用多少,那得你自个儿判断。当然点击瓶子上的标签会有提示,什么有毒,什么必须在 **hood** 里使用,什么常用于做蛋白质盐析,什么可以防止氧化,统统可以查出来。不过像"多种蛋白的盐析点"和"血红蛋白的物理化学特质"这种重要信息,倒是不妨像武功秘籍一样包在蓝花小布包里,藏在书架最顶层。离心机没有配平,凝胶柱用错了孔径,都会显示实验"游戏"无法进行。玩家没有自觉戴消毒手套和护目镜,称完硫酸铵的天平没有擦,实验者的"生命值"马上就会下降,甚至被呜呜叫的救护车送往医院,"治疗”5 分钟,做了检讨再来吧。您若操作准确无误,经验值就会增加。几个人要是运筹分工合理,有效节省时间,还会有加分。就像一个游戏常有几种通关路线,同一个实验有时候也有好几种做法,耗材料最经济、步骤最简或者成效最好,都可以获得奖励分,甚至有一束鲜花、一碟蛋糕的犒劳。

那样的课堂也许充满了年轻人的“哇!”“耶!”,你不必忧虑,他们这次沉迷于科学啦!

用这样的实验训练出来的学生,除了明白怎么做,他还知道为什么这么做,以后遇到哪种情况该做哪种处理。这挺像学做饭:原理闹懂了,技巧练熟了,做出饭来自然香。

不过要真的像打游戏一样学科学,还必须“通”许多难关。气味不能由软件冒出,温度湿度不能由软件感受,目前的电脑能提供的只是视觉学习,和实验室的实际差距不小;许多动手操作要领也是如此,鼠标点得再快也学不会用移液枪;软件里的酶不会过期,培养皿可以只长苗不长菌,实验室里的现实毕竟残酷得多,虚拟远不是万能的。作为理论学习的一部分,虚拟技术的确有不小的发展空间和诱人的魅力。可要真跟小说里写的那样,学校让位给电脑,虚拟完全取代现实,恐怕充其量还是只能培养出来几位“电子版赵括”吧!

我仿佛看见门捷列夫和法拉第在实验室窗外瞪大了眼睛,对那些抱着键盘握着光电鼠标的后代说:“当科学家还可以是这么个玩法吗?”

无论诺贝尔本人心中对“为人类造福”有什么想法,他绝不愿意看到他的奖被用来获得狭隘的专业利益,或为研究机构和国家做广告。难道科学的灵魂就是新发现的竞赛吗?

罗·马·弗里德曼

中国人无须对诺贝尔奖孜孜以求

近年来,中国已开始重新考虑科学技术在国家发展上的重要性。虽然没有第一手的资料,但我感觉到中国科学已进入了一个蓬勃发展的新时代。在研究的优先问题和建立一个现代的研究文化上,科学界和政府部门已经展开了讨论和争辩。促进科学界更好地利用人力资源为中国社会谋幸福,推动普遍的知识进步,当然是一项很艰巨的使命。但是同样重要的是:面对这个大好的发展机会时,中国科学家应当采取什么样的价值观,如何看待和认识自己。

诺贝尔奖被认为与优异和国际荣誉同义,在有些人心目中,争取得奖似乎就是一个研究工作者和国家科学界的最高目标。有些国家的官员在制定他们的科学政策时就以获奖为目的。一些雄心勃勃的科学家将他们的工作计划和梦想建立在一个期望上:有朝一日被邀请到斯德哥尔摩去,从瑞典国王手中接受一枚诺贝尔奖章。可是,我们对诺贝尔奖究竟知道多少呢?对一位科学家或一

本文选自2005年9月14日《中华读书报》。

个国家来说，获得诺贝尔奖究竟意味着什么呢？

在中国及其他地方，人们普遍有一种信念：诺贝尔奖用一种客观、公正的方法来判定科学中绝对最好的成就，至少在它所认可的领域，如物理、化学和生理学或医学领域内。

人们早在一百多年前就对诺贝尔金质奖章欢呼雀跃，到了今天仍然有增无减。直到最近，诺贝尔档案才解密。长期以来，由于不知道谁提名诺贝尔获奖人，谁评定获奖人，认真探讨诺贝尔奖是不可能的。

化学家诺贝尔(1833—1896)

获奖从来就不是一个自动程序，不是已然达到神奇层次成就所带来的回报。

瑞典委员们自身对科学的认识严重影响评审的结果。他们的判断、偏好和兴趣不可避免地掺入他们的工作。有些委员力求公正，也有一些试图谋求私利。但即使当事人能超越偏见，选择获奖人仍然是一件极其困难的工作。委员们偶尔也承认，有时候好几位候选人都具有得奖资格。我们没有理由相信诺贝尔奖的获得者就是一群“最佳”的科学家。有些20世纪最伟大的知识成就，并没有被斯德哥尔摩所认可。

那么，为什么人们如此崇拜诺贝尔奖呢？我们没有一个简单的答案。从一开始就出现了一帮崇拜者，这与新闻媒体对它的高度关注不无关系，它激起了人们的兴趣和幻想。这种崇拜并不是建立在获奖者本身非凡的优异上，而多半是建立在由于诺贝尔奖所带来的名声、地位和许多连带的利益上。各国科学界的带头人欣然加入这个行列，随后各种与诺贝尔奖有利害关系的团体和机构更加扩大了这个群体。

也许当诺贝尔奖的神秘性降低后,我们可能对科学生活的真正意义有更好的了解。无论诺贝尔本人心中对“为人类造福”有什么想法,他绝不愿意看到他的奖被用来获得狭隘的专业利益,或为研究机构和国家做广告。难道科学的灵魂就是新发现的竞赛吗？科学所赋予人类社会的,比对诺贝尔奖的追求要丰富得多。

我希望中国的科学家们和政策制定者们仔细思考：一个以赢得诺贝尔奖为目的的政策有何意义？一个旨在达到所谓诺贝尔奖水平的研究的科学政策,如果是指建立能够得到国际尊重的一流科学中心,应该是件好事。可是如果诺贝尔奖本身成为目标,我们就需要考虑一些其他的因素。诺贝尔奖不包括很多重要的科学领域,譬如环境科学、地质学、天文学、非医药取向的生物科学和数学。这些科学领域对一个国家非常重要,也同样能够赢得国际上的尊敬。

我们不妨做一个思想实验：中国在未来数十年中开展了一流的地震学研究;中国科学家在认识产生地震的力上作出了开创性的发现,为地震预报提供了非常先进的手段。这种成就无疑对中国人民有极大的价值,也会获得世界各国的尊敬。这种成就在更广泛的意义上也为全人类造福,有利于科学发展,但是它不会赢得诺贝尔奖。地震学,更广泛一点,地质学都不包括在诺贝尔物理学奖范围内。另外如海洋学、农业遗传学和宇宙学也不属于诺贝尔奖评定范围内。期望一位工作在中国的中国科学家获得诺贝尔奖是无可厚非的,可是如果相信它是一个国家表现科学技术高水平的唯一或最佳途径那就错了。

敬 告 作 者

“科学人文读本”丛书旨在弘扬科学人文精神，提高广大读者（尤其是莘莘学子）的科学素养和人文素养，倡导培育通识通才，为开创科学与人文相互沟通、相互敬重的格局而尽绵薄之力。

本丛书所收入的文章均思考深刻，语言精湛。

为尽可能奉献给读者品位高雅且有代表性的美文，有鉴于选本的时间和地域跨度均较大，作者面又较宽，我们虽已获得了大部分被选文稿作者的授权，经多方努力仍有个别作者一时无法联系上，而美文又难以割舍，考虑再三还是选入了。

为此，敬请这部分作者或著作权人予以谅解，并望及时与我们联系著作权使用事宜。

敬请联系：200031 上海永福路 123 号

上海教育出版社徐建飞工作室。

编　者

2020 年 5 月

图书在版编目（CIP）数据

通透的思考 / 方鸿辉编. — 上海：上海教育出版社，2021.4
ISBN 978-7-5720-0638-8

Ⅰ. ①通… Ⅱ. ①方… Ⅲ. ①人文科学 – 青少年读物 Ⅳ. ①C49

中国版本图书馆CIP数据核字(2021)第076826号

责任编辑　徐建飞
封面设计　金一哲

科学人文读本
通透的思考
方鸿辉　编

出版发行　上海教育出版社有限公司
官　　网　www.seph.com.cn
地　　址　上海市永福路123号
邮　　编　200031
印　　刷　上海盛通时代印刷有限公司
开　　本　890×1240　1/32　印张 10.5　插页 4
字　　数　272 千字
版　　次　2021年5月第1版
印　　次　2021年5月第1次印刷
印　　数　1—5,000 本
书　　号　ISBN 978-7-5720-0638-8/G·0486
定　　价　46.00 元

如发现质量问题，读者可向本社调换　电话：021-64377165